ABREGÉ

DE

L'ESSAI

DE MONSIEUR

LOCKE,

SUR

L'ENTENDEMENT

HUMAIN

Traduit de l'Anglois

Par Mr. BOSSET.

NOUVELLE EDITION.

A GENEVE,

Chez PELLISSARI & COMP.

MDCCXXXVIII.

A MYLORD
Evêque de St. Asaph.

UISQUE Vous avez eu
la bonté de lire ma Tra-
duction, & de m'éclaircir
les endroits les plus difficiles du Sistême de Mr. LOCKE, il
est bien juste, qu'en Vous dédiant
cet Ouvrage, je Vous rende des
marques publiques de respect & de
gratitude. Je croirois violer ces
devoirs si j'entreprenois ici Vôtre
Eloge. Je sai très bien, MYLORD,
qu'il faut une plume plus abon-
dante que la mienne, & des bor-

nes

nes moins refferrées que celles
d'une fimple Lettre , pour étaler
toutes Vos éminentes Qualitez. Et
d'ailleurs je doute, fi aucun Ecri-
vain peut parler de Vos Vertus,
enforte qu'il exprime les hautes
idées que toute l'Angleterre en a
conçû ,. & dont l'éclat a fi fort
touché le R O I , qu'un de fes
premiers foins, après fon Avéne-
ment à la Couronne, a été de
Vous confier un des plus impor-
tans Emplois dans l'Eglife.

Permettez-moi donc, MYLORD,
de Vous faire connoitre par mon
filence, mieux que par la foiblefle
de mon difcours, la profonde vénération avec laquelle je fuis,

MYLORD,
De Vôtre Grandeur,

Le très Humble & très
Obéiffant Serviteur

LONDRES
le 7. Oct. 1719.

J. P. BOSSET.

PRÉFACE.

IL n'y a jamais eu d'*Abrégé plus exact que celui dont je donne la Traduction. Toutes les pensées essentielles à l'Essai de Mr.* LOCKE *sur l'Entendement Humain, s'y trouvent exprimées dans les propres termes de l'original. On n'a fait ici que retrancher le superflu. C'est là le jugement de toute l'Angleterre: C'est celui de Mr.* LOCKE *lui-même, ainsi qu'on le peut voir dans quelques-unes de ses Lettres à Mr.* MOLINEUX, *le Pere de l'Illustre Mr.* MOLINEUX, *Secretaire de S. A. R. le Prince de Galles. Dans l'une il s'exprime ainsi.* L'Abrégé de mon Essai est fini. Il a été fait par un homme d'esprit de l'Université d'Oxford, (c'est *Mr. le Dr.* WINNE *présentement Evêque de St. Asaph*) Maître aux Arts, qui a beaucoup de Disciples, & fort estimable pour sa science & pour sa vertu. Il paroit que cet Ouvrage a été entrepris dans la même vuë que vous aviez, lorsque vous m'en parlâtes. Par tout l'Auteur s'est servi, autant qu'il m'en peut souvenir, de mes expressions. Et lorsque son Ouvrage a été achevé, il a eu la civilité de me l'envoyer. Je l'ai parcouru, & autant que j'en puis juger, cet

Abrégé

Abrégé eſt bien fait & eſt digne de vôtre approbation, &c.

BIEN que Nôtre Illuſtre Abbréviateur ait conſervé les propres expreſſions de Mr. LOCKE, je n'ai pas de même ſuivi celles de Mr. COSTE, qui a traduit en François le grand ouvrage de Mr. LOCKE. J'ai pris une autre route.

J'AI traduit environ deux cens endroits eſſentiels au Siſtême de Mr. LOCKE, d'une maniere oppoſée à la ſienne. J'ai rendu la plûpart des termes d'art, par des mots François qui y répondent, au lieu que Mr. COSTE s'eſt contenté d'y donner une terminaiſon Françoiſe.

JE me crois néanmoins obligé de rendre juſtice au mérite de Mr. COSTE. Je ſuis très convaincu que ce célébre Traducteur ne ſeroit jamais tombé dans les fautes dont on l'accuſe, s'il n'eût été gêné par Mr. LOCKE, qui ſemble avoir cru, que moins ſon Traducteur s'éloigneroit du tour & des expreſſions de la langue Angloiſe, & moins il ſeroit ſujet à s'écarter de ſa penſée. Les belles Traductions, que Mr. COSTE nous a données de divers autres Ouvrages, me portent volontiers à dire de lui ce qu'il a dit du P. TARTERON. Cet habile Traducteur devroit ſervir de modéle à quiconque voudroit s'appliquer au même genre d'écrire que lui. Et je m'eſtimerois fort heureux, de pouvoir le ſuivre, non d'un pas égal, mais de loin à loin, VESTIGIA SEMPER ADORANS.

AFIN de défendre plus ſolidement Mr. COSTE, je vai ſimplement transcrire ſa Traduction du commencement du chap. VI. Liv. III. *que je prens quaſi au hazard. J'oſe hardiment ſoutenir, que s'il eût eu toute la liberté requiſe,*
il ſe

il ſe ſeroit exprimé avec plus de clarté & plus de juſteſſe.

Les noms communs des ſubſtances, *dit-il*, emportent auſſi bien que les autres termes généraux l'idée générale de *ſorte*, ce qui ne veut dire autre choſe ſinon, qu'ils ſont faits ſignes de telles ou telles idées complexes, dans leſquelles pluſieurs ſubſtances particulieres conviennent ou peuvent convenir, & en vertu de quoi elles ſont capables d'être compriſes ſous une commune conception, & ſignifiées par un ſeul nom. Je dis qu'elles conviennent ou peuvent convenir ; car quoi qu'il n'y ait qu'un Soleil dans le monde, cependant l'idée qu'on en forme par abſtraction, en ſorte que d'autres ſubſtances, s'il y en avoit pluſieurs, peuvent chacune y participer également, eſt auſſi bien une *ſorte* ou *eſpece* que s'il y avoit autant de ſoleils, qu'il y a d'étoiles ——

La meſure & les bornes de chaque *eſpece* ou *ſorte*, par où elle eſt érigée en telle eſpece particuliere & diſtinguée des autres, c'eſt ce que nous appellons ſon *eſſence*, qui n'eſt autre choſe que l'idée abſtraite à laquelle le nom eſt attaché, de ſorte que chaque choſe contenuë dans cette idée eſt eſſentielle à cette eſpece. Quoi que ce ſoit là toute l'eſſence des ſubſtances, qui nous ſoit connuë, & par où nous diſtinguons ces ſuſtances en differentes eſpeces, je la nomme pourtant eſſence nominale, pour la diſtinguer de la conſtitution réelle des ſubſtances, d'où dépendent toutes les idées qui entrent dans l'eſſence nominale, & toutes les proprietez de chaque eſpece : Laquelle conſtitution réelle peut être appellée pour cet effet l'eſſence réelle, comme il a été dit, &c.

Frag-

Fragment d'une Lettre de Sa Grandeur Mylord EVEQUE de St. Asaph, *à Mr.* Chatelain Miniſtre de l'Egliſe Françoiſe de St. Martin à Londres.

—„ J'AI lû la Traduction qu'a fait Mr.
„ Bosset de l'Abrégé de l'*Eſſai ſur*
„ *l'Entendement Humain* par Mr. Locke.
„ Autant que je ſuis capable d'en juger, elle
„ me paroit faite avec beaucoup d'exactitude
„ & de fidélité. —

St. Asaph
le 5. *Août* 1719.

J. ASAPH.

AVANT-

AVANT-PROPOS.

LA nature de nôtre Entendement merite toutes nos recherches, puisque c'eſt par lui que nous avons l'empire & la prééminence ſur les Brutes.

Le but de cet ouvrage eſt de rechercher l'origine, l'étenduë, & la certitude des connoiſſances dont l'homme eſt capable, & de découvrir les fondemens & les degrez de la foi, de l'opinion, & de l'acquieſcement aux differentes choſes qui ſe preſentent à nous. Voici le plan de tout l'ouvrage.

I. Je recherche l'origine des idées ou notions dont chaque homme a le Sentiment intérieur, & je tâche de découvrir par où l'eſprit reçoit ces idées, ou notions.

II. Je montre quelles ſont les connoiſſances qu'on peut acquerir par ces idées, & quelle eſt l'évidence, la certitude, & l'étendue de ces connoiſſances.

III. Je fais quelques recherches ſur la nature & les fondemens de la foi & de l'opinion.

Si je ſuis aſſez heureux pour réuſſir dans mon projet, j'eſpere qu'en découvrant les facultez de nôtre Entendement, leur étendue &

† †   leurs

leurs bornes, je porterai auſſi nôtre Eſprit à ne s’embarraſſer plus dans les choſes qui excedent ſa capacité, & à vouloir bien ignorer ce qu’on ne ſauroit connoitre. Si les Hommes étoient convaincus de leur ignorance, autant qu’ils devroient l’être, jamais le déſir d’une *connoiſſance univerſelle* ne les emporteroit à ſuſciter de nouvelles conteſtations, ſur des ſujets qui ne ſont point à leur portée, & deſquels ils n’ont aucune idée ; ils ſe contenteroient de cette meſure de connoiſſance qu’ils peuvent acquerir dans l’état où ils ſe trouvent.

Mais quoi-que nôtre Eſprit ne ſoit pas capable de comprendre toutes choſes, on doit avouer néanmoins que les connoiſſances que Dieu nous a accordées, avec plus de profuſion qu’aux autres *habitans de cette terre*, nous ſont des motifs aſſez puiſſans pour exalter ſes bontez à nôtre égard : Il nous a donné, comme dit St. Pierre *, toutes les choſes néceſſaires pour la vie préſente, & pour la vie future.

Ainſi puiſque nous découvrons, par le moien des connoiſſances, où nous pouvons atteindre, tout ce qui peut ſervir pour les beſoins de cette vie, & pour en acquerir une plus heureuſe ; puiſque d’ailleurs ces connoiſſances nous procurent aſſez de Sujets capables de nous occuper d’une maniere également utile & agréable ; on ſe plaint à tort de la foibleſſe de ſes facultez, & c’eſt une crainte puérile, de négliger toute connoiſſance, parce qu’il y a des choſes qu’on ne ſauroit connoitre.

L’Au-

---

* Πάντα πρὸς ζωὴν καὶ εὐσέβειαν. I. *Epit.* ch. I. v. 13.

L'Auteur de nôtre Etre ne sauroit pardonner cette crainte si mal fondée : Recevroit-on les excuses d'un valet paresseux, qui obligé de travailler à la chandéle, négligeroit son travail, parce que le Soleil ne seroit pas levé ? Comment donc prétendre s'excuser envers Dieu de ce qu'on a négligé les lumieres qu'il nous a données, lumieres assez grandes pour satisfaire, par leur moyen, à toutes nos nécessitez.

Voici donc en quoi consiste le véritable usage de l'entendement, 1. à connoitre bien la *proportion*, ou la *convenance*, qu'il y a entre les objets & nos facultez; ensuite à ne raisonner sur ces objets qu'autant qu'ils sont proportionnez à nos facultez; enfin à ne pas exiger des démonstrations, lors qu'on ne peut avoir que des vrai-semblances; car cette mesure de connoissance suffit pour qu'on puisse là-dessus regler sa conduite. Etre en doute sur chaque chose, parce qu'on ne peut pas les connoitre toutes avec certitude, c'est agir aussi déraisonnablement qu'un homme, qui ne voudroit pas se servir de ses jambes pour sortir d'un lieu dangereux, mais qui s'y laisseroit périr, parce qu'il n'auroit pas des ailes pour s'enfuir avec plus de vitesse.

Si une fois les Hommes connoissoient bien leurs forces, *les uns* ne se laisseroient pas aller à une lâche oisiveté, comme desespérant de pouvoir jamais rien connoitre; & *les autres* ne mettroient pas tout en question, & ne décrieroient plus toutes sortes de connoissances, parce qu'il y en a de certaines auxquelles ils ne peuvent arriver. Il n'y a pas une nécessité absolue que nous connoissions toutes choses; il nous suffit de trouver des regles, pour diriger nos opinions & les actions qui en font des fuites: Ainſi nous n'avons nulle raiſon de nous inquiéter de ce que pluſieurs choſes échapent à nôtre connoiſ-ſance.

Ce ſont là les diverſes conſiderations qui m'ont porté à travailler à cet *Eſſai ſur l'En-tendement Humain.* J'ai toûjours crû, que la premiere choſe à quoi devoit travailler tout homme qui veut s'adonner à la recherche de la verité, étoit d'étudier les forces de nôtre Entendement, & de diſcerner les objets qui lui ſont proportionnez. Sans ces précautions, on cherchera en vain le doux plaiſir qui accompagne la poſſeſſion des plus intéreſſantes veritez ; mais nôtre Eſprit incapable de décider de tout, & de tout comprendre, s'égarera dans l'infinité des choſes ; c'eſt là tout l'effet que peuvent produire les méditations déréglées.

Par cette démangeaiſon de pouſſer ſes recher-ches au delà de ſa portée, on tombe dans une confuſion plus à craindre que l'ignorance même. Dénué de principes & de fondemens, on agite un nombre infini de queſtions, qui ne peuvent pas être terminées d'une maniére claire, & ne ſont propres qu'à perpétuer, & qu'à augmenter les diſputes ; & ces diſputes ordinairement a-boutiſſent à confirmer pluſieurs perſonnes dans un Pirrhoniſme parfait.

ABRÈGE'

ABREGÉ
DE L'ESSAI
DE Mr. LOCKE
SUR
L'Entendement Humain.

LIVRE PREMIER,
Extrait fait par
Mr. LE CLERC.

M R. L O C K E s'attache, dans ce Livre, à prouver qu'il n'y a point d'idées *innées* dans
nôtre Esprit, c'est-à-dire, qui y soient avant qu'il
ait senti quelque chose, ou réflechi sur lui-même. Voici comme il s'y prend.

I. On suppose communément, comme une
vérité incontestable, qu'il y a de certains Principes, soit pour la *Spéculation*, soit pour la *Pratique*, dans lesquels tout le genre humain s'accorde, & qui par conséquent sont des impressions, que nos Esprits reçoivent avec l'existence.

A

&

& apportent au monde avec eux. Mais quand le fait feroit certain, c'eft-à-dire, que tout le genre humain s'accorderoit en certaines chofes; s'il y a quelque autre voie, par laquelle elles ont pû devenir communes à tous les hommes, qui foit differente de l'impreffion naturelle que l'on fuppofe, il s'enfuivra que le confentement univerfel de tous les hommes ne prouve point qu'elles font *innées*. Outre cela, fi le confentement géneral eft le caractere des lumieres que l'on a en naiffant, il n'y aura affurément rien que l'on puiffe nommer lumiere naturelle, parce que tous les hommes ne confentent généralement en rien.

PAR exemple, pour commencer par les notions *fpéculatives*, on prend pour lumiere naturelle ce principe : *Il eft impoffible qu'une chofe foit, & ne foit pas en même temps.* Cependant les Enfans, & les Idiots ne penfent point à ce principe abftrait, d'où il paroît que cette verité n'eft pas naturellement dans leur efprit ; car fi elle y étoit, comme ne s'en apperçoivent-ils pas ? Comment peut-on dire qu'ils ont naturellement dans l'ame un Axiome, auquel ils n'ont jamais penfé, & ne penferont peut-être jamais ?

QUE fi l'on difoit que par ces Impreffions naturelles on entend la capacité, ou la faculté de connoître ces veritez ; toutes les veritez qu'un homme viendra un jour à connoître, devroient paffer pour *innées* ; parce qu'avant qu'il les fût, il avoit la faculté de les favoir, auffi bien que les principes les plus généraux. Ainfi cette grande queftion fe réduiroit uniquement à dire, que ceux, qui parlent d'idées *innées*, parlent très improprement, & dans le fond croient la même chofe, que ceux qui nient qu'il y en ait.

ON

ON replique, que les hommes connoiſſent ces
veritez & s'y rendent, dès qu'ils viennent à avoir
l'uſage de la Raiſon, & qu'il paroît par là qu'elles étoient naturellement dans leur eſprit. Mais
ceux qui diſent cela ne peuvent vouloir dire,
que l'une ou l'autre de ces deux choſes. C'eſt
qu'auſſitôt que les hommes viennent à faire uſage de la Raiſon, ils s'apperçoivent de ces veritez ; ou, que l'uſage de la Raiſon les leur fait
découvrir. Si l'on reçoit le dernier ſens, toutes les veritez, que l'on découvrira par le raiſonnement, feront des veritez *innées* ; & il eſt ridicule de donner ce nom à des propoſitions, que
l'on découvre par la Raiſon, qui n'eſt autre choſe que la Faculté de tirer de principes connus
des veritez inconnuës. Si ces veritez étoient
naturellement dans l'eſprit, on n'auroit pas beſoin de les tirer de principes plus connus. Si l'on
dit qu'il faut entendre les ſentimens vulgaires,
dans le premier des deux ſens que l'on a mar-
quez, ils ſe trouveront faux ; car il n'eſt pas vrai
que, d'abord que les Enfans commencent à ſe
ſervir de la Raiſon, ils aient aucune de ces idées.
Combien de marques de Raiſon ne remarque-t-on
pas dans les Enfans, long - tems avant qu'ils connoiſſent cette Maxime : *Il eſt impoſſible qu'une
choſe ſoit & ne ſoit pas en même tems ?* Combien
n'y a-t-il pas de gens ſans Lettres, & de peuples
ſauvages, qui non ſeulement paſſent leur enfance, ſans y penſer, mais qui n'y font jamais
de réflexion, en toute leur vie ? Ainſi quoi
qu'on diſe que, dès que l'on fait uſage de la
Raiſon, on s'apperçoit de ces Maximes & on y
acquieſce, l'experience fait voir qu'en effet on
ne les connoît point avant l'âge de Raiſon ; mais
elle ne nous apprend nullement quel eſt le tems,

A 2

auquel

auquel on commence à les connoître. On voit
feulement que quelques perfonnes viennent à les
favoir , en un certain tems ; ce qui arrive auffi
à l'égard de toutes les autres veritez , que l'on
ne fauroit regarder comme naturelles.

MAIS quand il feroit vrai , que dès que l'on
fait quelque ufage de fa Raifon, on s'apperçoit
de ces veritez, on ne pourroit pas en conclure
qu'elles font *innées* ; mais feulement que l'on ne
forme ces idées abftraites, & que l'on n'entend
les noms qu'on leur a donnez, que lorfque l'on
eft déja accôûtumé à raifonner & à réflechir. Voici comme cela fe fait· Les fens rempliffent, pour
ainfi dire, nôtre Efprit de diverfes idées , qu'il
n'avoit point ; & l'Efprit fe familiarifant peu à
peu ces idées, les place dans fa mémoire & leur
donne des noms. Enfuite il vient à fe repréfenter
d'autres idées, qu'il *abftrait* de celles-là, & il apprend l'ufage des noms géneraux. En cette forte
l'Efprit prépare des materiaux d'idées & de paroles, fur lefquels il exerce fa Faculté de raifonner ; & l'ufage de la Raifon devient d'autant
plus fenfible, que ces materiaux, fur lefquels elle s'exerce, s'augmentent. Il ne paroit point
par là qu'il y ait des idées *innées* , que l'on connoiffe , en commençant à faire ufage de fa Raifon. Au contraire les idées, qui occupent d'a-
bord nôtre Efprit, font celles qui lui viennent
par les fens, & qui font le plus d'impreffion fur
lui. Il découvre qu'il y a quelque difference entre elles, apparemment auffi-tôt qu'il a de la
mémoire, ou qu'il peut retentir diverfes idées.
Ou fi cela ne fe fait pas dès lors, les Enfans apperçoivent au moins cette difference long-tems
avant qu'ils aient appris à parler , & qu'ils faffent quelque ufage de la Raifon. Ils favent , par
exem-

exemple, la difference qu'il y a entre le doux,
& l'amer ; ou que l'amer n'eſt pas le doux. Un
Enfant ne vient à connoître que trois & quatro
ſont égaux à ſept, que lors qu'il eſt capable de
compter ſept, qu'il a déja formé l'idée d'égalité, & qu'il ſait comment on la nomme. Alors
d'abord qu'on lui dit que trois & quatre ſont
égaux à ſept, il n'a pas plûtôt compris le ſens de
ces paroles, qu'il en apperçoit la verité ; nullement
parce que c'étoit une verité innée, mais parce
qu'avant que d'entendre ces paroles, il avoit
mis dans ſon Eſprit les idées claires & diſtinctes,
qu'elles ſignifient. Quand on dit, que *dix-huit*
& dix-neuf ſont égaux à trente-ſept, cette propoſition eſt auſſi évidente par elle-même que celle-
ci : *un & deux ſont égaux à trois.* Cependant
un Enfant ne connoît pas la premiére ſi tôt que
la ſeconde, non parce que l'uſage de la Raiſon
lui manque, mais parce qu'il n'a pas ſi tôt formé les idées, que les mots *dix-huit*, *dix-*
neuf, & *trente-ſept* ſignifient, que celles qui
ſont ſignifiées par les mots *un, deux & trois.*

C e u x qui ſe ſont apperçus qu'il n'eſt pas
vrai que, d'abord que l'on a l'uſage de la Raiſon, on connoiſſe la verité des Maximes, que
l'on appelle *innées*, & qui n'ont pas néanmoins
voulu abandonner les principes communs, ſe
ſont appuiez ſur cette raiſon ; c'eſt que dès que
quelcun propoſe ces Maximes, & qu'on entend
ce que les mots ſignifient, on s'y rend. Mais
Mr. Locke demande à ceux qui défendent de la
ſorte les idées *innées*, ſi ce conſentement, que
l'on donne à une Propoſition, d'abord qu'on
l'a entenduë, eſt un caractere certain d'un principe *inné* ? Si l'on dit que non, c'eſt en vain

que

que l'on emploie cette preuve ; fi l'on répond
qu'oui , il faudra reconnoître pour principes
innez une infinité de propofitions , dont on re-
connoît la verité dès qu'on les entend dire , telles que font , par exemple , les propofitions
qui regardent les nombres, comme *qu'un & deux*
font égaux à trois , *deux & deux égaux à quatre* ,
&c. Ce n'eft pas feulement dans l'Arithmeti-
que , que l'on rencontre de femblables propofitions , il y en a dans la Phyfique & dans toutes
les autres Sciences , comme *que deux corps ne*
peuvent pas être en un même lieu ; & un million
d'autres, dont on ne peut pas douter , dès qu'on
les entend. Outre cela les Propofitions ne peuvent paffer pour *innées* , que les idées, dont elles font compofées , ne le foient auffi ; & cela
étant , il faudroit fuppofer *innées* toutes nos
idées des couleurs , des fons , des goûts , des
odeurs , des figures, &c. ce qui eft tout à fait
contraire à la Raifon & à l'Experience.

On ne peut pas dire que les Propofitions
particuliéres , & évidentes par elles-mêmes, que
l'on reconnoit veritables , dès qu'on les entend
prononcer , comme *qu'un & deux font égaux à*
trois , & que *le verd n'eft pas rouge* , font reçuës
comme des confequences des propofitions génerales , que l'on regarde comme des lumieres
innées. Tous ceux qui prendront la peine de réflechir fur ce qui fe paffe dans nôtre Efprit ,
lorfque nous commençons à en faire quelque
ufage, trouveront que ces propofitions particuliéres , ou moins génerales , font reçuës par
des gens , qui n'ont jamais penfé aux énoncia-
tions univerfelles que l'on croit être leurs principes , & qu'on les embraffe plûtôt que les générales.

Mais

M a i s outre tout cela, tant s'en faut que le confentement que l'on donne à une Propofition, dès qu'on l'entend prononcer à quelcun, foit une marque qu'elle eft *innée*, que c'eft une preuve du contraire. Car cette maniere de s'exprimer fuppofe que des gens, qui font inftruits de diverfes chofes, ignorent ces principes, & que perfonne ne les favoit, avant qu'il en eût ouï parler. Si l'on dit que l'on en avoit une connoiffance *implicite*, auparavant, on demandera en quoi confifte cette connoiffance implicite? Si l'on entend quelque chofe par là, c'eft qu'avant que de les favoir, on avoit une faculté capable de les apprendre, ce qui eft reconnoître toutes les veritez du monde pour *innées*, comme on l'a déja remarqué.

L'E x p e r i e n c e nous apprend que les Enfans, les Sauvages, & les perfonnes fans étude ne penfent point à ces fortes de propofitions; & cela étant, il s'enfuit de là qu'elles ne font point *innées*. Car enfin, fi elles l'étoient, elles le devroient paroître, principalement à cette forte de gens; parce qu'ils font le moins corrompus par la coûtume, par les opinions des autres, & par l'éducation. Aucune doctrine, étrangere ou nouvelle, ne peut avoir effacé de leur efprit ce que la nature y auroit gravé. Ainfi tout le monde y pourroit appercevoir ces verités *innées*, comme les penfées des Enfans paroiffent aux yeux de tous ceux de qui ils approchent. Eux mêmes verroient ces veritez écrites dans leurs Ames, & indépendantes de la difpofition de leurs organes, & ne manqueroient pas, felon leur coûtume, d'en parler à tous momens.

II. S i les maximes fpéculatives, dont on vient de parler, ne font pas reçuës de tout le

monde , par un confentement actuel ; on peut
encore bien moins l'affurer d'aucun principe de
pratique. C'eft ce que tous ceux , qui ont quelque connoiffance de l'Hiftoire du genre humain ,
peuvent favoir. L'une des chofes les plus univerfellement reçuës c'eft la *juftice*, qui confifte à obferver les accords que l'on a faits , & qui fe
trouve même parmi les Larrons & les Brigans.
Mais il eft vifible que ces gens-là ne gardent la
juftice entre eux, que par une pure néceffité, &
nullement comme un principe naturel ; puis
que dans le même tems qu'ils font fideles à
leurs compagnons , ils affaffinent les paffans ,
qui ne leur font aucun tort.

On dira peut-être que leur conduite eft contraire à leurs lumiéres, qui contredifent tacitement la conduite des Brigans. Mais outre que la
profeffion publique , que ces gens font de violer
la juftice, eft oppofée au confentement univerfel, qui ainfi ne peut paffer pour entier, il paroît
extrêmement étrange que des principes de pratique fe terminent en fimple fpéculation.

La nature a mis , dans tous les hommes, l'envie d'être heureux, & une forte averfion pour la
mifere. C'eft là un principe de pratique, qui agit
conftamment, & fans difcontinuation, dans tout le
monde. Mais on n'en peut tirer aucune confequence, pour les principes de connoiffance, qui
doivent regler nôtre conduite ; au contraire on
peut prouver par là qu'il n'y a point de femblâ-
bles principes, dans nôtre efprit; parce que s'ils
y étoient, on les appercevroit, de même que l'envie d'être heureux, & la crainte d'être miferable.

Une autre chofe, qui fait que l'on a fujet de
douter s'il y a aucun principe de pratique, c'eft
qu'il n'y a aucune regle de Morale, que l'on
                                        puiffe

puiffe propofer, dont on ne puiffe pas avec juftice demander la raifon, ce qui ne pourroit être,
s'il y en avoit quelques unes qui fuffent *innées*,
& évidentes par elles-mêmes. On croiroit defti-
tuez de fens commun ceux qui demanderoient,
ou qui effaieroient de rendre raifon pourquoi
*il eft impoffible qu'une chofe foit & ne foit pas en
même tems.* Cette propofition porte fes preuves avec elle, & fi elle ne fe fait recevoir par elle-
même, rien n'eft capable d'en convaincre. Mais
fi l'on propofoit cette regle de Morale, qui eft
le fondement de toutes les vertus qui regardent
le prochain : *Ne faites pas à autrui ce que vous
ne voudriez pas qu'on vous fît ;* fi l'on propofoit,
dis-je, cette regle à une perfonne, qui n'en auroit point ouï parler, & qui feroit néanmoins
capable d'entendre ce qu'elle veut dire, ne pour-
roit-elle pas, fans abfurdité, en demander la
raifon ? Et celui, qui la propoferoit, ne feroit-il
pas obligé d'en faire voir la verité ? Il paroît
par là que cette loi n'eft pas née avec nous,
puifque, fi cela étoit, elle feroit claire par elle
même. Ainfi la verité des regles de la Morale
dépend de quelque autre verité anterieure, d'où
elle doit être tirée, par la voie du raifonnement. L'obfervation des Contracts, & des Trai-
tez eft un des plus grands & des plus incontefta-
bles devoirs de la Morale ; mais fi vous deman-
dez à un Chrétien, perfuadé des recompenfes &
des peines de l'autre vie, pourquoi il tient fa
parole, il vous dira que c'eft parce que D i e u,
qui eft l'arbitre du bonheur & du malheur éternel, l'a commandé. Un *Hobbifte*, à qui on feroit une femblable demande, vous diroit que le
Public le veut ainfi, & que *Leviathan* punit ceux
qui en ufent autrement. Un Philofophe Païen

 répon-

répondroit à la même queſtion, qu'il eſt desho-
nête, & contraire à l'excellence de la nature humaine, d'être infidele.

On pourroit dire que la Conſcience, qui nous
reproche les fautes que nous commettons contre cette forte de Regles, eſt une marque qu'il
y a dans nos Ames des principes de Morale,
que la Nature y a mis. Mais on doit remarquer
que fans que la Nature ait rien écrit dans nos
cœurs, on peut venir à la connoiſſance de certaines Regles de Morale, par la même voie que
l'on vient à la connoiſſance de pluſieurs autres
veritez, & reconnoître ainſi que nous ſommes
obligez de ſuivre ces Regles. D'autres les connoiſſent par l'éducation, par les compagnies
qu'ils fréquentent, & par les coûtumes de leur
Païs. Enſuite cette opinion étant une fois établie, elle met en action leur conſcience, qui
n'eſt autre choſe que l'opinion que nous avons
nous-mêmes de ce que nous faiſons. Si la conſcience étoit une preuve qu'il y a des principes
innez, ces principes pourroient être oppoſez les
uns aux autres; puis que les uns ſe croient être
obligez en conſcience de faire ce que d'autres
évitent, pour la même raiſon.

On ne ſauroit comprendre comment les
hommes pourroient violer les Regles de la Morale, avec la plus grande confiance & le plus
grand calme du monde, ſi elles étoient gravées
dans nos ames. Que l'on faſſe réflexion ſur le
ſaccagement d'une ville priſe d'aſſaut; & que
l'on cherche dans le cœur des ſoldats, animez
au carnage & au butin, quelques ſentimens des
Regles de la Morale. La violence, le larcin &
le meûrtre ne ſont que des jeux, pour des gens
qui n'ont pas peur d'en être punis. N'y a-t-il
pas

pas eu de grandes Nations, & même des plus
polies, qui ont cru qu'il étoit auffi permis d'expofer leurs enfans pour les laiffer mourir de faim,
ou dévorer par les bêtes farouches, que de les
mettre au monde ? En quelque païs, on les en-
fevelit tous vivans avec leurs meres, s'il arrive
qu'elles meurent dans leurs couches; ou on les
tuë, fi un Aftrologue dit qu'ils font nez fous une
mauvaife étoile. Les *Mangreliens*, qui profeffent
le Chriftianifme, enfeveliffent leurs enfans tous
vifs, fans aucun fcrupule; ailleurs on les engraif-
fe, & on les mange. *Garcilaffo de la Vega* dans
fon *Hiftoire des Incas*, rapporte que quelques
barbares de l'Amerique gardoient des femmes,
qu'ils prenoient prifonniéres, pour en faire des
Concubines, & nourriffoient auffi délicatement
qu'ils pouvoient, les enfans qu'ils en avoient
jufqu'à l'âge de treize ans, après quoi ils les man-
geoient, & traitoient de même leurs meres, dès
qu'elles ne faifoient plus d'enfans. Les *Toupi-
nambous* croioient gagner le Paradis, en fe ven-
geant cruellement de leurs ennemis, & en man-
geant le plus grand nombre qu'ils pouvoient.
On pourroit rapporter une infinité d'exemples
femblables, par où il paroît que des Nations en-
tiéres n'ont eu aucune idée des Regles les plus
facrées de la Morale, & par conféquent que ces
Regles n'étoient pas nées avec ces Peuples. Si
l'on recherchoit avec foin ces fortes de chofes
dans l'Hiftoire, on trouveroit, qu'excepté les devoirs, fans lefquels il ne peut y avoir aucune Societé, qui font même trop fouvent négligez par
les Societez, il n'y a aucun devoir de Morale,
dont de grands Peuples ne fe foient moquez.

Q u e l c u n pourroit oppofer à cela, qu'il ne
s'enfuit pas qu'il n'y ait point de Regle, de ce
qu'on

qu'on la viole. L'objection est bonne, lors que ceux qui n'observent pas la Regle ne laissent pas d'en convenir, & lors qu'il y a quelque peine établie contre ceux qui la négligent. Mais on ne sauroit concevoir qu'un peuple entier rejettât publiquement ce que chacun de ceux qui le composent sauroit être une Loi ; ce qui seroit, si les Loix de la Morale étoient naturellement gravées dans l'Esprit de l'Homme. On peut bien concevoir que des gens feroient profession de certaines Regles de Morale, dont ils se moqueroient dans le fonds de l'ame ; seulement pour conserver leur réputation, & s'attirer l'estime de ceux qui les croient bien fondées. Mais il est incomprehensible qu'une Societé entiere rejette & viole publiquement des Loix, qu'elle est convaincuë être justes, & qu'elle sait que tous ceux, à qui elle peut avoir à faire, regardent comme telles. En agissant de la sorte, elle ne pourroit que s'attendre d'être le mépris & l'horreur de toutes les autres ; car peut-on s'attendre à autre chose, en violant publiquement des Regles connuës de tout le monde, & dont on reconnoit soi-même l'équité ?

On convient que la violation d'une Loi ne prouve pas qu'il n'y en a point ; mais une permission publique de faire tout le contraire est une preuve, que cette Loi n'est pas née avec les Hommes. Prenons quelques unes de ces Regles, qui paroisse la plus naturelle & la plus universellement reçuë, & voions ce que le genre humain en a pensé. Il semble que s'il y a quelque chose, que la nature nous apprenne, c'est *qu'il faut que les Peres & les Meres cherissent & conservent leurs Enfans.* Si c'est là une Regle *innée*, il faut ou qu'elle soit constamment observée de tous

les

les hommes, ou au moins que ce ſoit une verité, dont tous les hommes tombent d'accord.
Mais premiérement, les exemples de la Man-
grelie & du Perou prouvent qu'il y a eu des Peuples, qui ne l'ont point obſervée ; & ſans aller
ſi loin, les Romains & les Grecs, qui étoient
infiniment plus éclairez, expoſoient communément les enfans, dont ils étoient embarraſſez.
En ſecond lieu, on ne peut pas comprendre que
ces paroles renferment un devoir, ſi on ne les
regarde comme une Loi, & une Loi ne peut pas
être ſans Legiſlateur, ou ſans recompenſe & ſans
peine ; deſorte qu'on ne peut ſuppoſer que l'i-
dée d'un devoir ſoit *innée*, ſans ſuppoſer que
les idées d'un Dieu, d'une Loi, d'une autre
vie, ſoient auſſi nées avec nous. Il n'eſt pas beſoin de remarquer qu'en cette occaſion, une
Nation entiére ſuivant les pratiques que l'on a
rapportées, il n'y avoit point de peine à craindre dans cette vie, pour ceux qui n'obſervoient
pas les devoirs qui leur ſont oppoſez.

Les Principes qui nous font agir ſont en nôtre volonté, mais ils ſont ſi éloignez de pouvoir paſſer pour Principes de Morale, que ſi on
lâchoit la bride à ces deſirs, ils feroient violer
tout ce qu'il y a de plus ſaint au monde. C'eſt
pourquoi on a établi des Loix, pour les arrêter, par le moyen des recompenſes & des peines, qui contre-balancent la ſatisfaction, que
l'on pourroit trouver à ſe laiſſer emporter à ſes
deſirs. Si donc quelque choſe étoit gravé dans
l'Eſprit de l'Homme, comme une Loi, il faudroit que tous les hommes en euſſent une connoiſſance certaine, & qu'ils ne puſſent étouffer,
qu'une peine inévitable ſera le partage de ceux
qui violeront cette Loi. Mais les hommes ont
ignoré

ignoré & ignorent également, parmi diverses Nations, & les devoirs que la Morale prescrit,& les
peines que souffriront ceux qui les auront violez.

Ce seroit inutilement que l'on opposeroit, à
de si fortes raisons, ce que l'on dit quelquefois,
que la coûtume & l'éducation peuvent obscurcir
ces lumiéres naturelles, & enfin les éteindre tout
à fait. Si cette réponse étoit bonne, la preuve
tirée du consentement universel du genre humain seroit nulle ; à moins que ceux qui parlent
ainsi ne s'imaginent que leur opinion particuliére, ou celle de leur parti, doit passer pour un
consentement géneral ; comme il arrive à ceux,
qui se croiant les seuls arbitres du vrai & du
faux, ne comptent pour rien les suffrages de
tout le reste du genre humain. Le raisonnement
de ces gens-là se réduit à ceci : " Les principes,
" que tout le genre humain reconnoit pour ve
" ritables, sont *innez* : ceux, que les person
" nes de bon sens reconnoissent, sont admis
" par tout le genge humain : nous & ceux de
" nôtre parti sommes des gens de bon sens :
" donc nos principes son *innez*. C'est là aller
tout droit à l'infaillibilité.

Outre cela, si la coûtume & la mauvaise
éducation effacent de nôtre Esprit ces principes;
c'est en vain que l'on en vante la force & la clarté. Le genre humain se trouvera aussi embarrassé, avec ces notions chancellantes & incertaines, que s'il n'en avoit point. Si une Nation
prend pour lumiére naturelle ce qui ne l'est
point, ou rejette ce qui l'est ; cette varieté seule est capable de nous ravir tout le fruit, que
nous prétendrions tirer de ces principes. J'avoüe qu'on peut être très assuré que l'on a regardé comme des veritez des choses très-fausses ;
mais

mais ces fauſſetez, quelque oppoſées qu'elles fuſſent à la Raiſon, ont été ſouvent reçuës par des
gens de bon eſprit en toute autre choſe, & avec
une ſi grande opiniâtreté qu'ils auroient plûtôt
perdu la vie, que d'y renoncer, ou de permettre qu'on vint à les conteſter.

Q u e l q u e étrange que cela paroiſſe, c'eſt
ce que l'Experience nous apprend conſtamment,
& l'on n'en ſera pas ſi fort ſurpris, ſi l'on conſidere par quels degrez il peut arriver que des
doctrines, qui n'ont pas de meilleures ſources
que la ſuperſtition d'une Nourrice, ou l'autorité
d'une vieille femme, peuvent devenir par la longueur du temps, & le conſentement des voiſins,
des principes de Religion & de Morale.   Ceux
qui veulent bien élever leurs Enfans, leur in-
ſpirent, dès qu'ils commencent à entendre ce
qu'on leur dit, les ſentimens qu'ils jugent veritables; & les Eſprits des Enfans étant ſans connoiſſance, ſont comme un papier blanc, ſur lequel on écrit ſans confuſion quelques caracteres,
que l'on veut; ils prennent très facilement les
impreſſions qu'on leur veut donner. Enſuite ils
y ſont confirmez, ſoit par la profeſſion ouverte,
ou le conſentement tacite de ceux parmi leſquels
ils vivent; ſoit par l'autorité de ceux pour qui
ils ont de l'eſtime, & qui ne permettent pas que
l'on parle jamais de ces doctrines, que comme
des fondemens de la Religion & des bonnes
mœurs. Ainſi peu à peu elles paſſent pour des veritez inconteſtables, évidentes, & nées avec nous.

I l arrive même ſouvent que ceux qui ont
été élevez dans de certains ſentimens, venant à
faire réflexion ſur eux-mêmes, & ne trouvant
rien dans leur eſprit de plus vieux que ces opinions, qui leur ont été enſeignées avant que

leur

leur Mémoire tint, pour ainſi dire, regître de leurs actions, & marquât la date du tems , auquel quelque choſe de nouveau commençoit à leur paroître ; ils s'imaginent que ces penſées, dont ils ne peuvent découvrir en eux la premiére ſource, ſont aſſurément des impreſſions de D I E U & de la Nature , & non des choſes qu'on leur ait appriſes.

C'E S T ce qui paroîtra très vraiſemblable & preſque inévitable ; ſi l'on fait réflexion ſur la nature de l'homme , & ſur la conſtitution des affaires de cette vie. La plûpart des hommes ſont obligez d'emploier preſque tout leur tems à travailler à leur profeſſion , pour gagner leur vie ; & ne ſauroient néanmoins jouïr de quelque repos d'eſprit ; ſans avoir des principes , qu'ils regardent comme indubitables , & auſquels ils acquieſcent entiérement. Il n'y a perſonne , qui ſoit d'un eſprit ſi ſuperficiel , ou ſi flottant , qu'il n'ait quelques propoſitions, qu'il tient pour fondamentales , & ſur leſquelles il fonde ſes raiſonnemens. Les uns n'ont ni aſſez d'habileté , ni aſſez de loiſir pour les examiner ; la pareſſe en empêche les autres ; il y en a même , à qui l'on a dit, depuis leur enfance, qu'ils ſe devoient bien garder d'entrer dans aucun examen ; de ſorte qu'il y a peu de perſonnes , que l'ignorance , la foibleſſe d'eſprit, les diſtractions , la pareſſe , l'éducation , ou la legereté, n'engagent à embraſſer les principes qu'on leur a appris , ſur la bonne foi de ceux qui les ont propoſez. C'eſt là l'état, où ſe trouvent tous les Enfans , & tous les Jeunes Gens ; de ſorte qu'il ne faut pas s'étonner ſi dans un âge plus avancé, où ils ſont ou embarraſſez des affaires de la vie , ou attachez aux plaiſirs ; ils ne penſent

ſent

fent jamais ferieufement à examiner les opinions dont ils font prévenus, particuliérement, fi l'un de leurs principes eft que cet examen eft dangereux. Mais fuppofé même que l'on ait du tems, de l'efprit & de l'inclination pour cette recherche, qui eft - ce qui ofe ébranler les fondemens de tous fes raifonnemens, & de toutes fes actions paffées ? Qui peut foûtenir une penfée auffi mortifiante, qu'eft celle de foupçonner que l'on a été pendant fi long-tems dans l'erreur ? Combien de gens y a-t-il qui ayent affez de hardieffe, & de fermeté pour envifager fans peur les reproches, que l'on fait à ceux qui ofent s'éloigner du fentiment de leur païs, ou du parti, dans lequel ils font nez ? Il faut fe réfoudre à effuier les noms de Pyrrhonien, de Déifte, d'Athée, &c. fi l'on témoigne feulement que l'on doute des opinions communes ; & ce n'eft pas encore là le tout, il faut s'attendre à être ruiné, & fouvent à perdre la vie, fi l'on ne veut pas fe déterminer à prendre parti, avant que l'on foit pleinement convaincu, par des lumiéres claires, de ce qui eft le plus veritable. Après cela doit-on s'étonner, fi l'on fait des jugemens précipitez ? Quels juges ne prononceroient pas toutes les fentences que l'on voudroit, & le plus promptement qu'il leur feroit poffible, fi en balançant & en voulant attendre d'être bien inftruits, ils ne voioient pour recompenfe de leur équité que l'infamie, la mifere, les fupplices, & la mort ?

IL eft aifé de s'imaginer comment tout cela porte les hommes à adorer les Idoles, qu'ils ont faites eux-mêmes ; & à regarder, comme des veritez divines, les plus grandes abfurditez. Quelques unes des difficultez, que l'on vient de dire,

dire, fuffifent, pour jetter prefque inévitablement dans l'erreur; & fouvent l'on eft affiegé
par la plus grande partie de ces machines, &
même par toutes, fur tout fi l'on eft d'une condition à faire quelque figure dans le monde;
où il arrive de plus que l'on trouve de très-
grands avantages, à fuivre fans examen les opinions vulgaires.

III. On fera encore plus convaincu qu'il
n'y a point de veritez *innées*, fi l'on fait un peu
plus de réflexion fur une chofe, que l'on a déja
touchée en paffant. C'eft que toute propofition étant compofée au moins de deux idées,
dont elle exprime le rapport; fi nous connoiffions naturellement quelque propofition, nous
aurions auffi une connoiffance naturelle de ces
idées. Or fi nous confiderons les enfans, qui
font nez depuis peu, nous y trouverons peut-
être les idées de la faim, de la foif, de la chaleur, de la douleur, parce qu'ils ont fenti tout
cela, dans le fein de leurs Meres; mais il n'y a
nulle apparence qu'ils aient aucune des idées,
qui répondent aux termes des propofitions génerales. S'il y a quelque principe naturel, felon
ceux qui les reçoivent, c'eft celui-ci que l'on a
déja rapporté, *qu'une chofe ne peut pas être &*
n'être pas en même tems. Cette propofition renferme les idées d'*impoffibilité* & d'*identité*, que
perfonne affurément ne prendra pour des idées
innées. Qui pourroit fe perfuader qu'un Enfant
fait ce que c'eft qu'Impoffibilité, & Identité,
avant que de favoir ce que c'eft que blanc, ou
noir, doux ou amer? Ces mots marquent au
contraire deux idées, qui bien loin d'être naturelles, demandent une grande attention pour
les former; & qui font fi éloignées des penfées

de

de l'Enfance, que l'on auroit de la peine à les trouver, dans bien des hommes faits, si on les examinoit là dessus.

Si l'Idée d'Identité est naturelle, & si claire que les Enfans même l'ont présente à l'esprit, un homme n'y seroit pas sans doute embarrassé. Que l'on demande donc à un Vieillard, si l'on veut, si un homme qui est une Créature composée de corps & d'ame, est le même lors que son corps est changé ? *Euphorbe*, *Pythagore*, le *Coq*, dans lequel son ame passa ensuite, étoit-ce le même ? Il paroîtra par l'embarras où il sera, que l'Idée d'Identité n'est pas si claire, que l'on croit, & par conséquent qu'elle n'est point née avec nous. Les Pythagoriciens auroient répondu qu'oui, & une infinité d'autres diroient que non. Peut-être que l'on répliquera que la Metempsychose n'étant qu'une Chimere, la question, que l'on vient de proposer, n'est qu'une vaine spéculation. Quand cela seroit, on ne laisseroit pas d'en pouvoir conclurre que l'Idée d'Identité n'est pas naturelle. Mais on trouvera que cette question n'est pas si creuse, qu'elle paroît d'abord, si l'on fait réflexion sur la Résurrection des Morts ; où Dieu fera sortir du tombeau les mêmes hommes, qui seront morts auparavant, pour les juger selon qu'ils auront bien ou mal fait dans cette vie. Il faudra méditer avec assez d'application pour trouver ce qui fait le *même homme,* & en quoi l'Identité consiste ; & l'on comprendra aisément que les Enfans ne savent ce que c'est. On jugera peut-être d'abord que l'Identité de la matiére, dont les corps des hommes auront été composez, suffit, pour les appeller les mêmes corps ; mais comment repondra-t-on à cette question ? Si une

B 2

Cloche

Cloche s'étoit rompuë, & que l'on jettât le métal, dont elle étoit faite, dans un fourneau,
pour le fondre, le raffiner, & en faire de nouveau une Cloche, seroit-ce la même Cloche ? Selon le langage commun, ce seroit une autre.
Ainsi, à moins que d'abandonner l'usage commun, il faudroit dire que ce ne seront pas les
mêmes hommes, qui ressusciteront, puis qu'ils
n'auront pas les mêmes corps. On aimera mieux
corriger l'expression commune ; mais quoi qu'il
en soit, on peut juger par là, que l'idée d'*Identité* n'est pas une idée si distincte, que tous les
hommes en conviennent.

M. LOCKE fait encore voir, dans la suite de
ce Chapitre, qu'on ne peut pas dire que ces
Axiomes : *Le tout est plus grand que sa partie* :
On doit honorer DIEU : *Il y a un DIEU*,
quoi que de la derniére évidence, soient des
principes *innez*. On ne rapportera pas ce qu'il
dit, parce que l'on peut assez connoître sa méthode & les principes sur lesquels il se fonde,
par les échantillons que l'on vient d'en rapporter. Descartes, & ses Disciples, qui ont le plus
fortement soûtenu que l'idée de DIEU étoit
innée, semblent n'avoir pas bien compris ce que
ce mot vouloit dire ; & si ceux qui lisent leurs
Ecrits y prennent garde, il s'appercevront qu'ils
varient étrangement dans l'idée qu'ils attachent
à ce mot, & qu'ils le prennent le plus souvent
dans un sens très-impropre.

Fin du premier Livre.

LIVRE

LIVRE SECOND.

CHAPITRE I.

Des Idées en général, & de leur origine.

J'APPELLE *Idée* tout objet qui occupe l'esprit lors qu'il pense. On m'avouera sans peine que l'homme trouve en lui-même de telles idées; Il n'y a personne qui n'en ait le sentiment intérieur, & qui ne puisse juger par les paroles & par les actions des autres hommes, qu'ils en ont de semblables. Ainsi la premiere question qui se présente à examiner, c'est, *comment l'homme vient à avoir des idées.*

QUELQUES personnes tiennent pour vérité incontestable, que l'homme nait avec certains *principes innez*, certaines *notions primitives*, certains *caracteres* * qui sont comme gravez dans son ame dès le premier moment de son existence. J'ai examiné ce sentiment, & je l'ai refuté au long dans le premier livre de cet *Essai* ; J'y renvoie le lecteur qui veut être instruit à fond sur cette matiere.

B 3

M A I S

---

* Κοιναὶ ἔννοιαι.

Ma i s fans recourir à ce que j'y ait dit, j'efpere qu'on prendra parti contre cette hypo-
thefe des principes innez, apres qu'on aura vû
dans la fuite de ce livre, Que les hommes peuvent acquerir toutes les connoiffances qu'ils
ont, & arriver même à une entiere certitude
fans le fecours d'aucun de ces principes, mais
par le fimple ufage de leurs facultez naturelles.
Il feroit abfurde de foutenir que Dieu, *par exemple*, a imprimé l'idée des couleurs dans l'efprit
d'une créature à qui il a donné la puiffance de
les recevoir par l'impreffion des objets extérieurs fur fes yeux ; Or il eft raifonnable de
former la même conclufion à l'égard de toutes
nos autres connoiffances. Je vai donc montrer par quels moyens & par quels degrez
toutes nos idées nous viennent dans l'efprit.
Et j'appelle de tout ce que je dirai à l'expérience & aux obfervations de chaque homme
en particulier.

Je fuppofe donc que l'ame au commencement de fon exiftence eft comme une table
rafe, fans idées, fans caracteres, & que c'eft
par l'*Expérience* feulement qu'elle acquiert ce
grand nombre d'idées & de connoiffances
quelle a dans la fuite. Cette *Expérience* eft appellée Se n s a t i o n, lors qu'elle nous fait ref-
fentir l'action des objets extérieurs & fenfibles ;
par cette voie nous avons les idées du *froid*,
du *chaud*, du *doux*, de l'*amer*, des *couleurs*, &
de toutes les *qualitez* communément nommées
fenfibles, parce qu'elles entrent dans l'ame par
les fens : Et on nomme cette même Expérience
Re f l e x i o n, quand elle nous fait refléchir
attentivement aux opérations de nôtre ame ;
par là nous viennent les idées de *perception*,
penfée,

penſée, doute, volonté, raiſonnement. Ainſi la *Sen-ſation* & la *Reflexion* ſont les ſeules ſources où nôtre Entendement puiſe toutes les idées, quelque grand qu'en ſoit le nombre, quelqu'infinie qu'en ſoit la varieté : Les choſes ma-térielles & ſenſibles lui fourniſſent les objets de la *ſenſation*, & les opérations de l'eſprit les ob-jets de la *Reflexion.*

Il eſt bien évident que ce n'eſt que par de-grez inſenſibles que les Enfans acquiérent les idées des objets qui leur ſont les plus familiers, mais comme ils ſont d'abord après leur naiſ-ſance environnez d'objets qui affectent leurs ſens continuellement & en différentes manieres, une grande diverſité d'idées ſe trouvent gravées dans leur Ame ; ſoit qu'ils le veuillent, ſoit qu'ils ne le veuillent pas : Et pour cette raiſon on ne ſe reſſouvient pas du tems où on a reçu chacune de ces idées. Quelquefois pourtant il arrive, que certains objets peu communs ſe préſentent ſi tard à l'eſprit, qu'on peut aiſément ſe rappeller le tems où on a connu ces objets pour la premiere fois. Et je penſe pour moi qu'on pourroit élever un Enfant de ſorte, qu'il n'auroit que fort peu d'idées, même des plus communes, avant que d'être arrivé à la perfe-ction de l'age.

Pour les opérations de l'Eſprit, les Enfans n'en ont les idées qu'aſſez tard, & de certaines perſonnes n'en ont jamais des idées diſtinctes. La raiſon en eſt, Que ces operations, quoi que ſouvent répétées dans leur ame, n'y ſont toute-fois que comme des images paſſagéres, qui n'y ſont pas des impreſſions aſſez fortes pour y laiſſer des idées claires & durables. L'eſprit n'a donc aucune idée de ſes opérations, juſqu'à-ce qu'il se plie sur lui-même, qu'il réfléchisse sur ses opérations, & qu'il en fasse ainsi l'objet de ses contemplations.

On peut dire que l'homme commence à avoir des idées dès qu'il apperçoit ; car avoir des idées & appercevoir c'est la même chose. Certains Philosophes néanmoins soutiennent, que l'ame pense toujours, ou qu'elle a une perception actuelle d'idées aussi long-tems qu'elle existe, & par conséquent que la pensée actuelle est aussi inséparable de l'ame que l'étendue l'est du corps. Mais pourquoi seroit-il plus nécessaire à l'ame de penser toujours, qu'il ne l'est au corps d'être toujours en mouvement ? Car je pose que la perception des idées est à l'ame ce que le mouvement est au corps, c'est-à-dire que cette perception ne fait point l'essence de l'ame, mais qu'elle n'en est qu'une opération ; d'où il s'ensuit que bien-que la pensée soit l'action la plus propre de l'ame, il n'est pourtant pas nécessaire de supposer qu'elle pense toujours, ni qu'elle soit toujours en action. C'est là peut-être le privilege de l'Auteur & du Conservateur de toutes choses ; Infini dans ses perfections, *il ne dort, il ne sommeille jamais* ; Mais cette qualité de penser toujours ne sauroit convenir à un Etre fini : Nous savons par l'expérience que nous pensons quelquefois ; c'est donc une conséquence infaillible d'en inférer, qu'il y a en nous une Substance qui pense ; Mais de savoir si cette Substance pense continuellement ou non, c'est de quoi nous ne pouvons être assurez qu'autant que l'expérience nous l'apprend.

Je voudrois bien demander à ceux qui prononcent si hardiment que nôtre ame pense tou-

toujours , comment ils le favent , & par quel
moyen ils peuvent être affurez qu'ils penfent
au tems qu'ils n'apperçoivent pas leurs penfées:
Ce qu'ils peuvent repondre de plus plaufible ,
c'eft qu'il eft poffible que l'ame penfe toujours ,
quoi-que peut-être elle ne conferve pas le fou-
venir de toutes fes penfées. Mais n'eft-il pas
également poffible qu'elle ne penfe pas toûjours ? n'eft-il pas même plus probable de dire
que quelquefois elle ne penfe pas , que de dire
qu'elle penfe fouvent pendant un tems confidé-
rable , fans qu'elle puiffe pourtant , un moment
après , fe rappeller aucune de fes penfées.

Je ne vois donc aucune raifon pour me
perfuader que l'ame penfe avant que les fens
lui ayent acquis des idées fur lefquelles elle
puiffe penfer ; Mais au contraire je conçois
fort bien , qu'à mefure qu'elle s'exerce fur les
idées qu'elle a acquifes par les fens & que la
mémoire a retenues , elle perfectionne la faculté
de raifonner & de penfer en différentes manieres , & qu'enfuite combinant ces mêmes idées ,
& refléchiffant fur fes opérations , elle augmente
fes connoiffances auffi-bien que fa facilité à fe
reffouvenir , à imaginer , à raifonner & à produire d'autres modifications de la penfée.

CHAPITRE II.

Des Idées Simples.

NOS *idées* font de deux fortes , les unes
fimples, les autres *compofées.* *L'Idée fim-*
ple, c'eft une repréfentation uniforme dans l'ame,
qui

qui ne peut être distinguée en différentes idées. De cette nature sont toutes les *idées des qualitez sensibles*, qui entrent toutes par les sens d'une maniére simple & exempte de tout mélange, bien que les qualitez qui les produisent soient tellement unies & mélées dans les choses elles-mêmes, qu'on ne puisse ni les séparer ni concevoir qu'il y ait de séparation entr'elles. Ainsi quoi-que la main sente par le seul attouchement, la *mollesse* & la *chaleur* du même morceau de cire, cependant ces idées simples de *mollesse* & de *chaleur* sont aussi distinctes que si elles venoient par divers sens.

Lorsque l'esprit a fait une fois provision d'un certain nombre d'idées simples, il a la puissance de les répéter, de les comparer ensemble, & en les alliant avec une diversité infinie d'en former de nouvelles idées complexes, selon qu'il le trouve à propos ; Mais il n'est pas au pouvoir de l'esprit le plus vaste de former une seule idée simple, ni d'en détruire une de celles qu'il a déja.

CHAPITRE III.

Des Idées qui nous viennent par un seul Sens.

Nos idées considerées par rapport aux différentes maniéres dont elles entrent dans l'ame, sont de quatre especes différentes : Quelques unes nous viennent par un seul sens, d'autres par plus d'un sens, d'autres par la Reflexion, d'autres enfin par toutes les voies de la Sensation & de la Reflexion. Il

Il y en a donc qui n'entrent dans l'ame que par un sens difposé précifément à les recevoir; ainfi les *Couleurs* n'entrent que par les yeux, les *Sons* que par les oreilles, les *Odeurs* que par le nez : Et fi l'on perd quelqu'un de fes organes, il ne refte plus de moyen pour avoir les idées qu'on recevoit par fon canal.

Il feroit inutile de faire l'énumeration de toutes les idées fimples particuliéres à chaque Sens, on n'y pourroit pas même réuffir; car nous manquons de termes pour les exprimer toutes.

CHAPITRE IV.

De la Solidité.

PARCE que l'idée fimple que nous recevons par l'attouchement, & qu'on nomme *Solidité,* fait partie d'un grand nombre de nos idées complexes, il eft à propos d'en parler un peu au long. Nous acquerons l'idée de la Solidité, en obfervant la refiftance par laquelle un corps empêche un autre corps de prendre poffeffion de fa place jufqu'à-ce qu'il l'ait abandonnée. La Senfation n'excite en nous aucune idée plus conftante que celle-ci : Dans quelque fituation que nous puiffions être, nous fentons quelque chofe qui nous foutient, & qui nous empêche d'enfoncer fous nos pieds.

A cette

A cette idée que je viens de nommer Solidité, on donne souvent le nom d'*impénétrabilité*; mais le premier de ces termes me paroit plus propre pour exprimer cette idée; il emporte quelque chose de plus positif que le second, qui est purement négatif, & qui n'exprime qu'une idée, qui peut-être est plûtôt une suite de la Solidité que la Solidité même.

Il semble que la Solidité soit la proprieté la plus essentielle au corps, & celle par où l'on conçoit qu'il remplit l'espace, c'est-à-dire que, par tout où nous concevons quelque espace occupé par une Substance solide, nous concevons aussi que cette Substance occupe cet espace de maniere, qu'elle en exclut toute autre Substance solide; sa resistance est telle, qu'il n'y a aucune force capable de la surmonter. Quand tous les corps de l'univers presseroient de tous les côtez une *goute d'eau*, tant que cette goute d'eau restera au milieu d'eux, ils ne pourront jamais vaincre sa resistance, qui les empêche de s'approcher les uns des autres.

Selon ces principes, la *Solidité* différe du *pur espace*, en ce que l'espace pur est incapable & de resister & de se mouvoir. Elle différe de la *dureté*, en ce que la dureté n'est que l'union forte de certaines parties solides de la matiére, lesquelles composant des masses d'une grosseur sensible ne changent pas aisément de figure. Et en effet, on n'appelle les corps *durs* ou *mols* que par rapport à l'impression qu'ils font sur nous; ceux-là sont nommez *durs* qu'on ne peut faire changer de figure qu'en les pressant avec violence; & ceux-là *mols* dont on dérange les parties par un simple attouchement. La difficulté de faire changer la situation des

parties

parties d'un corps extrêmement dur, ne le rend pas plus Solide que n'est le plus mol. Le diamant, quelque dur qu'il puisse être, n'a pas plus de Solidité que l'air & l'eau ; ce dont on peut se convaincre par la resistance que font l'eau & l'air , dans quelque chose de souple ou qui prête.

PAR ces idées, il est évident qu'on peut distinguer *l'étenduë du corps* de *l'étenduë de l'espace :* La premiere est *une union étroite & une continuité de parties solides , divisibles & capables de mouvement ;* La seconde, *une continuité de parties non solides , indivisibles & incapables de mouvement.* J'entrerois volontiers dans le sentiment d'un grand nombre de personnes qui croyent que l'idée de l'espace pur est très differente de celle de la Solidité ; Ils se persuadent qu'ils peuvent penser à l'espace , sans songer à quoi que ce soit en lui , qui soit capable ou de faire resistance , ou de pousser quelque autre corps ; & d'un autre côté, se représenter, séparément de l'espace, quelque chose qui le remplit, & qui peut pousser les autres corps & leur resister. J'ai en effet une idée aussi claire de la distance qui sépare les parties opposées d'une surface concave, soit que je conçoive solides ou non solides les parties de cet entre-deux.

SI quelqu'un me demande ce que c'est donc que la Solidité , je le renverrai à ses sens pour s'en instruire ; il le saura, s'il s'efforce de joindre ses mains après y avoir renfermé un caillou.

AU reste, c'est de la Solidité des corps , que dépendent leur impulsion mutuelle & leur resistance.

CHAP.

CHAPITRE V.

Des Idées Simples qui viennent par divers Sens.

IL y a des Idées qui nous viennent par plus d'un fens, comme les idées de l'*efpace*, de l'*étenduë*, de la *figure*, du *mouvement* & du *repos*. Nous les recevons par la vuë & l'attouchement.

CHAPITRE VI.

Des Idées Simples qui viennent par la Reflexion.

QUELQUES autres de nos Idées tirent leur origine de la Reflexion feulement; ce font les Idées touchant les opérations de nôtre ame. Les principales de ces opérations font la *Perception* ou l'action d'appercevoir, le *Vouloir* ou l'action de la volonté. La *Volonté* & l'*Entendement* font les deux puiffances qui produifent ces opérations. On appelle également ces deux puiffances du nom de *Facultez*.

JE rapporte à ce chapitre les *modifications de la penfée*.

CHAP.

CHAPITRE VII.

Des Idées Simples qui nous viennent par la Senfation & par la Reflexion.

LES Idées de *plaifir*, de *douleur*, de *puiffance*, d'*exiftence*, d'*unité* & de *fucceffion*, nous viennent également, par la Senfation ou par la Reflexion.

LE plaifir & la douleur accompagnent prefque toutes nos fenfations, auffi bien que prefque toutes les actions ou les penfées de nôtre ame. *Plaifir & Douleur*, c'eft felon moi tout ce qui nous *déleEte* ou tout ce qui nous incommode, foit que cette *déleEtation* ou incommodité vienne des penfées de l'ame ou de l'action de quelque chofe fur nos corps. Et du refte je tiens que ce qu'on appelle d'un côté *joie*, *fatisfaEtion*, *plaifir*, *félicité*, & de l'autre *inquiétude*, *trouble*, *tourment*, *mifere*, ne font que des différens degrez ou de plaifir ou de douleur.

L'AUTEUR & le Confervateur de notre Etre a attaché ou du plaifir ou de la douleur à certaines penfées & à certaines Senfations. Pourquoi? c'eft afin de nous porter à penfer, à agir, & à nous mouvoir ; Sans ce plaifir & cette douleur nous n'aurions aucun fujet de préférer une penfée à une autre, ni le mouvement au repos, & ainfi quoi que douez des puiffances de l'entendement & de la volonté, nous ferions des créatures entiérement inactives, nous pafferions nôtre vie dans une léthargie continuelle.

Il

IL y a une chofe digne de toute nôtre conſideration, c'eſt que les mêmes *objets & les mêmes idées qui nous donnent du plaiſir, nous cauſent très ſouvent de la douleur.* Que cette grande proximité du plaiſir à la douleur fait admirer la ſageſſe & la bonté de nôtre Créateur ! Pour conſerver nôtre Etre, il a joint le Sentiment de la *douleur* à l'*impreſſion* que fait ſur nos corps un grand nombre de chofes, afin qu'avertis du mal qu'elles peuvent nous cauſer, nous ſongeaſſions à les éviter ; Mais pour conſerver dans leur perfeſtion chaque partie & chaque organe de nos corps, il a attaché de la douleur à ces mêmes ſenfations qui nous cauſent quelquefois du plaiſir, & il a voulu que la chaleur, *par exemple*, qui dans un certain degré nous eſt ſi agréable, nous cauſât des douleurs extraordinaires, quand elle s'augmente quelque peu plus. Y a-t-il rien de plus ſage que cette Loi de la nature, qui fait que lors qu'un objet, dont peut-être nous attendons du plaiſir, met en déſordre, par la violence de ſon impreſſion, les organes de nôtre Senfation, dont la ſtruſture ne peut être que fort délicate ; nous ſommes avertis par la douleur que nous cauſe cette impreſſion, de nous éloigner de cet objet avant que nos organes ſoient tout-à-fait dérangez. C'eſt là le but pour lequel DIEU a attaché de la douleur à de certaines ſenfations. On n'en doutera plus ſi l'on conſidére, que quoi que nos yeux ne puiſſent pas ſouffrir une lumiére bien vive, cependant la plus grande obſcurité ne les bleſſe abſolument point, parce qu'elle ne peut cauſer aucun dérangement dans les organes admirables de l'œil ; Mais un froid exceſſif nous cauſe de la douleur, tout comme une

une

chaleur exceſſive, parce que l'un & l'autre ſont également capables de détruire l'oeconomie de nôtre corps, laquelle eſt néceſſaire à la conſervation de nôtre vie.

UNE autre raiſon, pourquoi DIEU a annexé & allié differens degrez de plaiſir & de douleur aux impreſſions des objets ſur nôtre ame, c'eſt afin que trouvant de l'amertume & un manque de ſatisfaction parfaite dans les plaiſirs que les créatures peuvent donner, nous cherchions nôtre bonheur dans la poſſeſſion de celui *avec lequel il y a raſſaſiement de joie, & à la droite de qui il y a des plaiſirs pour toujours.*

PEUT-ETRE que ces réflexions ne nous donnent pas ſur le plaiſir & la douleur des idées plus claires que ne fait l'expérience; Mais elles ſervent à nous inſpirer de juſtes ſentimens ſur la Sageſſe & la Bonté du Souverain Diſpenſateur de toutes choſes. Cette digreſſion ne convient pas mal au but de cet *Eſſai;* car la connoiſſance & la vénération de l'Etre ſuprême doit être toujours la principale fin de nos recherches, & la véritable occupation de nôtre Eſprit.

L'EXISTENCE & l'*Unité* ſont deux autres idées que peuvent exciter en nous chaque objet extérieur & chaque idée intérieure; car l'idée ſur l'exiſtence nous vient, & du ſentiment que nous avons de l'exiſtence de quelque idée dans nôtre Eſprit, & du jugement que nous faiſons qu'il y a des choſes hors de nous & par conſéquent qui exiſtent par elles-mêmes. Pour l'*Unité* nous en avons l'idée par la conſidération de chaque choſe unique, n'importe que ce ſoit un Etre réel ou ſimplement une idée.

C

LA

L a *Puiffance* eft encore une idée qu'excite en nous & la Reflexion & la Senfation. Nous l'acquerons également, foit en obfervant que nous penfons & que nous mouvons différentes parties de nôtre corps, foit en remarquant les effets que produifent les corps les uns fur les autres.

J'e n dis de même touchant la *Succeffion*. *

CHAPITRE VIII.

Autres Confiderations fur les Idées fimples.

TOUT ce qui peut exciter quelque perception dans nôtre Efprit, y doit par la même raifon exciter une idée fimple, laquelle nous confiderons toujours comme réelle & comme pofitive, quelle qu'en foit la caufe : Ainfi nos idées de *chaleur*, de *froideur*, de *lumiere*, de *ténebres*, de *mouvement*, & de *repos*, &c. font pofitives, bien-que néanmoins quelques unes de leurs caufes ne foient que de *pures privations*.

P A R C O N S E Q U E N T ce n'eft pas par l'attention qu'on fait à fes idées, entant qu'elles font dans l'efprit, qu'on peut découvrir les caufes qui les ont produites; ce ne peut être que par l'examen fur la nature des chofes qui font hors de nous. Le *Peintre* & le *Teinturier* ont des idées auffi diftinctes du blanc & du noir que le *Philofophe*; Mais c'eft le Philofophe qui recherche

---

Voyez le Chap. XIV. de ce Livre, où cette matiere eft expliquée au long.

cherche la nature & l'arrangement des particules qui forment ces couleurs.

Une *caufe privative* peut exciter une idée
pofitive; cela eft évident par *l'ombre*, qui n'é-
tant autre chofe qu'une abfence de lumiere, fe
fait très bien diftinguer, & produit parconféquent une idée claire & pofitive. J'en explique ainfi la raifon: De-même que la fenfation
eft caufée en nous par les différens degrez ou
les differentes déterminations du mouvement
de nos efprits agitez diverfement par les objets
extérieurs; ainfi la diminution de ce mouvement doit produire une nouvelle fenfation &
une nouvelle idée, auffi néceffairement que la
variation & l'augmentation de ce mouvement:
Nous avons même des *termes négatifs* qui n'expriment pas directement des idées pofitives,
mais bien l'abfence de ces idées; tels font les
mots d'*infipide* & de *filence*, qui défignent des
idées pofitives, favoir le gout & le fon, avec
leur abfence ou leur privation.

Pour avoir une plus grande intelligence
fur cette matiere, il ne fera pas inutile de diftinguer ici deux chofes très diftinctes, qui font,
les idées, *entant* qu'elles font des perceptions
dans l'efprit, & *entant* qu'elles font des qualitez
dans les corps, ou, ce qui revient au même,
entant qu'elles font des modifications de la matiére qui caufent ces perceptions. Cette diftinction eft néceffaire, de crainte qu'on ne fe
figure que nos idées confiderées au premier é-
gard font des images ou des reffemblances par-
faites de quelque chofe d'*inhérent* dans le fujet
qui les produit. Entre la plupart de nos idées
de fenfation & leurs caufes, il n'y a pas plus de
reffemblance qu'entre ces mêmes idées & leurs

C 2

noms.

noms. Mais donnons un plus grand jour à cette matiere.

J'APPELLE *Idée* tout ce que l'efprit apperçoit en lui-même, ou tout ce qui eft l'objet immédiat de la Perception, de la Penfée ou de l'Entendement, & j'appelle *Qualité d'un fujet* la puiffance qu'a ce fujet de produire dans mon Efprit une certaine idée; Ainfi, dans une boule de neige qui a la puiffance d'exciter les idées de *blancheur*, de *froideur*, de *rondeur*, &c. j'appelle *qualitez*, les puiffances de cette boule entant qu'elles font en elle, & je leur donne le nom d'idées, entant qu'elles font des fenfations ou des perceptions dans mon ame: Et s'il m'arrive quelquefois de parler, comme s'il y avoit des idées dans les chofes mêmes, on doit entendre que je veux dire, qu'il y a dans les objets, des qualitez qui produifent ces idées en nous.

CES *qualitez* font de deux efpeces; je nomme les unes *originelles* ou *premieres*, comme font la folidité, l'étenduë, le mouvement, le repos, le nombre & la figure; elles font tellement infeparables du corps, qu'il les conferve toujours, quelques altérations qu'il puiffe fouffrir. Divifez un grain de fable en deux parties, chacune d'elle confervera toujours la *folidité*, l'*étenduë*, la *figure*, *la mobilité*, &c. Divifez-le en fix parties, ces fix parties retiendront encore toutes ces mêmes qualitez; Subdivifez-le enfin jufqu'à-ce que fes parties deviennent infenfibles, & chacune de ces qualitez reftera toujours dans chacune de ces parties imperceptibles. J'appelle les autres *qualitez fecondes*; telles font les couleurs, les odeurs, les fons, &c. Ces qualitez-ci n'ont point de réalité; car elles ne font

que la puiſſance qu'ont les corps de produire
en nous diverſes ſenſations par leurs qualitez o-
riginelles ou premieres.

Nos idées des qualitez premieres des corps
ſont parfaitement repréſentatives de ces qualitez ; ainſi les *Archetipes* de ces idées exiſtent
réellement dans les corps. Pour les qualitez
ſecondes, elles ne reſſemblent aucunement aux
idées qu'elles ont excité en nous. Ce qui dans
nôtre idée ou nôtre ſenſation eſt *bleu* ou *chaud*,
n'eſt autre choſe, dans les corps appellez de ces
noms, qu'un certain mouvement, qu'une certaine
groſſeur & configuration de leurs parties ; cela
paroit, de ce que le feu, qui à une certaine
diſtance excite en nous de la chaleur, nous
cauſe de la douleur, ſi nous l'approchons de
plus près ; or pourquoi le ſentiment de la chaleur ſeroit-il plûtôt dans le feu que celui de
la douleur ; car enfin c'eſt le même feu qui
produit l'un & l'autre ſentiment en nous. Ces
qualitez originelles ou *premieres* du feu, qui conſiſtent, comme j'ai dit, en des parties d'un
certain nombre & mouvement, d'une certaine
groſſeur & configuration, peuvent être appellées *réelles*, parce qu'elles exiſtent réellement
dans le feu, ſoit que nos ſens les y apperçoivent
ou non. Mais la *couleur* ou la *chaleur* n'y ſont
pas plus réellement que la *douleur* : Empêchez
les corps de produire en vous aucune ſenſation,
faites que vos yeux ne voyent ni lumiere ni
couleurs, que vos oreilles ne ſoient frapées
d'aucun ſon, que vôtre nez ne ſente aucune o-
deur, & dès-lors tous ces ſons, toutes ces odeurs,
&c. entant que ce ſont des idées particuliéres
à vous ſeul, s'évanouiront & ceſſeront d'exiſter,
elles rentreront dans les cauſes qui les ont pro-

                          duites,

duites, c'eſt-à-dire, qu'elles ne ſeront plus que
la configuration & le mouvement des parties
des corps.

C E s qualitez ſecondes ſont de deux eſpeces.
Les unes ſont apperçuës *immédiatement* , les
autres *médiatement*. Je m'explique: on apperçoit
les unes par elles-mêmes ; parce que par leur
opération immédiate ſur nous, elles ſont naitre
des idées dans nôtre eſprit, comme les couleurs;
On n'apperçoit les autres qu'en conféquence
de l'effet qu'elles produiſent ſur d'autres corps,
dont elles alterent la texture , & qu'elles rendent capables d'exciter en nous des idées différentes de celles qu'ils excitoient auparavant.
En regardant le feu , nous connoiſſons tout
d'un coup, qu'il eſt *rouge* : mais ce n'eſt qu'en
voyant qu'il rend le plomb fluide, que nous
ſavons qu'il a la puiſſance de fondre ce métal.

O N juge différemment de ces dernieres
qualitez, quoi-qu'elles ne ſoient toutes deux
que la puiſſance qu'un corps a ſur un autre
en vertu d'une certaine modification de ſes
qualitez originelles. On regarde les qualitez
qu'on découvre immédiatement comme des
qualitez réelles, au lieu que celles qu'on découvre médiatement ne ſont cenſées que de
ſimples puiſſances. La cauſe de cette mépriſe
vient ſelon moi de nôtre incapacité à comprendre que nos idées des qualitez ſenſibles,
ſoient produites en conféquence d'une certaine
configuration & d'une certaine groſſeur des
parties des corps. Entre ces choſes & nos i-
dées, leſquelles nous ſentons ne rien tenir de
la groſſeur ou de la configuration des corps,
nous n'appercevons ni conformité, ni liaiſon
aucune,

aucune, & même nous ne voyons pas de raifon pourquoi la groffeur, le mouvement & la configuration des particules du corps produifent dans nôtre ame les idées & les fenfations des couleurs, des odeurs, *&c.* Mais à l'égard des *qualitez médiates,* il en eft tout autrement : Alors nous voyons clairement, que la qualité produite, la *molleffe, par exemple,* dans la cire, n'a aucune reffemblance avec la chaleur ; & celą nous porte fans difficulté, à regarder la molleffe de la cire comme un pur effet de la chaleur : Au lieu que dans le premier cas, comme nos fens font incapables de découvrir aucune différence entre une idée fimple, entant qu'excitée en nous, & la qualité qui l'a produite, nous jugeons, que nos idées reffemblent à quelque chofe qui eft dans les objets, & qu'elles ne peuvent être les effets des modifications des parties des corps.

J b viens de m'engager un peu avant dans des recherches phyfiques ; mais cela étoit néceffaire, pour apprendre à diftinguer les *qualitez réelles, originelles & infeparables des corps,* d'avec les *fecondes qualitez* qu'on leur impute. Cela une fois bien compris, nous connoitro ns lefquelles de nos idées font ou ne font pas repréfentatives de quelque chofe qui exifte réellement dans les corps, auxquels on donne des dénominations tirées des idées ou des fenfations qu'ils produifent en nous.

C 4

CHAP.

CHAPITRE IX.

De la Perception.

L'IDE'E de la Perception eſt la premiere idée que nous recevons par la *Reflexion*.＊ Cette *faculté* eſt purement paſſive, elle ne peut s'empêcher d'appercevoir ce qu'elle apperçoit effectivement. Nous ne pouvons ſavoir en quoi elle conſiſte qu'en refléchiſſant ſur ce qui ſe paſſe en nous-mêmes, lorſque nous voyons, que nous ſentons, *&c.*

LES impreſſions faites ſur les parties extérieures de nôtre corps, ne nous cauſent aucune perception, ſi elles ne pénetrént juſqu'à l'ame; cela ſe prouve, de ce que ceux qui ſont appliquez fortement à la conſideration d'un objet, ne s'apperçoivent point de pluſieurs impreſſions faites, *par exemple*, ſur l'organe de l'ouïe. Ainſi, *Par tout où il y a ſentiment ou perception, il doit y avoir quelque idée actuellement préſente à l'Entendement.*

NOUS devons encore obſerver, qu'à meſure qu'on avance en âge, le jugement change inſenſiblement les idées qu'on a reçu par les ſens; l'exemple ſuivant en eſt la preuve. L'idée qui s'imprime dans nôtre eſprit à la vuë d'un corps rond & de couleur uniforme, comme ſeroit la couleur d'*or* ou de *jayet*, repréſente à nos yeux un cercle plat & diverſement ombragé; mais ſachans

---

＊ *L'Auteur fait ici une diſtinction entre le mot de* perception, *& celui de* penſée; *mais cette diſtinction ne regarde que la langue Angloiſe.*

fachans par l'expérience , que les corps con-
vexes excitent en nous une telle *repréfentation,*
nous nous formons l'idée d'une figure convexe
& de couleur uniforme , bien neanmoins que
nos yeux ne nous préfentent , comme j'ai dit,
qu'un cercle plat diverfement ombragé. Et
en plufieurs occafions ce changement, par l'effet d'une habitude formée, fe fait d'une maniére
fi fubite, que nous prenons pour une perception des fens, ce qui n'eft qu'une idée formée
par le jugement: De-forte , que cette perception étant à-peine obfervée, ne fert qu'à exciter
le jugement à former quelque idée. Un homme
qui lit, ou qui écoute lire , avec beaucoup d'application d'efprit, fait peu d'attention aux fons
ou aux caracteres; il n'eft occupé que des idées
qu'excitent en lui ces caracteres ou ces fons.
Donc par habitude, on fait des Actions fans s'en
appercevoir.

A mon avis cette *faculté d'appercevoir* diftingue les Animaux d'avec les Etres d'une efpece
inférieure ; Il eft vrai qu'un grand nombre de
Végétaux ont quelques degrez de mouvement,
& que felon les différentes manieres dont quelques corps font appliquez fur eux, ils changent
à l'inftant & de mouvement & de figure ; ce
qui leur a fait donner le nom de *plantes fenfi-*
tives, je croi cependant , que tout ce qui fe
paffe en elles n'eft pas moins l'effet d'un pur
Méchanifme, que le raccourciffement d'une corde
plongée dans l'eau. Pour les Animaux, j'eftime
qu'ils font tous capables de perception ; mais
les uns plus , les autres moins; car il femble
qu'on peut vrai-femblablement conclurre de la
conformation d'une *moule* ou d'une *huitre,* qu'il
s'en faut de beaucoup que ces deux animaux
ayent

ayent les fens auffi vifs & en auffi grand nombre que l'*homme*, que le *finge*, &c.

Le premier degré vers la connoiffance, &
le feul moyen qui puiffe nous fournir de matériaux pour l'augmenter, c'eft donc la Perception; & moins un homme a de fens, moins
les objets font d'impreffion fur lui; & plus
auffi il fera éloigné d'avoir les connoiffances
qui fe trouvent dans ceux qui le furpaffent à
quelqu'un de ces deux égards.

CHAPITRE X.

De la Faculté de retenir fes Idées.

CETTE faculté eft la feconde qui foit
néceffaire à l'homme pour avancer dans
la connoiffance des chofes. Ses fonctions confiftent à retenir les idées que l'efprit a reçuës;
ce qu'elle fait en deux manieres: 1. en tenant
pour quelque tems une idée prefente à l'efprit,
ce que j'appelle *contemplation*: 2. en rappellant des idées qui avoient difparu entierement,
& dont on avoit écarté la penfée; ce qu'on fait
par la mémoire, qui eft comme le *magazin* de
toutes nos idées.

L'Usage de la Mémoire, ou fi vous vou-
lez d'un refervoir où l'on puiffe mettre des idées,
pour les reprendre quand on en aura befoin, é-
toit d'une néceffité abfolue à l'homme, dont
l'efprit eft incapable de confiderer plufieurs
chofes à la fois.

Or comme les idées ne font que des perceptions actuelles dans l'efprit, lefquelles perceptions

ceptions cessent d'être quelque chose de réel
dès qu'elles ne sont plus apperçues, dire qu'il
y a des idées en reserve dans la mémoire, c'est
n'affirmer autre chose sinon, qu'en plusieurs occasions l'esprit a la puissance, & de se rappeller
ses anciennes perceptions, & de se convaincre
qu'il les a eues autrefois. C'est donc à cause
de cette faculté, qu'on est appellé avoir dans l'esprit des idées qu'on peut, en se les rappellant,
faire devenir l'objet de son attention, sans l'entremise des choses qui par leur action les ont
premierement fait naitre dans nôtre ame.

Deux secours qui servent beaucoup à fixer
les idées dans la mémoire, c'est de les considerer fréquemment & d'y être attentif ; Et
parconséquent on doit oublier assez vite les i-
dées, que l'on n'a eues qu'une seule fois, &
qu'on ne renouvelle jamais: Aussi on observe
que ceux qui ont perdu la vuë dès leur enfance ne sauroient se faire d'idée des couleurs.

Il y a des gens dont la mémoire est heu-
reuse jusqu'au prodige; toutefois il arrive du
déchet dans leurs idées, dans celles-là même
qui ont fait les impressions les plus profondes
dans leur esprit, comme celles qui sont accom-
pagnées de plaisir & de douleur. Et si elles ne
sont pas renouvellées de tems en tems, leur em-
preinte s'efface, & à la fin il n'en reste plus
aucune image: Ce n'est donc que les idées qui
sont raffraichies, par le retour fréquent des objets ou des actions qui les produisent, qui s'im-
priment fortement dans la mémoire, & qui y
restent le plus long-tems ; Telles sont les idées
des qualitez originelles des corps, la *solidité*,
l'*étenduë*, la *figure*, le *mouvement* & le *repos*,
les sensations ou idées qui agissent presque incessamment

cessamment sur nous, comme le *froid*, le *chaud*, &c. les idées enfin des proprietez qui sont communes à toutes sortes d'Etres, comme l'*existence*, la *durée*, le *nombre*. &c. Toutes ces idées, dis-je, & leurs semblables, s'échappent rarement de la mémoire, tant qu'elle a la force d'en retenir quelques-unes.

L A *Mémoire* est souvent active, car souvent l'esprit s'applique avec vigueur, à se rappeller de certaines idées; mais aussi elle est souvent passive, car souvent les idées qu'on n'avoit plus présentes à l'esprit, ou se présentent comme d'elles-mêmes, ou sont tirées de leurs *cachettes* par quelque passion violente.

L A Mémoire peut être sujette à deux deffauts, sçavoir 1. à perdre entierement ses idées, ce qui produit une *ignorance parfaite*; 2. à être trop lente, *c'est-à-dire*, à ne pas rappeller assez vite les idées qu'elle conserve en dépôt, afin de les fournir à l'esprit lors qu'il en a besoin: Si cette lenteur est extraordinaire, c'est *stupidité*; si on se rappelle ces idées toutes les fois qu'on le desire, on a de l'*invention*, de l'*imagination*, de la *vivacité d'esprit*.

I L est vrai-semblable qu'il y a d'autres Animaux, qui possedent au même degré que l'homme la faculté de la *souvenance*; autrement certains oiseaux pourroient-ils s'appliquer à apprendre des airs & à en marquer distinctement les notes?

CHAP.

CHAPITRE XI.

De quelques autres Opérations de l'Esprit.

UNE autre faculté de l'esprit est celle de discerner ses idées. C'est de cette faculté que dependent l'évidence & la certitude de plusieurs propositions , & même de celles qui passent pour être des véritez innées ; car c'est par elle que nous appercevons si deux idées sont necessairement liées ou opposées entre elles.

CETTE appercevance claire , est ce qui fait l'exactitude & la clarté du raisonnement, qui se font remarquer dans les uns plus que dans les autres, d'une maniére tout-à-fait superieure. Il ne faut pas confondre cette *justesse du raison-nement* avec ce qu'on appelle *Esprit* , qui n'est autre chose que la vitesse & la varieté avec laquelle on rassemble des idées , dont la ressem-blance légére peut fournir d'agréables images ; au lieu que le jugement toujours occupé à dis-tinguer soigneusement les idées entre lesquelles on peut observer la moindre différence, ne néglige rien , pour ne pas tomber dans l'erreur & dans l'illusion.

LE moyen de rendre nos idées claires & dé-terminées, c'est de les bien distinguer ; & si el-les ont une fois acquis cette clarté & cette pré-cision , nous ne ferons plus en danger de les confondre & de nous y méprendre, quand même les objets les représenteroient à nos sens diver-sement en différentes rencontres.

UNE

Une autre Opération de nôtre efprit fur fes
idées, c'eft de les comparer entr'elles par rapport à leur étenduë, leur degré, leur tems &
leur lieu.   Cette opération, comme on voit, eft
le fondement de toutes les *relations*.   Il ne paroit pas que les Bêtes jouïffent de cette faculté
dans un degré fort confiderable ; car fi l'on a
quelque raifon pour croire qu'elles ont plufieurs
idées affez diftinctes, on n'en a pas moins pour
affurer, qu'elles ne peuvent comparer leurs idées
que par rapport à quelques apparences fenfibles
des objets extérieurs ; Mais pour la puiffance
de comparer des idées générales, on peut conjecturer avec vrai-femblance qu'elle ne fe rencontre pas dans les Brutes.

Composer fes idées, ou les joindre enfemble, de maniére qu'elles ne faffent plus
qu'une idée complexe, c'eft une autre opération
de nôtre Efprit.   Je rapporte à cette opération
celle *d'étendre nos idées*, c'eft-à-dire de joindre
enfemble différentes idées de la même efpece,
comme, en ajoutant plufieurs unitez enfemble,
on forme l'idée d'une *douzaine*, d'une *vingtaine*
&c.   A cet égard, je fuppofe encore les Bêtes
inférieures de beaucoup aux hommes ; elles reçoivent & même elles retiennent plufieurs idées
complexes, cela eft vrai : Un *chien* retient dans
fa mémoire, *par exemple*, la taille & la voix
de fon maître, toutefois il eft probable que
ces idées font plûtôt des marques qui lui font
reconnoitre fon maître, qu'une idée qu'il ait
compofée de ces qualitez fimples.

Enfin, c'eft une autre opération de nôtre
Efprit, de compofer des idées générales & re-
préfentatives de plufieurs chofes *indivifibles*.
Mais je traiterai au large de cette opération

au

au *chap.* III. du livre ſecond de cet *Eſſai.* Je
dirai ſeulement ici, que cette puiſſance de former des idées générales & univerſelles met une
vaſte diſtance entre les hommes & les bêtes.
Il paroit que les bêtes raiſonnent ſur des objets
particuliers ; mais, abſolument parlant, rien ne
prouve qu'elles forment des idées générales.

Le deffaut d'un *imbecille* conſiſte, en ce qu'il eſt
privé de quelqu'une des facultez dont je viens
de faire mention, ou en ce qu'il n'en jouït pas
dans toute la vivacité & l'activité requiſe. Celui d'un *Fou,* en ce qu'il a allié des idées inalliables par leur nature, & qu'il prend ces idées,
temerairement alliées, pour une verité réelle.
Le fou ſe trompe de la même maniere que celui qui raiſonne juſte ſur de faux principes ; &
par conſéquent un Homme ſage qui joint des
idées incompatibles & qui raiſonne ſur ces idées,
peut être auſſi fou ſur cet article que ceux qu'on
renferme dans les petites maiſons. Ainſi le fou
allie des idées incompatibles, & fait par-là des
propoſitions extravagantes, ſur leſquelles néanmoins il raiſonne juſte ; mais l'imbecille ne fait
point de propoſitions, il ne raiſonne point.

CHAPITRE XII.

Des Idées Complexes.

L'ESPRIT eſt abſolument paſſif quand il
reçoit quelque idée ſimple ; je l'ai prouvé ci-deſſus ; mais il travaille ſur ces idées ſimples, & par diverſes opérations en forme des
idées

idées complexes. Les principales de ces opérations font, 1. raffembler plufieurs idées fimples en une feule, c'eft ainfi qu'on forme des *idées complexes* ; 2. fe repréfenter deux idées différentes, ou fimples, ou compofées, & en les plaçant l'une auprès de l'autre, les confiderer toutes deux en même tems fans les unir enfemble, c'eft ainfi qu'on acquiert les idées des *Relations* ; 3. féparer une ou plufieurs idées d'avec celles avec qui elles excitent réellement, c'eft ainfi qu'on forme les *idées générales.* Je vai faire quelques reflexions fur le premier de ces Aɛtes, & me referve à parler des deux autres felon leur ordre.

L'Idee *complexe*, eft une idée compofée de plufieurs autres idées, comme celles d'*homme*, d'*armée*, de *beauté*, de *gratitude*, &c. Ces idées complexes font de deux fortes. Les unes font un *compofé* d'idées fimples, dont les Archetipes exiftent réellement dans la Nature, comme l'idée de quelque fubftance. Les autres font des *compofez* que l'efprit a formez, comme l'idée de *gratitude*, de *menfonge*, &c.

Par la faculté de répéter fes idées & de les joindre enfemble, l'homme peut diverfifier & multiplier prefqu'à l'infini les objets de fa penfée, mais il ne peut recevoir aucune idée fimple que par la *Senfation* & la *Reflexion* : Les idées des qualitez fenfibles ne peuvent lui venir que par l'action des objets extérieurs fur les fens, & les idées des opérations d'une fubftance penfante que par ce qu'il fent intérieurement en lui-même. Mais lors qu'une fois il a acquis un certain nombre d'idées fimples, il a la puiffance de les joindre enfemble, & d'en fabriquer des idées complexes, qui lui font entierement nouvelles.

De

De quelque maniere que nos idées complexes soient composées, quelque grand qu'en soit le nombre, quelque infinie qu'en soit la varieté, on peut les reduire toutes à ces trois genres : Les *Modes*, ou *Modifications*, ou *maniéres d'être*, les *Substances* & les *Relations*.

Modes, *modifications* ou *maniéres d'être*, sont des idées qui représentent, non quelque chose qu'on suppose exister par soi-même, mais des dépendances & des affections des substances, le *triangle*, la *gratitude*, le *meurtre*, &c. Ces *modes* sont de deux especes, *simples & complexes* ; *simples*, quand ils ne sont composez que d'idées simples de la même espece, *par exemple*, une *douzaine*, une *trentaine* ; *complexes*, quand ils sont composez d'idées simples de différente espece ; comme la *Beauté*, qui est un assemblage de couleurs & de traits qui plait à la vûë ; le *Vol*, qui est un transport secret d'une chose, sans le consentement de celui à qui elle appartient.

Les idées des *substances* sont composées d'idées simples, supposées représentatives de choses particulieres & subsistant par elles-mêmes. L'Idée confuse de la *substance en général* tient le premier lieu dans cette composition. Je forme l'idée de *l'homme*, *par exemple*, en joignant à l'idée de la *substance* en général, l'idée d'une certaine forme de corps, qui a la puissance de se *mouvoir*, de *penser*, de *raisonner*, &c. Nos idées des substances sont aussi de deux sortes, les unes représentent des substances singuliéres, un *homme*, une *pierre*, &c. les autres, plusieurs substances singuliéres, une armée, un troupeau : ces *idées rassemblées* de plusieurs substances, forment une idée, qui est aussi unique, aussi une, que l'est celle d'un *homme* ou de l'unité.

 CHA-

CHAPITRE XIII.

Des Modes simples, & premierement de ceux de l'Espace.

TOUCHANT les modifications simples, nous pouvons observer en général, que les *manieres d'être* d'une idée simple, quelle que ce soit, sont aussi distinctes dans l'esprit que celles de deux idées opposées. *Deux* est aussi différent de *trois*, que le *bleu* est différent de la *chaleur*. Je commence par traiter des modes simples de l'espace.

NOUS acquerrons l'idée de l'*espace*, qui est une idée simple, par la vûë & par l'attouchement. L'Espace a plusieurs noms : il est appellé *distance*, quand on considere sa longueur entant que bornée par deux corps ; *Capacité*, si on le considere par rapport à sa longueur, sa largeur & sa profondeur ; & *Etenduë*, lors-qu'on le regarde comme renfermé entre les extrémitez de la matiere, laquelle on suppose remplir la capacité de l'espace par quelque chose de solide, qu'on peut toucher & mouvoir. Donc nôtre idée sur l'étenduë suppose l'idée du Corps, mais on peut concevoir l'espace sans songer au Corps.

DE même que chaque longueur différente constitue une modification de l'espace, de même aussi les idées de ces longueurs doivent former des idées de différentes modifications de l'espace. Telles sont les idées d'un *pied*, d'une *aune*, &c. qui représentent certaines longueurs

déter-

déterminées dont les hommes font convenus pour leur ufage. Quand on s'eft rendu familiéres ces idées de mefure, on peut les répeter dans l'efprit auffi fouvent qu'on le veut, fans faire aucune attention au Corps; & par-là on vient à imaginer un *pied*, une *aune*, une *ftade*, au delà des dernieres extremitez de tous les Corps, & en multipliant ces mefures par de continuelles additions fans y trouver de fin, on forme l'idée de l'*immenfité*.

O n fe forme l'idée d'une autre modification de l'efpace, en comparant entr'elles les extrémitez de la furface d'un corps; c'eft ce qu'on appelle *figure* : On la découvre par l'*attouchement* dans les corps qu'on peut manier, & on la découvre par la *vûë* dans ceux dont nous n'appercevons les extrémitez que des yeux. Cette découverte fe fait en cette maniére. On obferve d'abord, fi les extrémitez de ces Corps fe terminent, ou par des lignes droites lefquelles forment des Angles diftinéts, ou par des lignes courbes qui ne font aucun angle; & enfuite on confidere le rapport de tous ces Angles dans toute la furface du Corps.

L'I d e' e fur le *lieu*, nous préfente une autre modification de l'efpace. Cette idée n'eft, que référer la pofition d'un Corps à quelque point fixe & déterminé. Cela eft fi vrai, qu'on ne s'imagine pas, qu'un Corps ait changé de place, tant qu'il ne s'aproche ni ne s'éloigne des points fixes à qui on l'avoit comparé. Et ce qui confirme bien ce que je viens d'avancer, c'eft qu'on ne fauroit avoir d'idée du lieu de l'U-nivers, bien que nous en ayons une de chacune de fes parties; car dire que l'univers eft en quelque part, cela n'exprime autre chofe finon,

D 2

qu'il

qu'il exifte.   Quelquefois néanmoins le terme
de *lieu* ou de *place* fe prend pour l'efpace que
chaque Corps occupe ; en ce fens il eft vrai de
dire que l'Univers exifte en un lieu.

CHAPITRE XIV.

De la Durée, & de fes Modifications fimples.

LA Reflexion fur l'écoulement perpétuel des
parties periffables de la Succeffion, nous
fait avoir l'idée d'une autre efpece de diftance,
nommée *durée* ; les modifications fimples de la
durée font fes différentes longueurs, defquelles
nous avons des idées fort diftinctes, comme les
heures, les jours, les années, l'éternité, *&c.*

L'Idée de la *Succeffion* fe forme en refléchiffant fur cette fuite de nos idées qui fe fuccedent conftamment les unes aux autres, dans
nôtre Efprit, pendant que nous veillons ; Je le
prouve, de ce que dès le moment que nos idées
difcontinuent de fe fucceder, comme il arrive
dans le fommeil, nous n'avons plus de perception ni de fucceffion ni de durée ; car la diftance
entre le moment auquel on s'eft éveillé, & celui
auquel on s'eft endormi eft entiérement perdue
pour nous.   Cependant s'il arrive dans le fommeil que quelque fonge préfente fucceffivement
à nôtre Efprit une grande diverfité d'idées, nous
aurons durant ce tems une perception, & de la
durée & de la longueur de cette durée. Ici je ne
fais pas difficulté d'affirmer, qu'un homme qui
veille, ne s'appercevroit d'aucune fucceffion,
s'il

s'il lui étoit poſſible de ſe fixer ſur une ſeule idée ; du moins m'avouera-t-on qu'on n'ap-perçoit pas toute la durée qui s'écoule pendant qu'on médite ſur quelque ſujet avec une appli-cation un peu ſoutenue.

J'ESPERE que je perſuaderai aiſément mon opinion à ceux qui ſe figurent, que l'idée de la ſucceſſion nous vient des obſervations faites ſur le mouvement ; ſur tout après qu'ils auront conſideré, que le mouvement lui-même, n'ex-cite dans nôtre Eſprit l'idée de la ſucceſſion, qu'autant qu'il y excite une ſuite continue d'i-dées différentes les unes des autres. Aucun homme ne pourra jamais conclure, qu'un Corps, qu'il voit en mouvement, ſe meuve en effet, ſi le mouvement de ce Corps ne produit en lui une ſuite conſtante d'idées ſucceſſives. Et ce qui confirme merveilleuſement mon hypo-theſe, c'eſt que ce même homme, s'il penſe, ſentira la ſucceſſion de ſes idées, bien qu'il n'ap-perçoive aucun mouvement.

PAR ces principes, je reponds à la queſtion qu'on fait, *pourquoi l'on n'apperçoit pas les mou-vemens fort lents ?* C'eſt que ces changemens de ſituation ſe font avec tant de lenteur, qu'ils ne peuvent exciter de nouvelles idées qu'après des intervalles aſſez longs. Les Corps qui ſe meuvent rapidement n'excitent pas des idées plus fréquentes ; l'impreſſion que fait leur mouvement rapide ſur nos ſens n'eſt pas aſſez diſtincte pour produire dans nôtre eſprit une ſuite d'Idées ſucceſſives. Un Corps qui ſe meut en rond en moins de tems qu'il n'en faut à nos idées pour ſe ſucceder les unes aux autres, ne paroit pas en mouvement, mais reſſemble à un Cercle parfait.

D 3

Nous

Nous nommons *Durée* la diſtance qui eſt entre quelques parties de la ſucceſſion ; nous appellons *durée de nous-mêmes*, la continuation
de nôtre exiſtence ; & nous nommons *durée d'une
choſe qui exiſte avec nos penſées*, tout ce qui peut
être commenſurable à la ſucceſſion de nos idées.
Un *inſtant* eſt une portion de durée, qui n'occupe que le tems auquel une idée eſt dans l'eſprit ; il n'y a donc point de ſucceſſion dans l'inſtant. La durée entant que diſtinguée en certains *périodes* eſt appellée *Tems*. On le meſure
par les revolutions diurnes & annuelles du Soleil, comme étant conſtantes, reguliéres, ſuppoſées égales entr'elles, & faciles à être obſervées par tout le genre humain.

Mais il n'eſt pas d'une néceſſité abſolue,
que le tems ſoit meſuré par le mouvement.
Toute apparence conſtamment périodique, &
qui à nos yeux paroit diviſer la durée en eſpa-
ces egaux, peut auſſi-bien ſervir à regler les intervalles du tems qu'un autre moyen quelcon-
que. Suppoſé, *par exemple*, que le *Soleil*, que je conſidere dans un repos parfait, ſoit ſucceſſivement
allumé & éteint pendant 12. heures, & que
dans l'eſpace d'une revolution annuelle ſa clarté
augmente par degrez & diminue de la même
maniere ; dans cette ſuppoſition, il eſt viſible,
que les apparences du Soleil, ſervent à leurs ob-
ſervateurs, pour meſurer les diſtances de la durée, tout auſſi-bien que ſon mouvement régulier.
La gelée périodique de l'eau pourroit ſervir à
la même fin, & auſſi le retour reglé de quelques fleurs ou de quelques Animaux dans toutes
les parties de la terre. Et en effet on rapporte,
qu'une certaine nation de l'*Amerique* compte ſes
années

années par le départ & le retour reglé de certains oiseaux.

L'Homme ayant acquis l'idée d'une mesure de tems, *par exemple*, celle d'une revolution annuelle du Soleil, il peut appliquer cette idée à la durée des choses qui existent lors même qu'il ne pense pas ; il peut mesurer le tems pendant qu'il dort ; il peut imaginer quelque durée indépendamment de l'existence du Soleil ; cela lui est aussi aisé que d'appliquer l'idée d'un *pied* & d'une *aune* à des distances que l'on conçoit au delà des limites du monde. Nous acquerons l'idée de l'éternité par la même voie que nous acquerons celle du tems ; car nous formons l'idée de *l'éternité*, en additionnant à l'infini dans nôtre pensée une mesure de tems, dont nous avons l'idée.

Il est donc évident, que les idées de la durée & de ses mesures naissent & de la *reflexion* & de la *sensation* ; car

I. En observant, que nos idées se succedent constamment les unes aux autres, que quelques-unes viennent à paroitre dans le tems que d'autres s'évanouissent, nous formons l'idée de la succession.

II. En remarquant de la distance entre les parties de cette succession, nous formons l'idée de la *durée*.

III. En observant certaines apparences distinguées par des periodes, qui nous paroissent de distance égale, nous formons les idées de certaines longueurs, comme les *minutes*, les *heures*, les *jours*, &c.

IV. En répétant ces mesures de tems aussi souvent qu'il nous plait, nous imaginons de la durée, là-même où rien ne *dure* & rien n'existe

 actu-

actuellement ; de cette maniere nous anticipons sur l'avenir , nous mesurons la durée de *demain* , de l'*année prochaine.*

V. EN additionnant de certaines mesures de tems, sans imaginer aucune fin de ces additions, nous formons l'idée de *l'éternité.*

VI. ET en réfléchissant sur une partie de cette durée infinie , entant qu'elle est mesurée par certains périodes , nous acquerons l'idée de ce qu'on appelle *tems en général.*

CHAPITRE XV.

La Durée & l'Espace , considerez entr'eux.

CE que le lieu est à l'espace , le tems l'est à la durée ; je veux dire , de même que le *tems* est une portion de l'éternité, de même aussi le *lieu* est une portion de l'espace ; & de même encore que le tems sert à déterminer la position que gardent entr'eux les Etres finis & réels dans l'infinité de la durée , de même aussi le lieu sert à marquer la position relative de ces mêmes Etres dans l'espace infini. On donne deux significations différentes aux termes de tems & de lieu.

I. LE mot de *tems* , dans son usage ordinaire, marque cette portion de durée infinie qui co-existe avec l'univers & qui est mesurée par le mouvement des grands corps qui le composent; c'est ainsi qu'on doit l'entendre dans ces phrases , *avant tous les tems, quand il n'y aura plus de tems.* De même celui de lieu se prend pour cette portion de l'espace infini qu'occupe ce monde matériel ; à cet égard on feroit mieux

de

de l'appeller étenduë. Par cette idée fur le tems on mefure la durée particuliére de tous les Etres corporels, ainfi qu'on détermine leur fituation & leur étenduë particuliere par cette idée fur le lieu.

II. Q̲u̲e̲l̲q̲u̲e̲f̲o̲i̲s̲ le mot de *tems* eft employé pour défigner certaines portions dans la durée infinie, lefquelles on fuppofe égales à de certaines longueurs d'un tems précis. Ainfi felon la *Période Julienne* nous imaginons 764. ans qui ont précedé la création : Et quelquefois auffi le mot de lieu marque un efpace dans le vuide infini, lequel efpace nous fuppofons égal à celui que nous croyons néceffaire pour contenir un corps d'une dimenfion déterminée.

CHAPITRE XVI.

Des Nombres.

NOUS formons les idées complexes des Nombres en joignant enfemble plufieurs unitez. *Les Modes fimples* des nombres font dans leurs différens compofez, *deux*, *trois*, *cent*, &c. De tous les *modes fimples* qu'on peut concevoir, ceux-ci font les plus diftincts ; car tout nombre quel qu'il foit eft auffi diftinct de celui qui en approche le plus, que de celui qui en eft le plus éloigné. *Deux* eft auffi diftinct de *trois* que de *mille*. La même facilité de diftinction n'a pas lieu à l'égard des autres *modes fimples*. Il nous eft bien difficile d'avoir, *par exemple*, les idées diftinctes fur la différence de

deux

deux corps presque égaux : Et à cause de cette
raison, les démonstrations sur les nombres font
plus déterminées, & d'un usage plus général
que ne le font les démonstrations sur l'étenduë.

C O M M E toute la différence entre les diverses combinaisons des nombres n'est que dans la
quantité plus ou moins grande des unitez dont
ils font composez, il est évident qu'il est plus
nécessaire d'attacher un nom particulier à chaque combinaison de nombres qu'à celles de
quelque autre espece d'idées.   Et en effet sans
ce terme distinctif il est difficile de ne pas tomber dans la confusion ; cela paroit par ces *Ame-*
ricains, qui n'ayant aucune idée distincte sur les
nombres au delà de vingt, font obligez de
montrer leurs cheveux quand ils parlent d'une
grande multitude: De forte que pour bien compter il est nécessaire

I. Q u e l'esprit connoisse la distinction qui
est entre deux idées qui ne différent entr'elles
que par l'addition ou la soustraction d'une feule
unité.

II. Q u' i l fache les noms de tous les nombres, depuis l'unité jusqu'au nombre qu'il veut
examiner, qu'il connoisse exactement en quel
ordre ils se suivent les uns les autres : Si l'on
manque par l'un ou l'autre de ces égards, tous
les calculs possibles n'aboutiront à rien, ce ne
fera qu'une idée vague de la multitude.

CHAPITRE XVII.

De l'Infinité.

ON ne peut avoir de méthode plus juſte pour découvrir l'idée d'infinité, que d'examiner à quoi nôtre eſprit attribuë cette idée, & comment il la forme ; or il eſt ſans doute que le *fini* & l'*infini* ſont regardez comme des maniéres d'être de la quantité, & ſont attribuez principalement aux choſes qui ont des parties & qui ſont capables du plus ou du moins, comme les idées d'eſpace, de durée, & de nombre.

Donc c'eſt principalement à cauſe que Dieu eſt éternel & preſent par tout, qu'on lui attribue l'Infinité ; ſes autres attributs, ſa puiſſance, ſa ſageſſe, ſa bonté, qui ſont inépuiſables & incompréhenſibles à nôtre eſprit, nous ne pouvons leur attribuer l'infinité, que d'une maniere très figurée. Nous n'avons de cette infinité aucune idée, qui ne porte avec ſoi quelque attention ſur le nombre ou ſur l'étenduë des actes ou des objets de la puiſſance ou de la ſageſſe de Dieu, Sageſſe & Puiſſance à la vérité dont les actes ſont conçûs ſi nobles, & les objets en ſi grand nombre, qu'ils ſurpaſſeront toûjours toutes nos idées de grandeur, bien que nous les multipliions par une infinité de nombres multipliez ſans fin. Je ne décide pas ici la maniere dont ces attributs ſont dans Dieu, cet Etre ſurpaſſe de trop loin toutes les conceptions de nôtre Eſprit : Mais telle eſt la

manie-

maniere dont nous concevons ſes attributs, &
telles ſont les idées que nous avons de leur infinité.   Voyons préſentement comment l'eſprit
forme l'idée de l'infini.

Tout homme qui a l'idée de quelque eſpace d'une longueur déterminée, comme d'un
pied, d'une *aune*, &c. peut auſſi doubler, tri-
pler cette longueur, & avancer toûjours de
même, ſans voir de fin à ſes additions ; or
par ce pouvoir de répéter les idées de certaines
longueurs, ſans trouver de fin à ſes additions, on
atteint à l'idée de l'*immenſité* ; de même qu'on
parvient à celle de l'*éternité*, par le pouvoir de
répéter à l'infini des idées de quelque longueur
de tems.

On *m'objectera peut-être*, ſi l'on acqueroit
l'idée de l'infinité, par une répétition ſans fin
de ſes idées, n'attribueroit-on pas l'infinité aux
idées de *douceur* & de *blancheur*, que l'on peut
répéter auſſi aiſément & auſſi fréquemment que
celles de l'*eſpace* & de la *durée* ; je réponds,
Qu'il n'y a que les idées d'eſpace & de durée
qui puiſſent nous faire avoir l'idée d'infinité,
parce qu'il n'y a qu'elles à qui nous puiſſions
toûjours ajoûter de nouvelles parties : Mais à
l'égard des idées du blanc ou du noir, il n'eſt
point en nôtre pouvoir de les augmenter ni de
les porter au delà de ce qu'elles nous ont été
préſentées par les ſens.   *Par exemple*, quand je
joindrois à l'idée que j'ai du blanc le plus vif,
celle d'un blanc auſſi parfait, mon idée ne ſeroit
pas plus étenduë qu'elle n'étoit auparavant.

Il faut très ſoigneuſement diſtinguer l'idée
de l'*infinité de l'eſpace* ou *des nombres*, de celle
d'un *eſpace* ou d'un *nombre infini* : Nous concevons la premiére, ce n'eſt que ſuppoſer, que

l'eſprit

l'esprit a fait une multiplication à l'infini de quelques idées de durée ou d'espace ; mais la seconde est impossible à concevoir, ce seroit supposer, que l'esprit a actuellement parcouru toutes les parties d'un espace ou d'un nombre infini, ce qui implique contradiction. Une répétition à l'infini ne sauroit nous représenter l'infini.

CHAPITRE XVIII.

De quelques autres Modifications simples.

L'ESPRIT a des idées fort distinctes de l'intelligence de ces mots *glisser*, *rouler*, *ramper*, &c. ils marquent évidemment des modifications du mouvement. On pourroit en penser de même sur ceux de *vitesse* & de *lenteur*; mais comme ils se rapportent aux distances du tems & de l'espace considerées ensemble, je crois qu'il faut les regarder comme une idée complexe qui comprend *tems*, *espace*, & *mouvement*.

LES modes simples des *sons*, font de même très divers ; chaque mot articulé fait une differente modification du son, comme chaque note dans un *Air*.

LES modes des *couleurs* font aussi en grand nombre : Quelques-uns de ces modes font connus sous le nom de couleurs capitales, & d'autres sous celui d'ombres de ces mêmes couleurs. Mais comme on fait rarement des assemblages de couleurs fans y faire entrer la figure, comme dans un *tableau*, les modes des couleurs qu'on connoit le plus se rapportent aux modes mixtes, ainsi que la *beauté*, l'*Arc-en-Ciel*, &c.

Toutes les *saveurs* & toutes les *odeurs* composées, sont aussi des modes composés des idées simples, reçûes par le gout & par l'odorat; mais comme nous n'avons des noms que pour en exprimer une partie, je laisse le reste aux pensées & à l'expérience de mes Lecteurs.

CHAPITRE XIX.

Des Modifications de la Pensée.

LA premiere idée qui se présente à l'esprit quand il réfléchit sur lui-même, c'est celle de la *pensée*. On peut se former des idées très distinctes des differentes modifications qu'elle peut recevoir : En voici quelques-unes avec leurs expressions.

Quand les objets extérieurs font quelque impression sur nos corps, & causent une perception en nous, c'est *sensation*. Quand une idée revient dans l'esprit sans que l'objet qui l'a fait naître agisse sur les sens, c'est *Reminiscence*. Si l'esprit la cherche dans sa mémoire, & qu'il se la rappelle après quelques efforts, c'est *Recueillement*. S'il s'y applique attentivement, c'est *Contemplation*. S'il la laisse flotter pour ainsi dire dans l'esprit sans s'y arrêter, c'est *Rêverie*. L'examiner, & ensuite l'enregîtrer, dans la mémoire, c'est *Attention*. Se fixer sur une idée avec beaucoup d'application, & la considerer par tous ses côtez, c'est *Etude* ou *contention*

tion d'efprit. Le *fommeil*, quand on ne fait aucun fonge, eft la ceffation de toutes ces chofes;
& *faire des fonges*, c'eft avoir la perception de
quelques idées, que l'entendement ne choifit &
ne dirige point, & qui ne font fuggerées ni par
aucun objet de déhors ni par aucune caufe connuë. L'*Extafe* ne feroit-ce point faire des fonges les yeux ouverts?

L'E s p r i t peut fe former des idées auffi
claires fur ces differentes manieres de penfer,
que fur le blanc & fur le rouge.

CHAPITRE XX.

Des Modifications du Plaifir & de la Douleur.

N O U S recevons les fentimens de plaifir &
de douleur par la Senfation & par la Reflexion ; car la plûpart de nos penfées & de nos
fenfations font fuivies ou de plaifir ou de douleur.

C e qui produit en nous le plaifir ou la douleur, c'eft ce que nous appellons *bien & mal* ;
car les chofes ne font cenfées *bonnes* ou *mauvaifes* qu'en conféquence du plaifir ou de la
douleur, qu'elles peuvent nous caufer : Rien
n'eft confideré comme un *bien*, que ce qui eft
propre à produire le plaifir, à l'augmenter, à
diminuer quelque douleur, à procurer ou à con-
ferver la poffeffion de quelque bien, & l'abfence
de quelque mal ; comme au contraire rien n'eft
regardé comme un *mal*, que ce qui peut caufer
ou augmenter la douleur & diminuer le plaifir,

ou que ce qui peut nous expofer à quelque mal, & nous priver de quelque bien.

Par les mots de plaifir & de douleur, j'entens indifféremment les plaifirs & les douleurs de l'Ame & du Corps, ainfi qu'on les diftingue communément, bien que dans la verité l'un & l'autre ne foient que des modifications diverfes de l'ame, occafionnées quelquefois par un defordre dans le Corps, quelquefois par les penfées de l'ame.

Le plaifir & la douleur, le bien & le mal, font les Pivots fur lefquels tournent toutes nos paffions. Refléchiffant donc fur les difpofitions diverfes que caufent dans nôtre Ame le plaifir & la douleur, le bien & le mal, nous pouvons nous former des idées très juftes de nos paffions. Nous avons *p. e.* l'idée de l'*amour* en refléchiffant fur la déleƈtation que peut nous procurer un objet quel qu'il foit, celle de l'*averfion* ou de la *haine* en confiderant la douleur qu'une chofe préfente ou abfente peut nous caufer. La jouiffance d'un tel bien me donneroit du plaifir, & même fon abfence me rend mal-à-l'aife, c'eft ce qu'on nomme *defir*. Il y a de l'apparence que je poffederai ce bien, cette probabilité me donne du plaifir, c'eft ce qu'on nomme *Efpérance*. Préfentement j'en jouis de ce bien, ou la jouiffance m'en eft affurée, cela caufe en moi un grand épanchement de plaifir, une grande *déleƈtation*; c'eft ce qu'on nomme *Joie* : Mais ce bien eft perdu pour moi, & je fuis affligé d'un mal prefent, cela me tourmente, c'eft ce qu'on nomme *Trifteffe*. Je penfe à un mal qui peut m'arriver, cette penfée me rend *perplex*, c'eft ce qu'on nomme *Crainte* : Un homme reçoit quelque injure, cela le décontenance,

nance , & ce defordre eft accompagné du dé-
fir ardent d'une promte vengeance, c'eft ce
qu'on nomme *colere*. Il ne peut obtenir un
bien quoi qu'il faffe, c'eft *défefpoir*. Il défire
un bien, mais ce bien eft poffedé par un autre
homme qui à fon avis ne le mérite pas à fon
exclufion, il en eft affligé, c'eft *Envie*.

I l faut remarquer par rapport aux paffions ,
que l'éloignement ou la diminution de la douleur eft confiderée comme un plaifir , & produit en nous les mêmes effets ; comme, à l'op-
pofite, la perte ou la diminution du plaifir, eft
confiderée comme une douleur, & a dans nous
les mêmes fuites.

L e s paffions caufent des changemens extraordinaires fur le Corps de certaines perfonnes ,
mais comme ces changemens ne font pas toujours fenfibles, ils ne font pas effentiels à l'idée
de chaque paffion.

L e s Confiderations diverfes que l'on pourroit faire fur le bien & fur le mal , pourroient
nous fournir un plus grand nombre de modifications fur le plaifir & la douleur , que celles
que j'ai indiquées ; & même j'en aurois pû propofer d'autres plus fimples, comme *la douleur
que caufe la faim & la foif, le plaifir de manger & de boire, le charme de la mufique*, &c.
mais les paffions nous intéreffant davantage,
j'ai jugé plus à propos de me fervir des exemples rapportez.

CHAPITRE XXI.

De la Puiſſance.

ON acquiert l'idée de la *Puiſſance*, en conſiderant, d'une part, ou les altérations qui arrivent dans les Corps ou le changement perpétuel de ſes idées, & en reflechiſſant, de l'autre, ſur les cauſes qui produiſent ces changemens ou ces alterations. La puiſſance ainſi conſiderée eſt *active* ou *paſſive*. Quand on dit, le *feu a la puiſſance de fondre l'or*, & *l'or celle d'être fondu*. La premiere de ces propoſitions eſt un *exemple* de la *puiſſance active*, & la seconde de la *puiſſance paſſive*.

Toutes les choſes ſenſibles nous fourniſſent des exemples en abondance & de la puiſſance active & de la puiſſance paſſive ; de la *puiſſance paſſive*, en ce que leurs qualitez ſenſibles, leur Etre même, ſont ſujets à une mutation & à une altération continuelle ; de la *puiſſance active*, en ce qu'il doit y avoir eu quelque puiſſance capable d'avoir fait ces-altérations. Cependant, ſi on examine la choſe avec quelque attention, on trouvera, que les Corps n'excitent pas une idée de la puiſſance active auſſi claire que la Reflexion ſur les opérations de l'ame. La puiſſance ſe rapporte néceſſairement à l'action : nous n'avons d'idée que de deux ſortes d'actions, ſavoir la *penſée* & le *mouvement* ; or il eſt aiſé de ſavoir ſi c'eſt le corps ou ſi c'eſt l'eſprit qui nous fournit les idées les plus diſtinctes

ſtinƈtes des puiſſances qui produiſent ces deux
aƈtions de penſer & de ſe mouvoir.

L ᴇ Corps ne nous fournit point *l'idée de la
penſée :* car elle ne nous vient, cette idée, que
par la Reflexion : Il ne nous fournit pas non
plus l'idée d'une force mouvante ; car lors qu'il
eſt en repos nous n'y appercevons rien qui excite l'idée d'aucune puiſſance aƈtive & capable
de produire le mouvement, & quand il ſe meut
il eſt plûtôt paſſif qu'agent ; nous n'avons
donc l'idée d'une force capable de commencer
le mouvement, que par la Reflexion ſur ce qui
ſe paſſe en nous-mêmes, où nous trouvons par
une experience indubitable que nous pouvons
mouvoir par un ſimple aƈte de la volonté, les
parties de nötre corps qui étoient dans l'in-
aƈtion.

L ᴀ puiſſance qu'a nôtre Eſprit de ſe rappeller une idée ou de l'écarter, de préferer le mouvement de quelque partie de nôtre corps au repos de cette même partie, ou de faire le contraire, eſt appellée *Volonté :* L'exercice aƈtuel de
cette puiſſance eſt appellé *le vouloir* ou la *volition;* & l'on dit que la ceſſation ou l'accompliſſement d'une aƈtion eſt *volontaire ,* lorſque cette aƈtion eſt la ſuite d'un tel aƈte de l'Ame. Toute *aƈtion* qui eſt faite ſans une pareille direƈtion
eſt nommée *involontaire.*

N o u s appellons *Entendement* la puiſſance
d'appercevoir. La *perception* eſt l'aƈte de l'entendement. Il y a des perceptions de trois ſortes. 1. Perception des idées, 2. Perception
de la ſignification des ſignes, 3. Perception
de la liaiſon ou de la non-liaiſon de quelques-
unes de nos idées. Ces deux puiſſances de l'a-
me, je veux dire celle de la perception & celle

E 2

de

de préferer un parti à un autre, on les défigne
communément par les termes d'*Entendement* &
de *Volonté*, qu'on dit être deux *facultez* dans
l'ame. Ce terme de *Faculté* feroit affez conve-
nable, fi l'on prenoit foin qu'il ne mit aucune
confufion dans les idées, comme je foupçonne
qu'il a fait. Plufieurs perfonnes ont entendu
par ce terme, qu'il y avoit dans l'ame des Etres
réels & producteurs des actions de l'*entendement*
& de la *volonté*.

D u Sentiment intérieur que chaque homme
a de fa puiffance fur fes actions, nait l'idée de la
liberté & de la *néceffité*. Un homme eft libre
tant qu'il a *la puiffance de penfer ou de ne penfer
pas, de fe mouvoir ou de ne fe mouvoir pas, conformément à la préference ou au choix de fon
Efprit* : Mais lors que fon action ou fon in-
action ne dépendent pas de la préference de
fon Efprit, il eft *néceffité*, bien que peut-être
fon action foit volontaire. Ainfi il ne peut y
avoir de liberté où il n'y a ni *penfée*, ni *vouloir*
ou volition, ni *volonté* ; mais *la penfée, le vouloir,*
& *la volonté* peuvent fe rencontrer dans un Etre
qui n'eft pas *libre*.

A i n s i lorfqu'un homme frappe fon ami
par un mouvement convulfif de fon bras, lequel mouvement il n'a pas la puiffance d'empécher ou d'arrêter, perfonne ne s'avife de juger
qu'il eft libre, on le plaint comme agiffant par
néceffité. *Autre exemple* : Un homme, pendant qu'il dort eft transporté dans une chambre,
où fe trouve une perfonne qu'il fouhaitoit de
voir, on l'y enferme de maniere qu'il n'eft pas
en fon pouvoir d'en fortir ; il s'éveille, il eft
ravi de fe trouver avec une perfonne dont il de-
firoit la converfation, & il s'entretient volontairement

tairement avec lui. Cet homme ne demeure-t-il
pas *volontairement* dans la chambre ? perſonne
n'en peut douter ; cependant il y eſt enfermé,
il n'eſt donc pas *en liberté* de demeurer dans la
chambre, car il n'a pas la puiſſance d'en ſortir.
La *liberté* n'eſt donc pas une idée qui appar-
tienne à la *préference que donne l'eſprit à une
action plûtôt qu'à une autre*, mais elle dépend
du *pouvoir qu'a une perſonne d'agir ou de n'agir
pas conformément au choix & à la direction de
ſon Eſprit.*

Il en eſt des penſées de l'eſprit comme des
mouvemens du corps : Lorſque nous avons la
puiſſance d'arrêter nôtre eſprit ſur une idée, ou
de l'en divertir, *conformément* à la préference de
nôtre Eſprit, nous ſommes libres. Un homme
éveillé n'eſt non plus libre de penſer ou de ne
penſer pas, qu'il eſt maître, que ſon corps
touche ou ne touche pas un autre corps. Mais
de tranſporter ſes penſées d'une idée à une autre, c'eſt ce dont il a très ſouvent le pouvoir ;
& dans ce cas il eſt autant libre à l'égard de ſes
idées, qu'à l'égard des corps ſur leſquels il s'ap-
puye, pouvant ſe tranſporter de l'un à l'autre,
comme il lui plait. Il y a pourtant des idées
qui, ſemblables à de certains mouvemens inſéparables du corps, ſont tellement fixées dans
l'eſprit, qu'en de certaines circonſtances, on ne
peut pas les éloigner quelque effort que l'on
faſſe. Ainſi un homme à la torture n'eſt pas
en liberté d'éloigner le ſentiment de la douleur,
pour s'attacher à la contemplation de choſes
qui lui ſont indifférentes.

La *Néceſſité* a donc lieu par tout où la penſée & la puiſſance d'agir ou de n'agir pas,
ſelon la direction particuliére de l'eſprit, n'ont

E 3

aucune

aucune part. Lorsque cette nécessité se trouve dans un Agent capable de volition, & que le commencement ou la continuation de quelque action est contraire à cette préference de l'esprit, alors il y a *contrainte*; & si l'interruption ou si la cessation d'une action est contraire à la volition de cet Agent, alors il y a *empêchement*. Pour les Agens qui n'ont ni *pensée* ni *volition*, ils sont *néceffaires* à tous égards.

Ces principes posez, on peut, ce semble, terminer aisément les disputes depuis si long-tems agitées sur cette matiére.

Premiere Question: La *Volonté est-elle libre ou non*? Cette question me paroit aussi ridicule que ces deux-ci. *Le sommeil est-il rapide? La vertu est-elle quarrée*? car je ne vois pas qu'on ait de meilleure raison pour attribuer la *liberté* à la *volonté*, que la *rapidité* au *sommeil*, ou la *figure quarrée* à la *vertu*. La *Volonté* est la puissance de refléchir sur ses actions, de préferer les unes aux autres, ou de faire tout le contraire : La *liberté* confiste dans la puissance de commencer ou de finir plusieurs actions, *conformément* à la préference que l'esprit leur a donnée. La *volonté* est donc une puissance ou faculté, & la *liberté* une autre faculté, une autre puissance : Ainsi demander *si la volonté a de la liberté*, c'est demander *si une puissance a une autre puissance*, *si une faculté a une autre faculté*. Question qui dès la premiére vuë paroit trop absurde pour avoir besoin de réponse; car qui ne voit que les puissances n'appartiennent qu'à des Agens, & que par conséquent elles ne peuvent être des attributs de quelqu'autre faculté ou puissance? Ainsi cette question, *La volonté est-elle libre*? revient en effet à celle-ci, *La volonté est-elle un*

Agent

Agent proprement dit? car ce n'eſt qu'à un Agent que la liberté peut être attribuée.

A cette occaſion je remarquerai, combien ſont peu conſidérables les progrès qu'on peut faire ſur la connoiſſance de nous-mêmes, par les diſputes ſur cette queſtion & ſur beaucoup d'autres, telles que celle-ci. *L'Entendement obéit-il à la volonté, ou la volonté à l'entendement?* Car de même que nous ne connoitrions pas mieux la puiſſance, qui eſt en nous, de *marcher*, de *chanter*, de *danſer*, en diſputant ſi *la faculté de danſer, de chanter, dépend de la faculté de marcher, de parler:* de même par des diſputes ſur les queſtions propoſées, que pouvons-nous apprendre qui aille à perfectionner nos connoiſſances? Telle ou telle penſée peut bien à la vérité mettre en action *la puiſſance de choiſir*, & le choix actuel peut être la cauſe de ce qu'on penſe actuellement à telle choſe, de la même maniére que l'action de chanter actuellement un certain air, peut être l'occaſion de danſer une telle danſe; mais en tout cela, ce n'eſt pas une puiſſance qui agit ſur une autre; c'eſt l'eſprit qui met en œuvre ces differentes puiſſances.

Seconde Queſtion: L'Homme *eſt-il libre de vouloir?* c'eſt ce qu'on veut dire, je penſe, lorsqu'on demande, *ſi la volonté eſt libre ou non?* Alors je réponds, que ſi on propoſe à un homme de faire une action qui eſt en ſa puiſſance, il eſt néceſſité de ſe déterminer, ou pour ou contre cette action. Qu'on faſſe la propoſition à un homme qui ſe proméne de ceſſer de ſe promener, il faut néceſſairement qu'il opte, ou de pourſuivre, ou de diſcontinuer ſa promenade. Donc il eſt néceſſité à choiſir un parti plûtôt

E 4

qu'un

qu'un autre. Donc la continuation, ou le changement de ſon état, devient inévitablement volontaire.

Troiſiéme Queſtion. Qu'est-ce *qui détermine la*
volonté? C'eſt l'*Eſprit.* Si l'on n'eſt pas ſatisfait
de cette réponſe, & que l'on poſe la queſtion
de cette maniére, *Qu'eſt-ce qui incite l'eſprit à*
déterminer ſa force mouvante ou directrice, plûtôt
pour une action, que pour une autre? Je répondş
alors: Qu'il eſt porté à demeurer dans le même
état, uniquement à cauſe qu'il s'y trouve bien, &
qu'au contraire il eſt incité à en changer, parce
qu'il s'y trouve dans quelque * *méſaize.* Je vai
prouver ce que j'avance, par des raiſons tirées
de l'experience & de la choſe même.

Par l'*experience;* Perſuadez à un homme que
l'abondance eſt plus avantageuſe que la pauvre-
té, que les commoditez de la vie ſont préfera-
bles à une triſte indigence; s'il eſt ſatisfait de ce
dernier état, il y perſiſtera, malgré tous vos diſcours. Qu'un homme ſoit convaincu de l'utilité
de la vertu, juſqu'à voir que ſi on ne la pratique pas, on ne peut être heureux ni dans cette
vie ni dans l'autre, avec tout cela, il ne travail-
lera jamais à la rechercher cette vertu, tant
qu'il ne ſera point *affamé & alteré de juſtice,* tant
qu'il ne ſe ſentira point de *méſaize,* de ce qu'elle lui manque. Donc il eſt prouvé par l'expérience, que ce n'eſt pas le plus grand bien,
même quand il eſt reconnu pour tel, qui détermine la volonté, mais que c'eſt quelque *méſaize*
dont on eſt actuellement travaillé: de quoi voici les raiſons.　　　　　　　　　　　　　　Nous

---

* *Faute de trouver des termes, il faut que le Lecteur me paſſe*
celui de méſaize, *je ſerai obligé de l'employer plus d'une fois.*

Nous ne pouvons être heureux tant que nous nous ſentons mal à nôtre aiſe. I. Toutes nos actions tendent à la félicité, le ſeul *méſaize* nous empêche d'en jouïr ; bien plus, il gâte les plaiſirs que nous goutons actuellement, car une petite douleur peut corrompre tous nos plaiſirs. L'Exemtion de la douleur étant donc le premier pas vers le plaiſir, il eſt naturel que ce ſoit par là que l'eſprit ſoit déterminé premierement.

II. Comme il n'y a rien de préſent à l'ame que ce *méſaize*, il s'enſuit auſſi, que ſeul il a la puiſſance de nous déterminer. Mais l'eſprit ne peut-il pas être touché d'un bien abſent, par l'examen qu'il en a fait ? Oui, l'eſprit peut avoir l'idée d'un bien abſent ; mais ſi cette idée n'excite en nous un deſir, & par ce deſir un *méſaize*, qui ſoit plus puiſſant pour nous déterminer que tous les autres, cette idée n'eſt dans l'eſprit que comme pluſieurs autres idées, que comme une ſpéculation entierement inactive.

Quatrieme Queſtion : Qu'est-ce *qui excite le deſir ?* C'eſt le *bonheur*, ou ce qui revient au même, c'eſt le bien : Mais ce ne ſont pas toutes ſortes de biens, quoi-qu'avouez tels, qui font naitre le deſir ; l'homme ne deſire que cette portion de bien, qui, ſelon la diſpoſition préſente de ſon eſprit, lui paroit néceſſaire pour être heureux : Hors cette portion, tous les autres biens quelque grands qu'ils ſoient, réellement ou en apparence, n'excitent nullement ſes deſirs. Or comme le ſentiment préſent de la douleur nous prive des plaiſirs que nous ſommes capables de gouter, & fait partie de nôtre préſente miſere ; il s'enſuit, que nous devons plûtôt ſouhaiter d'être exemts de douleur, que de jouir du plus grand bien reconnu pour tel.

tel. L'Exemtion de la douleur eſt le premier pas vers le plaiſir, au lieu que la privation du plus grand bien ne conſtitue pas nôtre miſere préſente : je le prouve.

Sɪ la privation d'un bien faiſoit nôtre miſere preſente, nous ſerions infiniment miſerables, étant certain que nous ſommes privez d'une infinité de degrez de plaiſirs. La jouïſſance d'un petit nombre de plaiſirs & dans un certain degré, eſt une félicité dont nous nous contentons; ſans cela, comment l'homme s'amuſeroit-il quelquefois à des actions frivoles & indifférentes, juſqu'à y conſumer une bonne partie de ſa vie ? pourquoi ſouhaiteroit-il de vivre icibas éternellement ? toujours quelques maux entrelaſſent les plaiſirs les plus médiocres ; & il eſt plus probable qu'il y aura après la mort une éternité bien-heureuſe, qu'il ne l'eſt qu'il conſervera dans cette vie ſes biens, ſes honneurs, ou qu'il les augmentera.

Cinquiéme Queſtion, ſur l'uſage de la liberté.

Avant que d'expliquer cette queſtion, il eſt bon de prévenir le Lecteur par quelques reflexions. Les maux, qui font le plus d'impreſſion ſur l'ame, & qui reviennent à certains tems, ſont la *faim*, la *ſoif*, la *chaleur*, le *froid*, la *laſſitude*, l'*envie de dormir*, &c. ſi nous y joignons, *les maux qui nous viennent par accident*, tels que la démangeaiſon d'acquerir des honneurs, des richeſſes, que la mode, l'exemple ou l'éducation nous rendent habituels, & enfin mille autres deſirs irréguliers qui ſont devenus naturels par l'habitude, il ſe trouvera que ce n'eſt que pendant une très petite partie de nôtre vie que nous ſommes aſſez libres de ces maux,

pour

pour être attirez par un bien abſent ; on rejette toute penſée des biens éloignez , pour écarter les maux dont je viens de faire mention.

Mais ces maux n'entrainent pas l'homme avec une force invincible. Il a la liberté, c'eſt-à-dire, le pouvoir de ſuſpendre l'accompliſſement de ſes deſirs , d'en examiner la nature , de les comparer avec d'autres deſirs , juſqu'à-ce que, reconnoiſſant le parti le plus avantageux, il ſoit mal à ſon aiſe de ne pas le ſuivre. Ainſi *l'uſage de la liberté* eſt de ſuſpendre ſes deſirs ; & c'eſt de l'abus qu'on fait de cette faculté, en ſe laiſſant déterminer trop promtement , que procede toute cette diverſité d'égaremens , d'erreurs & de fautes dans la conduite de la vie & dans la recherche du bonheur.

On ne peut pas nous accuſer d'avoir manqué à rien de ce qui peut cauſer nôtre véritable bonheur , quand , après un examen ſoutenu de la reflexion , nous avons peſé le bien & le mal de nos deſirs & des actions vers leſquelles ils nous font pancher. On avoue que c'eſt la connoiſſance qui regle le choix de la volonté ; pouvons-nous donc faire autre choſe en vuë d'être heureux, que de ſuſpendre nos actions juſqu'à-ce que nous en ayons examiné les conſéquences ? alors , vouloir, agir conformément à la derniére reſolution d'un pareil examen , ce n'eſt plus une faute en nous , c'eſt plûtôt une perfection de nôtre Etre.

Et ſi quelque trouble exceſſif , ſi quelque mouvement impétueux d'amour ou de colere, ſi quelque douleur violente , *&c.* viennent s'emparer de nôtre Ame , enſorte que nous ne ſoyons pas aſſez les maîtres de nous-mêmes , pour conſiderer les choſes à fond & ſans prejugé , Dieu

qui

qui connoit nôtre fragilité, qui n'exige de nous rien au deſſus de nos forces, & qui voit ce qui eſt en nôtre puiſſance, nous jugera certainement comme un Pére tendre & plein de compaſſion. Il eſt vrai néanmoins que les hommes ſe plaignent, ſouvent à tort, de ce qu'ils ne peuvent maitriſer leurs paſſions, ni les empêcher d'agir; ce qu'ils peuvent faire devant un Prince, ils ſont les maitres de l'executer quand ils ſont ſeuls, ou en la préſence de Dieu.

Par ce que j'ai dit ſur cette queſtion, il eſt donc évident, que l'homme eſt très juſtement puni à cauſe de ſes mauvaiſes actions, bien que ſa volonté ſoit déterminée néceſſairement par ce qu'il juge le meilleur. S'il a corrompú ſon eſprit, & qu'il ſuive des régles fauſſes ſur le bien & ſur le mal, ſur le juſte & ſur l'injuſte; il doit être reſponſable de cette corruption & encourir les peines qui en ſont des ſuites. Eſt-ce à la nature à conformer ſes loix éternelles aux faux jugemens, aux faux choix des hommes?

Sixieme Queſtion : Si *les hommes deſiroient également d'être heureux, leurs deſirs ſeroient-ils ſi oppoſez ? les uns ſe porteroient-ils au mal, tandis que les autres ſe portent au bien ?* Je reponds, que ces choix différens, & même oppoſez, ne prouvent point que les hommes ne viſent pas à la felicité, mais ils prouvent ſeulement, que la même choſe n'eſt pas bonne pour chacun d'eux. L'ame a différens gouts auſſi bien que le palais, & vous travailleriez auſſi inutilement à faire aimer à tous les hommes la gloire ou les richeſſes, qu'à vouloir ſatisfaire le gout de tous les hommes par du fromage ou des huitres, mets non moins dégoutans pour de certaines perſonnes, qu'exquis pour quelques autres.

Les

L ɛ s anciens Philoſophes prenoient donc
des peines bien inutiles, quand ils recherchoient
ſi le ſouverain bien conſiſtoit dans les richeſſes
ou dans les voluptez du corps, dans la vertu
ou dans la contemplation; ils auroient pû a-
vec autant de raiſon diſputer, s'il faloit chercher les gouts les plus délicieux ou dans les
pommes ou dans les poires, & là-deſſus ſe par-
tager en différentes ſectes; car comme le gout
agréable d'un certain fruit ne dépend point de
ce qu'eſt le fruit en lui-même, mais de la convenance qu'il a avec nôtre palais; ainſi le plus
grand bonheur eſt dans la jouiſſance des choſes
qui produiſent le plus grand plaiſir. Et on ne
ſauroit trouver à redire à la conduite des hommes, quand ils ſe portent à des choſes differentes
& même oppoſées; ſuppoſé, que ſemblables aux
abeilles, aux moutons & à d'autres animaux, à
un certain âge ils ceſſaſſent d'être, pour ne plus
jamais exiſter.

Septieme Queſtion: M a i s, *pourquoi les hommes préferent-ils ſouvent le pire à ce qui eſt
le meilleur?* Pour répondre à cette queſtion il
faut remonter à l'origine des divers *méſaizes*
qui déterminent la volonté: Quelques-uns ſont
produits par des cauſes au deſſus de nôtre pouvoir, comme ſont fort ſouvent les douleurs du
corps, quelque maladie, quelque violence exterieure, telle que la torture, *&c.* ces douleurs, agiſſant continuellement ſur nous, forcent
nôtre volonté, nous détournent du chemin de
la vertu, & nous font renoncer à ce que nous
croyons auparavant propre à nous rendre heureux. *Pourquoi?* Parce que nous ne tâchons pas,
ou ne ſommes pas capables d'exciter en nous,

par

par la contemplation d'un bien éloigné, des de-
firs affez puiffans, pour contrebalancer le *mé-
faize* que caufent ces tourmens du corps: c'eft
pourquoi nous avons grand fujet de prier
D i e u , *Qu'il ne nous induife point en tentation.*

Q u e l q u e s autres de ces *méfaizes* ont
leur fource dans le jugement que l'efprit fait
d'un bien abfent; jugement vrai ou faux, qui
excite un defir proportionné à l'excellence que
nous concevons dans ce bien. A cet égard,
nous fommes fujets à nous égarer en diverfes
manieres.

A la vérité, le choix de l'homme eft toujours
jufte par rapport au bien ou au mal préfent; la
douleur ou le plaifir étant précifement tels qu'on
les fent, le bien & le mal préfent eft réellement
auffi grand qu'il paroit: Et fi chacune de nos
actions étoit renfermée en elle-même, & qu'elle
ne trainat aucune conféquence après elle, nous
ne pourrions jamais nous méprendre dans le
choix du bien.

M a i s nous faifons des faux jugemens, 1.
dans la comparaifon du bien & du mal préfent
avec les maux & les biens à venir, & c'eft
pour l'ordinaire fur cette comparaifon que roulent les plus importantes déliberations de la
volonté. Nous mefurons ces deux fortes de
plaifirs & de douleurs par leur diftance différente. De même que les objets qui font près
de nous paffent aifément pour être plus grands
que d'autres plus éloignez, quoi que d'une plus
vafte circonférence, de même à l'égard des
biens & des maux, le préfent prend ordinairement le deffus, & ce qui eft éloigné a toujours
du défavantage.

C'e s t ,

C'e s t, ce ſemble, la foible capacité de nôtre eſprit qui eſt la cauſe de ces faux jugemens. Nous ne ſaurions bien jouïr de deux plaiſirs à la fois; or le plaiſir préſent, s'il n'eſt extremement foible, remplit nôtre ame de telle ſorte qu'à peine lui laiſſe-t-il aucune penſée des choſes abſentes. Ajoutez à cela, qu'on eſt porté à conclurre, que ſi on en venoit à l'épreuve de ce bien éloigné, peut-être il ne répondroit pas à l'idée qu'on en donne, puis qu'on a ſouvent expérimenté que les plaiſirs que d'autres ont exalté nous paroiſſent inſipides, mais même que ce qui nous a cauſé beaucoup de plaiſir dans un tems nous a déplu dans un autre.

E n ſecond lieu, nous faiſons des faux jugemens ſur le bien & ſur le mal que nous peuvent cauſer de certaines choſes. 1. Nous jugeons qu'elles ne ſont pas capables de nous faire réellement autant de mal qu'elles peuvent; 2. Nous nous flattons qu'il n'eſt pas aſſuré que la choſe ne puiſſe arriver autrement, ou du moins que nous ne puiſſions l'éviter par quelques moyens, comme par induſtrie, par adreſ-ſe, par un changement de conduite, *&c.*

L e s cauſes de ces faux jugemens ſont, 1. l'*ignorance*, 2. l'*inadvertance*, 3. la penſée qu'on pourra être heureux ſans jouïr des biens éloignez que promet la vertu. Ce qui contribue à cette illuſion, c'eſt le deſagrément réel ou ſup-poſé qui accompagne les actions qui conduiſent au bonheur : On s'imagine qu'il eſt contre l'or-dre, de ſe rendre malheureux pour arriver à la félicité.

N o u s devons donc examiner avec toute l'attention poſſible, s'il *n'eſt pas au pouvoir de l'homme de rendre agréables les actions qui lui*
pa-

paroissent desagréables? Il est visible qu'on peut le faire. En de certaines occasions, un juste examen de la chose produira cet effet; en d'autres, ce sera la *pratique, l'application* & la *coutume.* Les actions sont agreables, ou *entant qu'on les considere en elles - mêmes,* ou *entant qu'on les regarde comme des moyens pour arriver à une fin plus excellente, plus desirable.* *En ce* qu'on les considere en elles-mêmes, il est certain, que souvent la coutume rend agréable, ce que de loin on regardoit avec aversion. Les habitudes attachent un si grand plaisir aux actions que la pratique nous a rendues familieres, qu'on ne sauroit s'en abstenir sans une grande gêne. Et *en ce* qu'on les regarde comme des moyens pour parvenir à une fin plus excellente, il est constant, qu'une action devient plus ou moins agréable, suivant qu'on est plus ou moins persuadé qu'elle tend à nôtre bonheur. Je mange un fruit qui me paroit très desagreable, mais la croyance qu'il doit servir à rétablir ma santé, me fait passer par dessus le mauvais gout que j'y trouve, & à force d'en manger, insensiblement je m'y accoutume, je le trouve moins mauvais, & l'habitude me le rend enfin agréable. Je ne m'étendrai pas davantage sur le peu de soin que les hommes prennent pour arriver à la félicité. Cet examen pourroit fournir la matiere d'un volume. J'ajouterai seulement, que les recompenses & les peines que Dieu a attachées à l'observation & au mépris de ses loix, doivent avoir assez de force pour nous déterminer à la vertu, quand même on ne considereroit le bonheur ou le malheur d'une vie à venir que comme possible, & quand même il seroit vrai, ce qui néanmoins est contraire à

l'exl'expérience, que les gens de bien n'auroient à eſſuyer que des maux dans ce monde, pendant que les méchans y jouïroient d'une perpétuelle félicité.

S'il eſt poſſible qu'il y ait après cette vie un lieu où les méchans ſeront punis de peines infinies, n'eſt-ce pas être inſenſé que de s'expoſer, pour des plaiſirs vains & de courte durée, à être infiniment malheureux ? Si l'eſpérance de l'homme de bien ſe trouve fondée, le voilà éternellement heûreux ; s'il ſe trompe, il n'eſt pas malheureux, il ne ſent rien ; mais ſi le méchant a raiſon, il n'eſt pas heureux, & s'il ſe trompe, il eſt infiniment miſerable.

Je viens d'expoſer, dans cet extrait racourci, les idées premieres & originelles dont toutes nos autres idées ſont compoſées. On peut reduire ces idées originelles à *l'étenduë*, la *ſolidité*, la *mobilité*, que nous recevons des corps ; la *puiſſance*, *ſoit de penſer*, *ſoit de mouvoir*, qui nous vient par la Reflexion ; & enfin, *l'exiſtence*, *la durée*, *les nombres*, que l'on acquiert & par la ſenſation & par la Reflexion. Par ces idées nous pourrions expliquer, ce ſemble, la nature des couleurs, des gouts, des odeurs, & en général de toutes nos autres idées, ſi nous pouvions appercevoir les différentes modifications de l'étenduë, & les divers mouvemens des corpuſcules qui produiſent en nous ces idées ſenſibles.

CHAPITRE XXII.

Des Modes Mixtes.

LES *Modes mixtes* font des compofez d'idées
fimples de différente efpece, comme la *ver-
tu*, le *vice*, le *menfonge*, &c. ils différent des *modes fimples*, en ce que ces derniers ne font compofez que d'idées fimples de la même efpece,
comme une *douzaine*, une *vingtaine*, &c.

L'ESPRIT, ayant acquis un certain nombre d'idées fimples, peut les joindre & les compofer en différentes façons, fans confidérer, au
refte, fi cette compofition eft fondée dans la
réalité des chofes. Tellement que pour former
un mode mixte, c'eft affez que l'efprit allie
certaines idées, & les juge compatibles entr'elles : Et de là vient, peut-être, qu'on a défigné
ces idées, ainfi compofées, par le terme de
Notion. On acquiert les idées des modes mixtes
par trois moyens.

PREMIEREMENT, par des obfervations
que l'on fait fur les chofes elles-mêmes : Ainfi
on acquiert l'idée de la lutte, en voyant lutter
deux hommes.

SECONDEMENT, par l'invention, ou fi
vous voulez, par l'affemblage volontaire de différentes idées fimples : Ainfi le premier Inventeur
de l'Imprimerie avoit l'idée de cet Art, avant
que de le mettre en pratique.

TROISIEMEMENT, par l'explication ou
le dénombrement des idées qui compofent ces
modes : Ainfi on arrive à la connoiffance du
mode

mode mixte exprimé par le terme de *menfonge*, par l'énumeration de ces quatre idées dont il eft compofé, 1. les fons articulez, 2. les idées qui font dans l'efprit de celui qui parle, 3. les fignes de ces idées, 4. ces mêmes fignes employez à affirmer ou à nier une idée differente de celle qu'ils fignifient dans l'ufage ordinaire. Depuis que le langage a été formé, c'eft par ce dernier moyen, qu'on acquiert le plus fouvent la connoiffance des idées complexes; & en effet, l'on peut s'en faire une reprefentation très jufte à la faveur de ce dénombrement.

L'Unite' des modes mixtes dépend de cet acte de l'efprit, qui confidere comme un feul tout, les idées fimples qui compofent un mode mixte. La marque de cette unité eft le nom même de ce mode; cela paroit, de ce qu'il arrive rarement qu'aucun amas d'idées fimples foit rangé au nombre des idées complexes ou des modes mixtes, s'il n'eft exprimé par un nom: Quoique le crime de celui qui tue un Vieillard, foit par fa nature auffi propre à former un mode mixte, que le crime de celui qui tue fon Pére, toutefois comme le premier de ces crimes n'a point de nom particulier, on ne le regarde pas comme une action qui foit d'une efpece différente de celle de tuer un autre homme.

Generalement, ce n'eft qu'aux modes mixtes, ou qu'aux affemblages d'idées qui font d'un ufage fréquent dans la converfation, où chacun s'efforce de communiquer fes penfées avec toute la promtitude imaginable, qu'on a attaché des termes. Pour ces alliages d'idées qui n'entrent que rarement dans le difcours, on les laiffe fans leur fixer d'expreffion.

Par ce que je viens de dire, on voit la raiſon, pourquoi chaque langue a des termes qu'on ne peut pas rendre dans une autre, par un mot particulier ; c'eſt que chaque Nation, à cauſe de ſes mœurs & de ſes coutumes particulieres, eſt obligée de faire des compoſez de certaines idées, ce qu'un autre peuple n'a pas eu occaſion de faire : Tel étoit chez les Grecs le terme d'*Oſtraciſme*, & chez les Romains celui de *Proſcription*.

Ce que je viens de dire ſert à répondre à la queſtion agitée, *Pourquoi les langues ſont ſujettes à des changemens continuels ?* C'eſt à cauſe que le changement perpétuel dans les coutumes & dans les opinions des hommes, fait faire de nouvelles combinaiſons d'idées, auxquelles enſuite, afin d'éviter de trop longues périphraſes, on eſt obligé d'attacher un nom : Et par ce ſecret, ces combinaiſons nouvelles d'idées deviennent de nouvelles idées complexes, ou de nouvelles eſpeces de modes mixtes.

La penſée, le mouvement, & la puiſſance qui les produit l'un & l'autre, ſont celles de toutes nos idées ſimples dont on a fait le plus grand nombre de modes mixtes. Et on ne doit pas être ſurpris ſi les hommes ſe ſont particuliérement appliquez à connoitre les differentes manieres de penſer & de ſe mouvoir, s'ils ſe ſont appliquez à les fixer dans la memoire, & à leur donner des noms particuliers ; car c'eſt ſur les actions que roule la grande affaire du genre humain ; ſi on n'eut pas formé ces modes, & qu'on ne leur eut attaché aucun nom, eut-il été poſſible de former des loix, & de s'entretenir ſur les manieres d'être des actions, où l'on diſtingue une

cauſe,

cauſe, *des moyens*, *des fins*, *le tems*, *le lieu*, & pluſieurs autres circonſtances, & où l'on remarque auſſi les modifications des puiſſances qui produiſent ces actions, comme l'*impudence*, qui eſt la puiſſance de dire & de faire tout ce qu'on veut ſans ſe décontenancer : Quand cette puiſſance eſt devenue familiere, on la nomme *habitude* ; & elle eſt appellée *diſpoſition*, lors qu'à chaque occaſion on peut la reduire en acte: ainſi la *mauvaiſe humeur* eſt une diſpoſition à la *colere*.

L a puiſſance eſt la ſource de toutes les actions; on donne le nom de *cauſe* à une ſubſtance qui exerce le pouvoir qu'elle renferme en elle-même, & on donne le nom d'*effet* aux ſubſtances produites par ce moyen, ou aux qualitez ſimples incorporées par ce moyen dans quelque Sujet. L'efficacité par laquelle une nouvelle ſubſtance ou qualité a été produite, eſt appellée *action* dans le ſujet qui a exercé cette puiſſance, & *paſſion* dans le ſujet où cette qualité eſt changée ou produite.

N o u s ne pouvons pas concevoir, que cette efficacité, dans les Agens intellectuels, ſoit autre choſe que des modifications de la penſée & de la volonté, & que dans les Agens corporels elle ſoit quelque choſe de différent des modifications du mouvement. Donc combien de termes, qui ſemblant exprimer quelque action, ne ſignifient abſolument rien qui tienne de l'action, mais déſignent ſimplement l'effet produit dans un ſujet, avec quelques circonſtances touchant le ſujet, qui a été agi, ou touchant la cauſe qui a agi ſur lui. *P. e.* les mots de *Création*, & d'*Annihilation*, qu'on croit exprimer l'action, ou la maniere, par laquelle les choſes ſont créées ou annihilées,

F 3

ſigni-

signifient-ils rien autre, sinon, qu'une cause a créé ou annihilé quelque chose? De-même lors qu'un Payſan dit que le *froid fait glacer l'eau*, il lui ſemble que cette expreſſion de glacer exprime quelque action; cependant elle ne marque qu'un effet, ſavoir que l'eau fluide auparavant, eſt devenue dure & ferme.

CHAPITRE XXIII.

Des Idées complexes des Substances.

L'ESPRIT obſervant que différentes qualitez ſimples ſont toujours inſéparablement unîes, il juge qu'elles appartiennent toutes à un même ſujet; enſuite de ce jugement, il nomme ce Sujet d'un nom particulier; & par ce moyen il vient à conſiderer cet aſſemblage dé pluſieurs qualitez comme une ſeule idée : Et faute de concevoir comment ces qualitez peuvent ſubſiſter par elles-mêmes, nous ſuppoſons un *ſoutien*, un *ſubſtratum* dans lequel elles exiſtent. Nous appellons ce *ſoutien*, ce *ſubſtratum*, du nom de *Subſtance*. L'idée de la *Subſtance en général*, n'eſt donc que l'idée de je ne ſai quel ſujet, qu'on ſuppoſe être le ſoutien des qualitez qui produiſent dans nôtre Ame des idées ſimples.

LES idées des ſubſtances particulieres ſont compoſées de l'idée obſcure de cette *ſubſtance en général*, & de l'aſſemblage des qualitez ſimples, que nous ſommes aſſurez par l'experience, être très réel, mais que toujours nous ſuppoſons émaner de la *conſtitution interne, ou eſſence inconnue de la ſubſtance en général.* Ainſi les qualitez

litez ſimples de l'*or*, ou du *diamant*, compoſent l'idée complexe que nous avons de ces ſub-ſtances, beaucoup mieux connues des orfévres & des jouailliers que des Philoſophes.

Nous acquerons de la même maniere les idées des opérations de nôtre Eſprit, la *penſée*, le *raiſonnement*, *&c.* d'un côté, aſſurez que ces opérations ne ſubſiſtent point par elles-mêmes, & de l'autre, ne pouvant pas comprendre comment elles pourroient appartenir au corps ou être produites par le corps, nous les attribuons toutes à une ſubſtance que nous appellons *Eſprit*.

D'où il paroit, que nous avons une idée auſſi claire de la ſubſtance de l'eſprit, que de la ſubſtance du corps. L'une eſt ſuppoſée le *ſoutien* des qualitez que nous obſervons dans les objets exterieurs, & l'autre le *ſoutien* des opérations que nous ſentons en nous-mêmes. Et par conſéquent l'idée de la ſubſtance du corps eſt auſſi éloignée de nôtre compréhenſion, que l'idée de la ſubſtance de l'eſprit. Nous connoiſſons, il eſt vrai, les deux qualitez principales des corps, l'*impulſion* & la *cohéſion* de ſes parties ſolides, mais auſſi nous avons des idées claires des deux qualitez principales de l'eſprit, la *penſée* & *le pouvoir d'agir*. Que ſi nous connoiſſons encore pluſieurs qualitez inhérentes dans les corps, l'eſprit nous fournit auſſi les idées de pluſieurs manieres de penſer, comme *croire*, *douter*, *craindre*, *eſperer*, *vouloir*, &c.

Nous n'aurions pas plus de raiſon, pour nier ou pour revoquer en doute l'exiſtence des Eſprits, quand même il ſe trouveroit dans la notion que je viens d'en donner des difficultez mal-aiſées à reſoudre, que de nier celle des corps, ſous le prétexte que leur notion eſt em-

F 4

barraſſée

barraffée de difficultez difficiles, impoffibles même à applanir. La divifibilité à l'infini d'une étenduë finie, foit qu'on l'accorde, foit qu'on la nie, engage dans des conféquences, qu'il cft impoffible d'expliquer ou de concilier. Et parconféquent nous avons d'auffi bonnes preuves pour l'exiftence des uns que pour l'exiftence des autres.

Des principes pofez, j'infére, que ceux-là ont l'idée la plus parfaite de quelque fubftance particuliere, qui ont raffemblé le plus grand nombre de fes qualitez fimples, parmi lefquelles je compte fes *puiffances actives* & fes *capacitez paffives*, quoi qu'à la rigueur ces puiffances ne foient pas des qualitez fimples.

Le plus fouvent nous diftinguons les fubftances par leurs qualitez fimples; car nos fens font incapables de nous faire appercevoir la *configuration*, la *groffeur*, la *contexture* des parties infenfibles de la matiere, d'où dépendent néanmoins les véritables différences des corps.

Nos idées complexes des fubftances corporelles font compofées, 1. des qualitez premieres que l'on découvre dans les fubftances, la *groffeur*, la *figure*, le *mouvement*, &c. 2. des qualitez fecondes ou fenfibles, qui confiftent dans la puiffance qu'ont les corps d'exciter des idées en nous; 3. des reflexions fur la difpofition de certaines fubftances, qui peuvent, ou caufer dans les premieres qualitez de quelque autre fubftance des changemens tels, que cette autre fubftance produira des idées différentes de celle qu'elle produifoit auparavant, ou recevoir elles-mêmes de pareils changemens par quelque autre fubftance. Toutes ces idées, autant que nous les connoiffons, fe terminent à des idées fimples.

S 1

Sɪ nous avions les ſens aſſez pénétrans, pour découvrir les plus petites parties des corps, ces parties exciteroient en nous des idées tout-à-fait différentes de celles qu'elles y excitent préſentement. Le *ſable*, que nos yeux jugent coloré & opaque, paroit tranſparent au travers d'un bon microſcope; & le *ſang*, qui à l'œil paroit rouge, n'eſt à en juger par le même microſcope, qu'une liqueur tranſparente, où nagent quelques globules rouges, en fort petit nombre.

Mɑɪs nous n'avons pas à nous plaindre de la foibleſſe de nos ſens. L'Auteur de nôtre Etre, par ſa ſageſſe infinie a diſpoſé nos organes de maniere qu'ils peuvent nous ſervir pour les commoditez & les beſoins de cette vie : Et en effet nous tirons des ſens tous les ſecours néceſſaires pour connoitre & pour diſtinguer les choſes qui nous ſont ou avantageuſes ou nuiſibles. Et d'ailleurs nous pénétrons aſſez avant dans l'admirable conſtitution des choſes,& dans leurs effets ſurprenans, pour admirer & pour exalter la puiſſance & la bonté de leur Auteur.

L'Iᴅᴇ'ᴇ de l'Etre ſuprême, eſt auſſi une idée complexe, qui comprend *exiſtence, pouvoir, durée, plaiſir, félicité, & pluſieurs autres qualitez & attributs*, que nous étendons juſqu'à l'infini. Mais cette idée complexe de Dɪᴇᴜ, hors l'infini, ne renferme aucune idée qui ne faſſe partie de l'idée complexe que nous avons|des autres eſprits ; car nos idées, ſoit des eſprits, ſoit des corps, ſe terminent toutes à celles que nous recevons par la *Senſation* & par la *Reflexion.*

CHAPITRE XXIV.

Des Idées collectives des Subſtances.

NOUS avons, touchant les Subſtances, des idées que l'on peut appeller *collectives*, parce qu'étant compoſées de pluſieurs Subſtances particulieres, elles ſont conſiderées, en conſéquence de cette union, comme une ſeule idée, *par exemple*, un *troupeau*, une *armée*, &c.

Ces idées collectives ne ſont que des tableaux artificiels, où l'eſprit raſſemble, ſous une ſeule conception & ſous un ſeul nom, des choſes éloignées & indépendantes, afin de les contempler & d'en diſcourir plus commodément ; car il eſt à remarquer, qu'il n'y a point de choſes ſi éloignées, que l'eſprit ne puiſſe raſſembler dans une ſeule idée : L'idée, que ſignifie le terme d'*Univers*, en eſt une preuve.

CHAPITRE XXV.

Des Rélations.

NOTRE eſprit acquiert une autre eſpece d'idées, par la comparaiſon qu'il fait de deux choſes. L'Action de l'eſprit, par laquelle il tranſporte, pour ainſi dire, une choſe auprès d'une autre, & les conſidere toutes deux, en jettant les yeux de l'une ſur l'autre, eſt appellée *Rélation*. Les *dénominations*, qui ſont données

aux

aux chofes qui dénotent cette rélation, font appellées *rélatives* ; & les objets qu'on approche
les uns des autres , font nommez *les fujets de
la Rélation.*

On doit remarquer, que les idées de relation peuvent être les mêmes dans des perfonnes
qui ont des fentimens différens fur les chofes
que l'on compare. *Par exemple ;* Ceux qui
ont des fentimens oppofez touchant la nature
de l'homme, peuvent néanmoins convenir enfemble fur la notion de Pere.

Il n'y a point d'idée, laquelle, étant com-
parée à une autre, ne puiffe donner lieu à un
nombre prefque infini de confiderations. Un
homme peut à la fois foutenir les rélations de
*Pere, Frere, Fils, Mari, Ami, Sujet, Géné-
ral, Anglois, Infulaire, Maître, Valet, plus
grand, plus petit,* &c. il eft capable de recevoir autant de rélations, qu'il a d'endroits par
lefquels on peut le comparer à d'autres chofes, & juger fi à quelque égard il convient ou
ne convient pas avec elles. Donc on voit,
que les Rélations doivent faire une partie confiderable des difcours ou des penfées des hommes.

On peut obferver encore, que les idées des
Rélations font plus claires & plus diftinctes que
celles des chofes comparées enfemble. La raifon en eft, que la connoiffance d'une feule idée
fimple fuffit très fouvent, pour donner la notion d'un rapport; au lieu, qu'on ne peut connoitre aucune fubftance, fans avoir fait une
collection exacte de toutes fes qualitez.

CHAP.

CHAPITRE XXVI.

De la Cauſe, de l'Effet, & de quelques autres Relations.

LA Viciſſitude perpétuelle des choſes nous apprend, que pluſieurs ſubſtances & qualitez reçoivent leur Etre, par l'action naturelle de quelques autres ſubſtances : Or nous appellons *cauſe* ce qui produit, & *effet* ce qui eſt produit.

Toutes les choſes qui exiſtent, ou ont été *créées*, ou ont été *produites*. Nous diſons qu'une choſe eſt créée, lors qu'aucune des parties qui la compoſent n'exiſtoit avant elle. Nous diſons qu'une choſe eſt produite, lorſque les parties dont elle eſt formée, exiſtoient avant ſa formation; en ce ſens la nature produit une *roſe*, un *œuillet*, &c. Lorſque la production ſe fait, ſuivant le cours ordinaire de la nature, par un principe interne, mais qui eſt mis en œuvre par un agent exterieur, & qui agit d'une façon imperceptible, c'eſt ce que nous nommons *génération*; & nous nous ſervons du terme de *faire*, lorſque la cauſe productrice eſt exterieure, & que ſon effet eſt produit par une ſéparation ou un arrangement de parties qu'on diſcerne aiſément; en ce ſens un Ingénieur fait une machine; & nous employons le terme d'*altération*, pour exprimer une qualité produite dans un ſujet, où elle n'étoit pas auparavant.

La plûpart des noms que l'on donne aux choſes, par rapport au tems, ne ſont que de ſim-

ples

ples rélations. *Par exemple*, Quand je dis, la Reine *Elizabeth* a vécu 69. ans & regné 45. je n'affirme autre chofe, finon, que la durée de l'exiftence & du regne de cette Princeffe ont été égales, l'une à 69. révolutions annuelles du Soleil, & l'autre à 45. Je pofe les mêmes régles pour toutes les expreffions, par lefquelles on répond à la queftion, combien de tems? quand?

D e même encore, les termes de *Jeune*, de *Vieux*, & autres, qui regardent le tems, & qu'on fuppofe marquer des idées pofitives, ne font à les bien confiderer que des termes rélatifs à une certaine longueur de tems dont on a l'idée. Ainfi on appelle un homme jeune ou vieux, fuivant le plus ou le moins de tems qu'il lui refte à vivre, pour atteindre à l'âge auquel les hommes arrivent ordinairement. C'eft ce qui paroit par l'application qu'on fait de ces termes à d'autres chofes ; un homme eft appellé jeune à l'âge de vingt ans, & on appelle vieux un cheval, qui n'en a pas encore dix-huit. De même, nous ne difons pas que le Soleil ou les Etoiles foient vieilles, parce que nous ignorons quel période leur a été affigné.

I l y a plufieurs autres idées qu'on exprime par des noms eftimez pofitifs ou abfolus, quoi qu'ils ne foient que rélatifs : Tels que ceux de *grand*, de *petit*, de *fort*, de *foible*, lefquels ne défignent qu'un rapport à de certaines chofes. Ainfi un cheval eft cenfé petit, lors qu'il n'eft pas parvenu à la grandeur ordinaire de fon efpece, & un homme eft dit foible, lors qu'il n'a pas la force de mouvoir quelque chofe, au même degré, que ceux de fon âge ou de fa taille.

CHAP.

CHAPITRE XXVII.

De l'Identité & de la Diverfité.

NOUS acquerons les idées d'*Identité* & de *Diverfité*, en comparant une chofe, confiderée dans un certain tems & lieu, avec elle-même, confiderée dans un autre tems & un autre lieu.

QUAND nous voyons qu'une chofe exifte en un certain tems, dans un certain lieu, nous fommes affurez qu'elle eft *elle-même*, & qu'elle ne peut pas être aucune autre chofe, quoi qu'à plufieurs égards il y ait entr'elle & quelque autre chofe une reffemblance parfaite ; car nous fommes affurez que déux chofes de même efpece ne peuvent pas être, en même tems, dans une même place. Ainfi quand on demande *fi une chofe eft la même ou non*, cette queftion revient à celle-ci ; cette chofe, qui exiftoit dans un tel tems & dans une telle place, eft-elle la même chofe qui étoit dans cette place, & dans ce tems là?

NOUS n'avons d'idées que de trois fortes de fubftances, 1. DIEU, 2. les Intelligences finies, 3. les Corps.

DIEU eft Eternel, Immuable, & Préfent par tout, on ne peut donc former de doute fur fon *identité*.

LES efprits finis ont commencé à exifter, en tems & lieu, ainfi leur identité fe déterminera toûjours par la rélation de leur exiftence à ce

tems

tems & à ce lieu où ils ont commencé d'exifter.

On doit dire la même chofe de chaque particule de matiere, tant qu'elle n'eft ni augmen-
tée ni diminuée.

Ces trois fubftances étant de differente efpece, ne peuvent pas s'entr'exclure du même
lieu, mais chacune d'elles exclut du lieu
qu'elle occupe toute autre fubftance de fa même
efpece.

On détermine l'identité & la diverfité des
manieres d'être & des rélations, de la même
façon que l'on détermine l'identité & la diverfité des fubftances. Mais comme les actions
des Etres finis, qui fe reduifent au *mouvement*,
& à la *penfée*, fe fuccedent continuellement, il
eft impoffible que ces actions puiffent exifter
comme des Etres permanens, en differens tems
& lieux. Par conféquent aucune penfée, ni aucun mouvement, confiderez en differens tems, ne
peuvent être les mêmes; car chacune de leurs
parties a un différent commencement d'exiftence.

Il paroit de là, que l'exiftence elle-même,
eft le *principe individuel*, qui détermine un Etre
à un tems particulier & à un lieu incommuni-
cable à deux Etres de la même efpece. Sup-
pofé *p. e.* qu'un atome exifte dans un lieu &
dans un tems déterminé, il eft évident, que cet
atome confideré dans quelque inftant de fon exiftence que ce foit, eft, & continuera à être le
même, tant qu'il exiftera de cette maniere.
On peut dire la même chofe de deux, de trois,
de cent atomes, *&c.* pendant qu'ils exifteront
enfemble, ils feront toujours les mêmes, de
quelque maniere que leurs parties foient arran-
gées;

gées ; mais ſi un ſeul vient à en être enlevé, ce ne ſera plus ni le même aſſemblage, ni par conſequent la même maſſe.

La difference entre les *corps animez* & les *corps bruts*, fait auſſi que leur *identité* conſiſte en des choſes oppoſées : Un corps brut, ou une maſſe de matiere, n'eſt qu'une cohéſion de certaines parties, de quelque maniere qu'elles ſoient unies ; ainſi l'identité d'un corps brut, ne peut être, que l'exiſtence continuée de ſes mêmes parties : Mais le corps animé, un *chêne, p. e.* a des parties organizées & propres pour recevoir & pour diſtribuer la nourriture néceſſaire, pour former le *bois*, l'*écorce*, & les *feuilles* ; ainſi, tant qu'il conſerve cette organization de parties, tant que la ſéve y circule, il eſt appellé le *même chêne*, quoi qu'il ait acquis de nouvelles parties, à qui il a communiqué la vie dont il jouït. Le cas eſt à peu près égal dans les Animaux, dont je poſe que l'homme eſt une eſpece particuliere ; ſi on leur applique ce que je viens de dire des plantes, on pourra connoitre ce qui fait qu'un animal eſt un animal, & qu'il continue à être *le même.*

Outre l'idée de *même* ſubſtance, de *même* Animal, nous avons encore celle de *même* perſonne ; ce qui forme une troiſieme eſpece d'identité.

Le mot de *perſonne* marque un Etre intelligent, qui par le ſentiment interieur de ſoi-même, lequel eſt inſéparable de la penſée, raiſonne, refléchit, & ſe conſidere comme étant *le même* en différens tems & en différens lieux. Or par cette *conſcience* ou ce ſentiment intérieur que j'ai, & que tout le monde a, on eſt ce qu'on appelle *ſoi-même*, je ſuis ce que j'appelle *moi-même*, & c'eſt là à mon avis, ce qui
con-

conſtitue l'*identité perſonnelle* , ou ce qui fait que je ſuis toujours *le même* , & que tout Etre raiſonnable eſt toujours *le même*. Et cette *identité* ſubſiſte autant de tems que j'ai le ſentiment interieur d'avoir fait de certaines actions & d'avoir eu de certaines penſées ; car le *moi* qui a fait une action autrefois , eſt le même *moi* qui s'en reſſouvient à-préſent.

Ce que j'appelle *moi-même* , c'eſt donc cet Etre , ce *moi* penſant , quelle que ſoit ſa ſubſtance , qui eſt convaincu de mes actions, qui ſent du plaiſir & de la douleur , qui eſt capable de bonheur & de miſere , & qui par conſéquent eſt intereſſé pour *moi*-même auſſi long-tems qu'il a le ſentiment interieur de ſoi-même. Et tout ce à quoi ſe joint le ſentiment intérieur de cet Etre penſant , conſtitue avec lui la *même perſonne, le même moi.* De ſorte qu'auſſi long-tems qu'il ſe ſent joint à cette autre choſe , il s'attribue toutes ſes actions , comme lui étant particuliéres à lui-même.

Cette identité perſonnelle eſt le fondement des peines & des recompenſes ; car c'eſt parce que j'ai un ſentiment intérieur *du même moi*, que je ſuis intereſſé pour *moi-même* : Tellement que ſi *le moi dormant* n'avoit pas le même ſentiment interieur que *le moi veillant* , le *moi veillant*, & le *moi dormant* ſeroient deux perſonnes différentes , & il n'y auroit pas moins d'injuſtice à punir *le moi veillant* pour ce qu'a fait *le moi dormant* , qu'il y en auroit à punir un Jumeau à cauſe des crimes de ſon frere , parce que leur exterieur ſeroit ſi ſemblable qu'on ne pourroit pas les diſtinguer.

Mais direz-vous , ſuppoſé que je perde le ſouvenir de quelques actions de ma vie,

G

en-

enforte que je n'en aye jamais plus de connoiſſance , ne ſuis-je pas la même perſonne
qui ai fait ces actions que j'ai oubliées ? on
n'en ſauroit douter : Donc l'identité perſonnelle ne conſiſte pas dans le ſentiment interieur
du *même moi.* Je repons en ôtant l'équivoque
que fait l'expreſſion *Je* ; il eſt tout viſible
qu'elle ſuppoſe que l'identité du même homme
& de la même perſonne font une même identité ; ce ſont néanmoins deux choſes que nous
avons vû , qu'il faloit diſtinguer ſoigneuſement.
S'il eſt poſſible , & c'eſt ce qu'on ne ſauroit
nier , que l'homme puiſſe avoir des ſentimens
interieurs qui n'ont aucun rapport l'un à l'autre,
il eſt hors de doute , que ce même homme doit
conſtituer différentes perſonnes en différens
tems. Et il paroit par des déclarations ſolemnel-
les, que tout le monde eſt dans ces ſentimens. Les
loix humaines ne puniſſent pas l'homme fou pour
les actions qu'a faites l'homme de ſens raſſis , ni
l'homme de ſens raſſis pour ce qu'a fait l'homme
fou ; par où l'on voit qu'elles en font deux perſonnes. On peut expliquer ce que je dis par
ces façons de parler ; *Un tel n'eſt plus le même.*
Il eſt hors de lui-même ; expreſſions qui donnent à entendre , que ce *moi* qui conſtituoit
la même perſonne , n'eſt plus dans cet homme
là.

Peut-etre me fera-t-on encore cette objection. Selon vos principes , un homme qui
n'eſt pas yvre n'eſt pas la même perſonne , qu'il
étoit dans l'yvreſſe : Or pourquoi le punit-on
lors qu'il n'eſt plus yvre pour ce qu'il a fait
dans l'yvreſſe ? Je reponds, que cet homme eſt pu-
niſſable pour ce qu'il a fait dans l'yvreſſe, par la
même

même raison qu'il est punissable pour ce qu'il a fait dans le sommeil. Les loix humaines punissent par une justice conforme à la maniere dont les juges connoissent les choses ; or dans le cas rapporté , ils ne sauroient distinguer ce qui est réel , d'avec ce qui est dissimulé ; ainsi, ils ne peuvent point recevoir l'ignorance pour excuse de ce qu'on a fait dans le vin. Il peut être à la vérité qu'un homme hors d'yvresse a perdu l'idée de ce qu'il a fait étant yvre , mais le crime est averé contre lui , & on ne sauroit prouver, pour sa deffense, le deffaut de sentiment intérieur.

Mais au grand & redoutable jour du jugement , où les secrets de tous les cœurs seront découverts , on a droit de croire , que personne n'aura à repondre , pour ce qui lui est entierement inconnu , & que chacun y recevra ce qu'il merite , *selon que sa conscience l'accusera ou l'excusera.*

Je conclus donc , que toute substance , & toute maniere d'être , qui commence à exister, doit être la même pendant toute son existence. J'en dis autant des compositions des substances; leur composé doit être le même durant tout le tems que leur union dure. Et ce que j'ai expliqué fait voir , que l'obscurité, qu'il y avoit dans cette matiere , venoit plûtôt des mots mal appliquez , que de l'obscurité de la chose elle-même ; car , quelle que soit la chose qui constitue une *idée spécifique* , si cette idée ne change point de nom , son identité & sa diversité sera si aisée à reconnoitre , qu'on ne pourra avoir de doute sur ce sujet.

G 2   CHAP.

CHAPITRE XXVIII.

De quelques autres Rélations.

TOUS les sujets qui renferment des qualitez simples, dans lesquelles on distingue des parties ou des degrez, peuvent être comparez par rapport à ces mêmes qualités simples, comme, *plus blanc, plus doux, moins, davantage,* &c. Ces Rélations qui dépendent ainsi de l'égalité, du *plus* ou du *moins* d'une qualité en différens sujets, peuvent être appellez *Rélations proportionnelles.*

LES circonstances de l'origine d'une chose, donnent lieu à d'autres rélations, *p. e.* pere, fils, frere, &c. je nomme cette espece de rélations, *Rélations naturelles.*

QUELQUEFOIS le sujet de nôtre considération, est une convention qui oblige quelques personnes à faire de certaines choses, & qui leur en donne le *droit* & le *pouvoir moral* ; sous cette idée nous considerons un *Capitaine*, un *Bourgeois*, &c. Toutes ces rélations, qui dépendent de certains accords faits entre les hommes, je les appelle, *Rapports d'institution,* ou *Rélations volontaires.*

IL est une autre sorte de Rélation, & qui consiste dans la conformité & dans l'opposition des actions volontaires de l'homme à une certaine regle ; on peut appeller cette espèce de Rélation, *Rélation morale.*

LA conformité ou l'opposition de nos actions à cette regle, est ce qui les rend moralement

ment bonnes & moralement mauvaifes; & ce qui détermine le Légiflateur, à ufer de fa puiffance pour nous faire, ou du bien, ou du mal: Ce bien & ce mal font appellez *recompenfe & punition.*

Il y a trois fortes de loix, ou de régles morales, qui toutes trois ont leurs fanctions, 1. *la Loi divine,* 2. *la Loi civile,* 3. *la Loi d'opinion ou de réputation* : En referant les actions à la premiere de ces loix, on juge fi elles font des péchez ou des bonnes actions; en les referant à la feconde, on connoit fi elles font criminelles ou innocentes; & à la troifieme, fi elles font des vertus ou des vices.

J'entens par la *Loi divine,* la Loi que Dieu nous a prefcrite pour régle de nos actions, & qu'il nous a fait connoitre par les lumieres de la nature, & par la voie de la Révélation. Que Dieu nous ait donné une telle Loi, il femble qu'on n'en puiffe pas douter: 1. Il a le droit de le faire, nous fommes fes Créatures. 2. Il a la Bonté & la Sageffe requife pour diriger nos actions à ce qui eft le meilleur. 3. Il a le pouvoir de nous y engager par des recompenfes & par des punitions d'un poids infini & d'une durée éternelle. Cette Loi de Dieu eft la feule *pierre de touche,* par laquelle on puiffe juger de la bonté & de la méchanceté morale de nos actions, & favoir fi elles nous attireront de la part du Tout-puiffant, ou la félicité, ou la mifere.

Les *Loix civiles,* font les Loix que la Societé a établies pour régler les actions des citoyens. Perfonne ne méprife ces Loix; car la jouiffance & la privation de la vie, de la liberté, & des biens, eft attachée ou à l'obfervation, ou au mépris qu'on fait de ces Loix.

G 3

Il

I l y a en troifieme lieu, la *Loi d'opinion ou de réputation*; on fuppofe par tout que les mots de *vertu* & de *vice*, fignifient des actions bonnes ou mauvaifes dans leur nature. Tant qu'ils ont cette fignification, la vertu convient avec ce que la Loi de D i e u ordonne, & le vice avec ce qu'elle défend; mais il eft conftant, que par ces expreffions, chaque Nation n'exprime autre chofe, que les actions qu'elle repute ou honnêtes ou honteufes. Ainfi dans quelque païs qu'on fe trouve, la régle pour juger fi une action y eft regardée comme une *vertu*, ou comme un *vice*, c'eft l'approbation ou le blame dont elle eft fuivie; car toutes les Sociétez des hommes, & chacune en particulier, font convenues tacitement, que certaines actions feroient eftimées ou méprifées, felon le jugement, les maximes & les coutumes du Païs.

Q u e cela foit ainfi, c'eft ce qui paroitra à quiconque voudra réfléchir, que cette même action, qui eft confiderée dans mon païs comme une vertu, qui y remporte l'eftime publique, eft regardée dans un autre comme un vice, & y eft généralement blamée. Il eft vrai que la vertu & le vice, fe trouve prefque par tout conforme aux régles du jufte & de l'injufte établies par les Loix de D i e u; & en effet, il n'y a rien qui affure & qui avance le bien général du genre humain, d'une maniere auffi directe & auffi vifible, que l'obéiffance à ces Loix divines; & au contraire, il n'y a rien qui expofe les hommes à plus de maux, à plus de calamitez, que la négligence de ces mêmes Loix. Et à moins que les hommes ne renoncent au bon fens, à la raifon & à leur interêt, il n'eft pas probable, que jamais ils fe méprennent affez

uni-

univerſellement pour faire tomber leur mépris ſur des actions bonnes en elles-mêmes, & leur loüange ſur des actions mauvaiſes en leur nature.

Ceux-la paroiſſent peu verſez dans l'hiſtoire du genre humain, qui s'imaginent que l'approbation & le blame, n'ont pas aſſez de force, pour engager les hommes à ſe conformer aux opinions & aux maximes de ceux avec qui ils converſent. C'eſt par les Loix de la coutume, que ſe gouvernent uniquement la plus grande partie des hommes. Ces Loix touchent bien plus la plûpart des hommes, que la Loi de Dieu, & que les Loix civiles; on ne fait que rarement des réflexions ſérieuſes ſur les punitions que s'attirent les infracteurs des Loix de Dieu, & bien ſouvent on contrebalance ces réflexions par l'eſperance d'une reconciliation future avec Dieu; & pour les chatimens qu'infligent les Loix civiles, on ſe flatte de pouvoir les éviter; mais quant aux Loix de la coutume, on ſait qu'il n'y a point d'homme, qui, s'il en néglige l'obſervation exacte, puiſſe éviter la cenſure & le mépris des autres; or de dix mille perſonnes, il n'y en a peut-être pas une ſeule, qui ſoit aſſez inſenſible, pour ſupporter conſtamment le mépris & la condamnation de ceux avec qui il eſt en Societé.

La *Morale* ne conſiſte donc que dans la rélation de nos actions à ces Loix, ou à ces régles; or comme ces régles ne ſont qu'une collection de différentes idées ſimples, ſe conformer à ces régles, ce n'eſt que diſpoſer ſes actions, deſorte, que les idées ſimples qui les compoſent répondent aux idées ſimples, dont la Loi exige l'obſervation : Par où l'on voit, que

les

les *Etres moraux*, de même que les *notions mora-*
les, sont fondées sur les idées simples, & qu'elles s'y terminent toutes.   *Par exemple*, sur le
meurtre, la Réflexion nous fournit les idées de
vouloir, *déliberer*, *resoudre*, de *malice*, de *vice*,
de *perception*, *force mouvante*, &c. La sensation
celles d'un *homme*, & *de cette action par laquelle*
on met fin & à sa perception & à son mouvement.
Toutes ces idées sont comprises dans le mot de
meurtre.

Pour avoir des idées justes touchant les actions morales, on doit les considerer, *ou com-*
me étant compofées de différentes idées fimples, & dans ce fens elles font des idées pofitives, tout comme *l'action d'un cheval qui boit*,
ou *d'un perroquet qui parle ; ou* comme étant
bonnes, mauvaifes, ou indifférentes, & à cet
égard elles font rélatives à une certaine régle,
& par cette rélation elles deviennent bonnes,
mauvaifes ou indifferentes.

Faute de faire cette difference, on fe brouille & on s'égare très fouvent ; *Par exemple*, enlever à un autre homme fans fon confentement
ce qui lui appartient, c'eft ce qu'on appelle *lar-*
cin ; mais comme ce mot, dans fon ufage ordinaire, marque la *turpitude morale* de cette action,
on eft porté à condamner tout ce qu'on appelle
larcin comme une action contraire aux Loix, &
à l'équité ; cependant, fi de crainte qu'un fu-
rieux fe tue ou fe bleffe, je lui enleve en fecret
fon épée, quoique proprement l'on puiffe donner à cette action le nom de larcin, il eft certain pourtant, que fi elle eft confiderée dans fa
rélation avec la Loi de Dieu, elle n'eft point
un péché, elle n'eft point une tranfgreffion de
la Loi de Dieu.

Je

Je n'aurois jamais fait, si je voulois parcou-
rir toutes les esperes de rélations. Celles dont
j'ai parlé sont les plus considerables, & elles suf-
fisent pour nous faire connoitre, d'où nous viennent les idées des rélations, & sur quoi elles
sont fondées.

CHAPITRE XXIX.

Des Idées claires & obscures , distinctes &
confuses.

JUSQU'ICI j'ai montré l'origine de nos
idées, & j'ai parcouru leurs differentes especes. Voici sur ce même sujet de nos idées quelques autres considerations : quelques unes de nos
idées sont claires, quelques autres sont obscures;
quelques unes sont distinctes , quelques autres
sont confuses.

Nos *idées simples sont claires* , lors que leurs
objets les présentent à nôtre ame par une sensation ou par une perception bien reglée, ou
lors que la mémoire les conserve de maniere,
qu'elle les représente très distinctement à l'esprit, toutes les fois qu'il en a besoin.

Nos *idées complexes sont claires*, lors que les
idées qui les composent sont claires elles-mêmes,
& que leur nombre est certain & déterminé.

Il semble que l'*obscurité des idées simples*, est
causée , *ou* par la grossiéreté des organes, *ou*
par l'impression légére des objets sur nous, *ou*
par la foiblesse de la mémoire, qui ne peut pas
retenir les idées telles qu'elle les a reçues.

Une

Une *idée distincte*, est celle dans laquelle l'esprit découvre une différence qui la distingue de toute autre idée : Une *idée confuse* est celle que l'on ne peut pas suffisamment distinguer de quelque autre. Ainsi, l'obscurité est opposée à la clarté, & la confusion à la distinction.

Ce qui rend les idées confuses, ce sont les expressions mêmes qui les désignent. Chaque idée est visiblement ce qu'elle est, & distincte par conséquent de toute autre idée : Ainsi, elle ne peut être confuse, qu'en ce qu'elle peut être désignée par un autre nom aussi-bien que par celui qui l'exprime. Si on me demande, pourquoi les hommes ne désignent pas toujours leurs idées par les termes les plus propres, c'est, repondrai-je, parce qu'ils ne connoissent pas assez bien les differences des choses, differences qui approprient un nom à une chose plûtôt qu'à une autre.

Il n'y a presque que les idées complexes qui puissent devenir confuses ; ainsi l'on tombe dans la confusion, .

I. Quand on compose une idée complexe d'un nombre d'idées simples, qui soit, ou trop petit, ou commun à d'autres idées ; par là on manque à appercevoir la difference qui fait qu'elle mérite un nom particulier : *p. e.* l'idée du *Léopard* est confuse, si elle ne renferme que l'idée d'une bête tachetée ; car elle n'est pas assez distinguée de celle de la Panthére & de plusieurs autres animaux, qui de-même que le *Léopard* ont la peau semée de taches.

II. Lorsque les idées qui composent une idée complexe, sont confondues entr'elles, de-sorte, qu'il n'est pas aisé de discerner si nous devons exprimer cet amas d'idées, plûtôt par

le

le nom qu'on lui donne ordinairement que par quelque autre. On ne peut gueres mieux exprimer la confuſion qui ſe trouve alors dans nos idées, que par l'exemple de certains tableaux, qui repréſentent des figures bizarres, héteroclites, qui ne reſſemblent à rien, & qui paroiſſent être un aſſemblage de couleurs ſans ordre, & jettées au hazard : On a beau nous dire, que ce ſont les portraits d'un *ſinge* & d'un *chêne*, nous regardons avec raiſon ces figures comme quelque choſe de confus ; car dans l'état où nous les voyons, nous ne ſaurions connoitre, ſi le nom de *chêne* & de *ſinge* leur convient mieux, que celui de quelque autre choſe que ce ſoit : Mais lors qu'un miroir cilindrique, placé d'une certaine maniere, raſſemble ces traits irréguliers, & les fait paroitre dans une juſte proportion ſur une table, alors l'œil apperçoit, qu'en effet ces portraits repréſentent un *ſinge* & un *chêne*, & que par conſéquent ces noms leurs conviennent.

III. E N F I N nos idées complexes ſont confuſes, lorſque nous n'avons pas une idée déterminée & préciſe des idées qui les compoſent. Ainſi un homme, qui, incertain des idées préciſes qui entrent dans celles d'*Egliſe*, ou d'*Idolatrie*, en exclut aujourd'hui une idée qu'il y fera entrer demain, tant qu'il ne ſe fixera point à un compoſé précis d'idées, il n'aura jamais que des idées confuſes ſur l'*Egliſe* ou ſur l'*Idolatrie*.

L A confuſion regarde toujours deux idées, & premiérement celles qui ſont les plus approchantes l'une de l'autre. Pour donc éviter cette confuſion, il faut examiner avec ſoin quelles ſont, *par exemple*, les idées qu'il eſt dangereux

de

de confondre avec celle de *courage* , & quelles font celles qu'il eft difficile d'en feparer ; or l'on trouvera toujours, que ces idées, qu'on confond aifément avec celle de *courage* , font des idées étrangeres à cette vertu , & qui par conféquent doivent être appellées par un autre nom; mais on les confond avec cette vertu , parce qu'elles ne confervent pas avec elle toute la difference qu'expriment leurs noms différens.

Il faut remarquer que nos idées complexes peuvent être d'un côté claires & diftinctes , & de l'autre obfcures & confufes ; l'idée d'une figure de mille côtez peut-être fi obfcure dans l'efprit, & celle du nombre de fes côtez fi diftincte , qu'on pourra raifonner, former même des démonftrations fur le nombre de 1000. & cependant ne pouvoir pas diftinguer une figure de 1000. côtez d'avec une qui n'en a que 999. Il s'eft gliffé de grandes erreurs dans l'efprit des hommes , & beaucoup de confufion dans leurs difcours, pour n'avoir pas fait attention à cette remarque.

CHAPITRE XXX.

Des Idées réelles & chimériques.

EN ce qu'on rapporte fes idées aux objets qui les ont fait naitre , & dont elles font fuppofées repréfentatives, on peut les confiderer fous cette triple diftinction , 1. *Réelles* ou *chimériques* , 2. *Complettes* , ou *incomplettes* , 3. *Vraies* ou *fauffes*.

IDE'E

I D E' E *réelle*, c'eſt une idée qui eſt conforme ou à ſon *Archétipe*, ou à quelque Etre réel; *Idée chimérique*, c'eſt celle qui n'a aucune conformité avec la réalité des Etres auxquels elle ſe rapporte comme à ſon Archétipe. Or ſi nous examinons les differentes eſpeces d'idées dont nous ſommes capables, nous trouverons,

I. Que toutes nos idées ſimples ſont réelles. Il eſt vrai, qu'elles ne ſont pas des images, ou des repréſentations de ce qui exiſte; mais elles ſont, & cela ſuffit pour établir leur réalité, elles ſont les effets conſtans des puiſſances que D I E U a données aux choſes pour exciter dans nôtre ame telles & telles ſenſations, & elles nous font très bien diſtinguer les qualitez qui ſont réellement dans les choſes.

N o u s trouverons, II. Qu'il n'y a que nos idées complexes qui puiſſent être chimériques. Voici les marques, par où l'on pourra diſcerner leſquelles de ces idées ſont réelles, & leſquelles ſont chimériques.

L e s modes mixtes & les rélations n'exiſtent que dans l'eſprit, ils ſont donc des Archétipes, & par conſéquent les idées que nous avons de ces modes mixtes & de ces rélations, ne peuvent pas différer de leurs Archétipes; donc ces idées ſont réelles. Il y a néanmoins un cas, où l'on peut nommer ces idées chimériques, c'eſt lors qu'elles renferment des idées inalliables. Et il n'eſt pas inutile d'obſerver, qu'afin qu'une idée, quoique réelle, ne ſoit pas cenſée chimérique par les autres hommes, il faut la nommer par le nom que l'uſage lui a adapté.

P o u r *nos idées complexes des ſubſtances,* elles ſont réelles, quand elles ne renferment que les idées des qualitez ſimples qui exiſtent réelle-

ment

ment enfemble; & elles font chimériques, lors
qu'elles font compofées d'idées repréfentatives
de certaines qualitez qui n'ont jamais été unies
enfemble dans la nature. Telle eft l'idée du
Centaure.

CHAPITRE XXXI.

Des Idées complettes & incomplettes.

NOS idées réelles font *complettes* ou *incomplettes*; *complettes*, lorfqu'elles repréfentent
parfaitement les Archétipes dont l'efprit les
fuppofe repréfentatives; *incomplettes*, lors
qu'elles ne repréfentent qu'une partie de leur
Archétipe.

I. TOUTES *nos idées fimples font complettes*;
elles ne font que des effets de la puiffance que
DIEU a attachée aux objets afin qu'ils produifent en nous telles ou telles fenfations: Donc
elles doivent néceffairement quadrer avec ces
puiffances; donc elles font complettes.

II. NOS *idées des Modes mixtes* ne fe rapportent à aucun Archétipe hors de nous, elles
n'ont d'autre Archétipe que le bon plaifir de
celui qui les forme; elles font donc *complettes*,
& elles ne peuvent devenir incomplettes qu'en
ce feul cas, c'eft fi l'on prétendoit, qu'elles repondent exactement à celles d'une autre perfonne; car il peut arriver qu'elles en différent
de bien loin, & ainfi qu'elles ne repréfentent
pas leur Archétipe.

III. NOS idées des fubftances, ont un double rapport dans l'efprit; *ou* elles font rapportées

tées à l'eſſence réelle des choſes, laquelle eſt ſuppoſée faire devenir ces choſes de telle ou de
telle eſpece ; *ou* elles ſont regardées comme les
repréſentations des choſes, par leurs qualitez
ſenſibles; *nous n'avons point d'idées complettes des
ſubſtances, ni à l'un ni à l'autre de ces égards.*

Au premier égard, les eſſences des choſes
nous ſont inconnues ; il n'eſt donc pas poſſible
de ſe former aucune repréſentation de ces eſſences, ni par conſéquent d'en avoir une idée
complette. Quelqu'un pourroit ſoupçonner,
peut-être, que comme nos idées complexes des
ſubſtances, ne ſont, ainſi que je l'ai montré,
que des aſſemblages d'idées ſimples de certaines
qualitez obſervées, ou ſuppoſées exiſter enſemble dans un même ſujet, il s'enſuit, que ces i-
dées complexes doivent être l'eſſence réelle des
ſubſtances : Mais ce ſoupçon ſeroit très mal fondé ; car ſi c'étoit là l'eſſence réelle des ſubſtances, les proprietez qu'on découvre dans tel ou
tel corps, dépendroient de cette idée complexe,
elles en pourroient être déduites, & l'on connoitroit la liaiſon de ces proprietez avec cette
idée complexe, tout comme l'on connoit, que
toutes les proprietez du triangle dépendent de
l'idée complexe de trois lignes qui renferment
un certain eſpace, & qu'elles en peuvent être
déduites.

Il ne nous eſt pas moins impoſſible de former une idée complette des ſubſtances, par
leurs qualitez ſenſibles ; il n'eſt au pouvoir d'aucun homme, de raſſembler dans l'idée d'une
ſubſtance, ni toutes ſes puiſſances, ni toutes ſes
qualitez ; elles ſont trop diverſes & en trop
grand nombre. La plûpart des idées qui compoſent nos idées complexes des ſubſtances, ne

ſont

font que les puissances des corps les uns sur les
autres; or comment s'assurer, que nous connoiffons toutes ces puissances, puisque nous ignorons
les changemens, qu'ils peuvent recevoir les uns
des autres, dans les différentes manieres dont ils
peuvent agir l'un sur l'autre? C'est ce qu'il est
impossible d'expérimenter sur aucun corps, &
moins encore sur tous.   Concluons donc, que
nous ne pouvons avoir une idée complette de
toutes les puissances, & de toutes les qualitez
d'aucune substance.

CHAPITRE XXXII.

Des vraies & des fausses Idées.

LA verité & la fausseté selon la rigueur du
discours, ne conviennent qu'aux propofitions; ainfi quand on appelle les idées vraies ou
fausses, c'est toujours conféquemment à une propofition tacite; & en effet, fi nos idées ne font
que des appercevances dans nôtre ame, je ne
vois pas qu'on puiffe les nommer vraies ou
fausses, non plus qu'on ne fauroit affirmer d'un
fimple nom qu'il est vrai ou faux: Je ne vois
pas, *p. e.* que l'idée de *centaure,* entant qu'elle
n'est qu'une perception dans mon efprit, renferme plus de verité ou de fausseté, que cette
même expreffion, lors qu'elle est prononcée ou
écrite fur le papier.   Bien est-il certain, qu'à
prendre le mot de *vrai,* dans un fens metaphyfique, *c. à. d.* pour ce qui est réellement tel qu'il
est, on peut dire que nos idées font vraies; cependant il est, peut-être, que même les chofes
vraies

vraies en ce sens , ont un rapport secret avec nos idées , lesquelles on suppose être l'exemple de cette espece de réalité , *c. à. d.* que sur ces idées mêmes , on forme une *proposition mentale*.

Ce qui fait donc , que nos idées sont vraies ou fausses , c'est que l'esprit les rapporte à des choses exterieures , & que dans ce rapport il juge tacitement de leur conformité ou de leur opposition à ces choses ; or nos idées deviennent vraies ou fausses , selon que ce jugement lui-même est vrai ou faux. Voici les cas les plus ordinaires , où l'on porte sur ce sujet des jugemens susceptibles de verité ou de fausseté.

I. Lors qu'un homme juge que ses idées sont conformes à celles qu'un autre homme appelle du même nom que lui , comme l'idée de *Justice* , de *Vertu* , &c.

II. Lors qu'on suppose qu'elles conviennent avec la réalité des choses.

Au premier égard , toutes nos idées peuvent être fausses ; mais les idées simples moins que les autres : Il est rare qu'un homme appelle blanc , ce qu'un autre nomme noir; moins encore est-on sujet à confondre les idées de differens sens , & à nommer du nom d'une couleur , ce qu'un autre désigne par le nom d'une odeur. Les idées complexes sont donc les plus exposées à être fausses ; celles des modes mixtes , le sont néanmoins davantage que celles des substances ; car il est facile de distinguer ces dernieres par leurs qualitez sensibles , au lieu que les premieres sont très incertaines : Il est possible que nous appellerons justice , ce qu'un autre appellera d'un autre nom ; la raison de cela est , que les modes mixtes n'étant que des composez d'idées , lesquels l'esprit fait à son gré , nous

H

n'avons

n'avons pour juger de la verité , ou de la fauffeté de ces idées , que la conformité ou l'oppofition qui fe trouve entr'elles & les idées des
perfonnes qu'on fuppofe employer les noms des
modes mixtes dans leur fignification la plus
jufte ; or il eft très aifé qu'elles en différent , &
par conféquent qu'elles foient fauffes.

A u fecond égard , je veux dire , lorfque nous
rapportons nos idées à l'exiftence réelle des
chofes , il n'y a que nos idées complexes des
fubftances qu'on puiffe nommer fauffes. Nos
idées des modes mixtes , ne fe rapportent à aucun Archétipe extérieur , elles font à elles-
mêmes leurs Archétipes, elles font donc vraies.
Nos idées fimples font vraies auffi ; car elles
répondent aux puiffances que D i e u a impri-
mées dans les objets , pour qu'ils excitent en
nous telles ou telles perceptions: Et ces idées
ne doivent pas être accufées de fauffeté , fur ce
que l'efprit juge quelquefois, qu'elles font dans
les chofes mêmes ; car D i e u ne les a établies
que comme autant de marques par où nous puf-
fions diftinguer les chofes , & choifir celles dont
nous avons befoin. Soit que je juge que l'idée
du *jaune* eft dans le *fouci* ou dans l'ame même ,
pour cela elle ne doit pas être cenfée fauffe ; car
la dénomination de jaune, que je donne au fouci,
ne défigne que cette marque de diftinction ,
par où je diftingue le fouci des autres chofes.

N o s idées fimples ne doivent pas être non
plus foupçonnées de fauffeté , quand même , en
vertu de la ftructure différente de nos organes ,
il feroit établi que le même objet produit des
idées diffemblables dans l'efprit de différentes
perfonnes ; cela ne pourroit jamais être connu, parce que cet objet agiroit toujours de la
même

même maniere ; cependant il est très probable, que les idées produites par les mêmes objets sont fort semblables les unes aux autres. A la vérité, on peut mal appliquer le nom de ces idées. Un homme qui n'entend pas bien le François, donnera peut-être à la couleur de *pourpre* le nom d'*écarlate* ; mais cela ne rend point fausses ses idées simples.

I L n'y a donc que nos idées complexes des substances, qui puissent être fausses, & elles peuvent le devenir en différentes manieres : 1. Quand on les prend pour des représentations de l'essence inconnuë des choses. 2. Quand elles réunissent des qualitez simples qui n'existent point ensemble dans aucun Etre réel. Telle est l'idée du *Centaure.* 3. Quand d'un assemblage d'idées simples, lesquelles existent réellement ensemble, on en sépare une seule qui y est essentiellement unie : *Par exemple ;* On aura de l'or une idée très fausse, si l'on sépare sa couleur de ses autres proprietez, qui sont, l'*étenduë,* la *solidité,* la *qualité d'être malléable, fixe, fusible,* &c. Cependant si de l'idée complexe de l'or on exclut simplement l'idée de sa *fixation ,* alors cette idée qui en restera sera plûtôt incomplette & imparfaite que fausse ; car bien qu'elle ne comprenne pas toutes les idées que la nature a unies, cependant elle ne renferme que des qualitez, qui existent réellement ensemble.

E N un mot, de quelque façon que l'esprit considere ses idées, soit par rapport à leurs noms, soit par rapport à la réalité de leurs objets, je crois qu'on feroit mieux de les appeller *exactes & inexactes ; exactes,* quand elles quadrent avec leurs Archétipes ; *inexactes,* quand elles s'en éloignent; mais nos idées, entant qu'el

H 2

les

les font des appercevances dans nôtre efprit, &
pourvû qu'elles ne renferment pas des idées
inalliables, font toutes exactes.

CHAPITRE XXXIII.

De la liaison des Idées.

IL n'y a prefque perfonne, qui ne remarque
dans les opinions, dans les raifonnemens &
dans les actions des autres hommes, quelque
endroit bizarre ou extravagant. Chacun a la vuë
affez perçante, pour découvrir les moindres
défauts d'un autre, & affez de précipitation
pour les condamner, s'ils différent des fiens,
quoi qu'il y ait peut-être dans fa conduite & dans
fes opinions des irrégularitez plus grandes, qu'il
n'apperçoit pas, & dont il feroit difficile de le
convaincre.

On impute communément ce défaut de raifon à l'éducation & à la force des préjugez; on
le fait fouvent avec juftice; mais ce ne font pas là
les feules racines du mal, ce n'eft pas montrer
affez clairement, ni fes caufes, ni en quoi il confifte; or comme tout le Genre humain eft fort
fujet à ce défaut, on ne fauroit prendre affez de
foin pour en bien connoître la nature.

Quelques unes de nos idées ont entr'elles une liaifon néceffaire;& c'eft une des plus nobles fonctions de l'efprit de difcerner ces idées,
& de les tenir dans cette union qui leur eft naturelle. Mais il y a une autre liaifon d'idées,
duë uniquement au hazard & à la coutume, &
par laquelle des idées, de leur nature inalliables,

vien-

viennent à se joindre & à se cimenter si fortement dans l'esprit, qu'il est très difficile de les séparer. Quelque grand qu'en soit le nombre, l'une ne se présente pas plûtôt à l'esprit que son associée paroit aussi.

Or comme ces composez d'idées, licentieusement alliées, se font, ou par hazard, ou par une déliberation d'esprit, on voit qu'ils doivent differer infiniment, selon la diversité de l'inclination, de l'éducation, de l'interêt de chaque homme.

Nous contractons par la coutume de certaines manieres de penser, de vouloir & de nous mouvoir. Ces habitudes, à mon avis, ne sont que nos esprits animaux, qui, s'étant une fois tracez des chemins, coulent dans ces mêmes traces, jusqu'à les rendre des routes battues, & où ils se meuvent avec autant d'aisance, que si ce mouvement leur étoit naturel ; je ne conçois pas que les habitudes, même celles de penser, puissent avoir quelque autre cause ; si je me trompe, ce que je viens de dire servira du moins à expliquer pourquoi, dès qu'on se ressouvient d'une idée, toutes celles qui se sont associées avec elle se présentent aussi ; pourquoi, dès qu'on fait de certains mouvemens du corps, tous ceux qui ont coutume de les accompagner s'exercent aussi successivement ; & pourquoi, *par exemple,* un certain air se présente à un musicien, dès qu'il l'a commencé.

Ces liaisons téméraires d'idées ont une force si puissante pour mettre du travers dans nôtre esprit, soit par rapport à nos actions morales & naturelles, soit par rapport à nos passions, à nos raisonnemens, & à nos notions mêmes, qu'il n'y a peut-être pas de défaut

qu'on

qu'on doive tâcher de prévenir de meilleure heu‑
re. Les idées d'*Esprits* & de *Phantômes*, ont-elles
plus de rapport avec les ténébres qu'elles n'en
ont avec la lumiere ? Cependant qu'une servante
étourdie vienne à inculquer ces idées dans l'es‑
prit d'un enfant, comme si elles étoient insépa‑
rables, & il sera peut-être, qu'il ne les pourra
jamais plus séparer, & qu'il ne se trouvera ja‑
mais dans les ténébres sans être frappé de ces
effrayantes idées. Il n'y a aucun rapport entre
la douleur qu'on a soufferte, & le lieu où l'on
a été malade ; cependant l'idée de ce lieu porte
toûjours avec soi une idée de douleur & de dé‑
plaisir, on les confond toûjours, on ne peut
souffrir l'une non plus que l'autre.

Les habitudes & les défauts d'esprit, con‑
tractez de cette maniere, ne sont ni moins
forts ni moins fréquens, quoique moins obser‑
vez. Qu'un homme, ou par l'éducation, ou par
quelque autre principe, soit persuadé qu'il n'y a
point d'être qui ne soit matiere : Quelles no‑
tions aura-t-il au sujet des Esprits purs ? Que
dès sa premiere enfance il ait attaché une figure
à l'idée de Dieu, quelles absurditez n'admet‑
tra-t-il pas au regard de la Divinité? Qu'il attri‑
buë l'infaillibilité à une seule personne, & que
cette personne infaillible exige que l'on consen‑
te à une proposition sans l'examiner, & dès lors
il avalera sans peine cette absurdité, qu'un corps
peut occuper deux lieux à la fois.

Par ces bizarres composez d'idées, se nour‑
rissent ces oppositions irréconciliables entre
différentes sectes de Philosophie & de Réligion.
J'avouë que l'interêt retient plusieurs person‑
nes dans des opinions qu'ils voyent bien être
erronées ; mais il seroit injuste de dire que tous
ceux

ceux qui adhérent à ces opinions se trompent
de propos déliberé, & rejettent contre leur conscience la vérité qui leur est montrée par des
raisons évidentes. Sans doute il y en a qui
font ce dont tous se glorifient, c'est de chercher
sincerement la vérité.

DONC, ce qui captive & ce qui aveugle les
plus sinceres personnes, jusqu'à les faire agir
contre le sens commun, c'est que l'habitude, l'é-
ducation, & le préjugé pour le parti, les a
fait confondre en une seule idée, des idées inalliables, & qui leur paroissent toujours insépa-
rées & aussi peu séparables, que si en effet elles n'étoient qu'une seule idée; & aussi elles a-
gissent sur l'esprit comme si elles n'en constitu-
oient qu'une: Cela fait passer le galimatias pour
bon sens, les absurditez pour des démonstrations; & en un mot c'est ce qui est la cause
de la plûpart des erreurs, & peut-être de toutes
les erreurs des hommes. Que si l'on trouve
cette réflexion trop outrée, on m'avouera du
moins celle-ci, que ce vice est de tous le plus
dangereux; il empêche de voir & d'examiner,
& par conséquent il ne peut remplir l'esprit que
de fausses vuës, & les raisonnemens que de conséquences peu justes.

APRES avoir exposé *l'origine, l'étenduë, &*
les différentes especes de nos idées, c'est-à-dire,
les moyens & les matériaux de nos connoissances,
il semble, que je devrois montrer l'usage qu'en
fait l'esprit, & la connoissance qu'il en peut
retirer; mais parce que nos idées abstraites
ont un grand rapport aux termes généraux,
& qu'en général nos idées ont une liaison in-
time avec les mots, je crois, qu'il est impos-

H 4

sible

fible de parler clairement de nos connoiffances,
qui confiftent dans des Propofitions, fans examiner la nature du langage , fa fignification &
l'ufage qu'on en doit faire ; ce cera le Sujet
de mon Troifiéme Livre.

Fin du Second Livre.

LIVRE

LIVRE TROISIEME.

CHAPITRE I.

Des Mots & du Langage en général.

DIEU ayant deftiné l'homme à être un Animal fociable, non feulement lui a infpiré l'amour de la Societé, & l'a mis dans la néceffité de commercer avec ceux de fon efpèce, mais de plus il l'a doué de la faculté de parler ; (cette faculté eft l'ame de la Societé) & pour cet effet la nature lui a donné des organes capables de former des fons articulez, qu'on appelle des mots.

Ce n'étoit pas affez pour former un langage, qu'on prononçat des fons articulez ; certains oifeaux peuvent en faire autant ; il étoit néceffaire de plus, que ces fons articulez repréfentaffent aux autres hommes nos conceptions intérieures : Mais cela ne fuffifoit pas encore ; la perfection du langage demandoit quelque chofe de plus ; il faloit éviter la confufion où nous auroit jetté la multiplication des mots, fi chaque chofe avoit eu un nom particulier : Pour remédier à cet inconvénient, on a inventé des

termes

termes généraux, par lesquels une feule parole exprime tout-à-la-fois plufieurs chofes particulieres.

La différence, qui eft entre nos idées, eft donc le fondement & de la différence qui eft entre les noms, & de leur ufage fi merveilleux; ceux-là font devenus généraux qui fignifient des idées générales, & ceux-là font reftez particuliers qui repréfentent des idées particulieres. Il y a de certains mots, qui bien qu'ils ne défignent pas immédiatement une idée pofitive, ne laiffent pas de s'y rapporter; ils en défignent l'abfence comme *ignorance*, *fterilité*, &c.

C'est une chofe à obferver, que les mots, qui fignifient des actions & des notions toutes oppofées à celles des fens, font néanmoins empruntez des idées fenfibles: Les termes d'*imaginer*, de *comprendre*, de *gouter*, de *concevoir*, de *trouble*, de *confufion* &c. & qu'on a appliquez à différentes manieres de penfer, font tous pris des opérations des chofes fenfibles. Et les mots d'*Efprit*, & d'*Ange*, fignifient dans leur premiere origine, l'un le *fouffle*, & l'autre un *meffager*. Par le peu d'exactitude dans ces expreffions, nous pouvons conjecturer quelles étoient les notions de ceux qui les premiers ont parlé les langues, d'où ils tiroient leurs notions, & comment la nature leur a fuggeré les principes de leur connoiffance.

Mais afin de mieux comprendre la force du langage & l'ufage qu'on en doit faire, il eft néceffaire de voir, 1. Quelle eft la fignification immédiate des noms : 2. Et puifque tous les noms, hors les noms propres, font généraux, & qu'ils ne fignifient pas telle ou telle chofe particuliere, mais les efpeces des chofes, il fera à

pro-

propos d'examiner , ce que c'eſt que les eſpèces
& les genres des choſes , & comment on les
forme. Ces conſiderations feront le ſujet des
chapitres ſuivans.

CHAPITRE II.

De la Signification des Mots.

LA grande varieté de nos penſées ne peut pas
ſe manifeſter aux autres hommes par elle-
même. Donc , pour le ſoulagement & pour l'u-
tilité du Genre humain, il étoit d'une néceſſité
abſolue qu'on inventat des ſignes exterieurs ,
par où l'on pût mutuellement ſe découvrir cette
grande diverſité d'idées inviſibles. Pour cet effet , on a établi, pour ſignes de ces idées , les
ſons articulez que chaque homme eſt capable
de former : Il n'y avoit pas de ſignes qui fuſſent
plus propres à ce deſſein que ces ſons articulez ;
car il n'y en a pas qui ſoient plus abondans &
plus prompts à ſe faire connoitre. Ce n'eſt
donc pas en conſéquence d'aucune liaiſon naturelle entre les ſons & les idées qu'un tel mot
exprime une telle idée ; ſi cela étoit, il n'y auroit parmi tous les hommes qu'un ſeul langage ;
c'eſt par une inſtitution purement arbitraire ,
qu'un tel mot eſt devenu la marque d'une telle
idée. Ainſi ſans rendre les mots des ſons vuides
de toute intelligence , on ne ſauroit les fixer à
des choſes inconnues ; & par cette regle , aucun homme n'exprimera jamais par aucun mot,
ni les qualitez des choſes , ni les conceptions
d'un autre homme, leſquelles il ne connoit paſ.

Les

LES mots n'expriment donc que les idées de celui qui les emploie. On ne parle que pour être entendu, je veux dire, que pour exciter dans l'esprit de son Auditeur les idées qu'on veut exprimer par ces mots. Un Enfant qui ne connoit de l'*or* que la couleur jaune, n'a envie d'exprimer par le mot d'or que cette couleur ; & de là vient que, lors qu'il la remarque dans la queue d'un Paon, il l'appelle du nom d'or : Un autre, qui connoitra que ce métal est d'un certain jaune & d'une certaine pesanteur, exprimera par le mot *or*, l'idée d'un corps jaune & pesant ; à ces qualitez de l'or un troisiéme ajoute la fixation, & dès là ce nom marque dans sa bouche, un corps jaune, pesant & fixe.

QUOI-QUE les mots ne signifient immédiatement que les idées de celui qui parle, cependant on suppose qu'ils marquent, 1. la réalité des choses, 2. les idées de ceux avec qui l'on s'entretient ; & sans cette derniere supposition, on ne pourroit pas discourir les uns avec les autres d'une maniere intelligible : Et néanmoins, ce qui est à remarquer, on ne s'arrête pas à examiner si ses idées sont les mêmes que celles de ceux avec qui l'on s'entretient ; on le suppose, parce qu'on emploie les mots selon l'usage le plus ordinaire de la langue qu'on parle.

OBSERVONS encore, 1. Que l'usage continuel qu'on fait des mots, pour exprimer aux autres ses pensées, forme dans l'esprit, entre de certains sons & leurs idées, une liaison telle, que les mots, une fois prononcez & entendus, excitent leurs idées avec presque autant de promptitude, que si les objets producteurs de ces idées affectoient actuellement les sens. 2.

Que

Que faute de bien examiner la signification précise des mots, il arrive souvent, même au plus fort d'une méditation appliquée, qu'on s'arrête plus aux mots qu'aux choses. Plusieurs même, & cela vient de ce qu'on apprend les mots avant que de connoitre les idées qui leur sont liées, plusieurs, dis-je, parlent souvent en Perroquets, *c. à. d.* ne forment que de vains sons. Ainsi les mots ne peuvent avoir aucun sens, s'ils n'ont pas une liaison constante avec quelque idée, & si en même tems ils ne marquent pas cette liaison. Je nie donc que ceux-là parlent, qui ne joignent point d'idées aux termes qu'ils employent ; ils ne font qu'un bruit destitué de toute intelligence.

Puisque c'est par une institution purement arbitraire, que les mots expriment les idées de celui qui parle, c'est le droit de chaque homme d'exprimer ses idées par les expressions qu'il lui plait. Il est bien vrai, qu'on donne tacitement à l'usage l'autorité d'adapter certains sons à de certaines idées, & que par conséquent la signification des mots est tellement limitée, qu'on parleroit improprement & d'une maniere inintelligible, si on n'appliquoit pas aux mots l'idée que l'usage leur a donné : Cependant quelles que soient les suites de cet usage des mots détournez de leur signification ordinaire, il est certain pourtant, qu'ils ne peuvent être signes que des pensées de celui qui s'en sert.

CHA-

CHAPITRE III.

Des Termes Généraux.

TOUTES les chofes qui exiftent, étant fin-
gulieres, il femble, que la fignification des
mots devroit être finguliere auffi; c'eft pourtant tout le contraire dans tous les idiomes du
monde; car la plûpart des mots font généraux:
ce n'eft point là l'effet du hazard, mais celui
de la raifon & de la néceffité.

IL étoit impoffible que chaque chofe eut fon
nom particulier. 1. On ne fauroit avoir fur
chaque chofe particuliere des idées affez diftinctes, pour retenir fon nom & la liaifon qu'il a
avec elle. 2. Un nom approprié à chaque chofe
feroit fort inutile, à moins qu'on ne fuppofe, ce
que perfonne ne fera, que tous les hommes ont
en effet les idées de toutes les chofes. J'ai feul
l'idée d'un certain Etre, je lui impofe un nom;
mais ce nom eft in intelligible à celui qui ne connoit pas cet Etre. 3. Un nom diftinct pour
chaque Etre ne contribueroit pas beaucoup à
l'avancement de nos connoiffances; elles font
fondées, il eft vrai, fur les exiftences particulieres, mais elles ne s'étendent que par des conceptions générales fur les chofes, pour cet effet
rangées en certaines efpeces & appellées d'un
même nom. Ce n'eft qu'aux chofes particulieres, dont on a occafion de parler fouvent, qu'on
a donné des noms propres, comme les *perfonnes*,
les *païs*, les *rivieres*, les *montagnes*; &c. Ainfi
les maquignons donnent à leurs chevaux des

noms

noms particuliers, parce que fouvent ils ont occafion de parler de tel & de tel cheval, lors
qu'il n'eft pas fous leurs yeux.

Voyons maintenant, comment on forme
les *termes généraux.* Les mots deviennent généraux, lors qu'ils font établis pour fignes d'*i-
dées générales*; & les idées deviennent générales,
lors qu'on fépare de plufieurs idées particulieres
les circonftances du tems, du lieu, & toute autre chofe qui les fait exifter d'une telle maniere
indivifible. C'eft ainfi que par abftraction on
fe forme une idée générale & repréfentative de
plufieurs individu. lefquels font tous de même
efpece, dès-là qu'ils conviennent avec cette idée
abftraite ou générale.

Mais il ne fera pas inutile de fuivre, dès
leur premiere origine, nos notions & les noms
que nous leur avons donnez, & d'obferver comment nous étendons nos idées dès nôtre premiere enfance. Les premieres idées que les enfans acquierent font vifiblement particulieres,
mere, *nourrice*, &c. & les noms qu'ils leurs donnent fe bornent auffi aux fons de *mere*, de *nourrice*, &c. Obfervant enfuite d'autres Etres en
grand nombre, qui reffemblent à leurs Peres &
Meres par la forme & par d'autres qualitez, ils
forment une idée à laquelle tous ces Etres participent également, & ils appellent cette idée,
avec les autres, du nom d'homme. En ceci ils
ne font rien de nouveau; feulement ils écartent
de leur idée fur *Pierre*, fur *Jaques*, fur *Marie*, &c.
ce qui eft particulier à chacun d'eux, & ne retiennent que ce qui eft commun à tous. C'eft
de cette maniere qu'ils parviennent à un *nom
général* & à une *idée générale.*

Par

P A R la même maniere, ils forment des idées plus générales, & des noms plus généraux; car, observant *p. e.* que plusieurs choses, qui different de l'idée de l'*homme*, ont néanmoins avec cette idée des proprietez communes, ils réunissent ces proprietez en un seul composé, & forment ainsi une idée plus générale, à laquelle ils donnent aussi un nom plus général: Ecartant de l'idée sur l'homme celle de sa taille & de quelques autres de ses proprietez, & n'en retenant que celles de corps, de vie, de sentiment & de mouvement spontanée, ils forment l'idée de ce qu'on appelle un *Animal.* Par la même voie ils parviennent à l'idée de *corps*, de *substance*, & enfin d'*Etre*, de *chose* & de tout autre terme général. D'où nous voyons que tout ce mistere des *genres* & des *especes*, dont on fait tant de bruit dans l'Ecole, se reduit à former des idées abstraites plus ou moins étendues, & à leur donner des noms.

I L paroit de là, 1. Qu'on n'employe le *genre* dans la définition des noms, qu'afin de s'épargner la peine d'énumerer les différentes idées simples que renferme le prochain terme général. 2. Qu'il n'y a point d'existence réelle qui reponde aux idées générales & universelles; ces idées sont uniquement de la formation de l'esprit.

S U R *la signification des Termes généraux;* Il est certain, que ces termes n'expriment pas simplement une chose particuliere; si cela étoit, ils ne seroient pas des termes généraux, mais des noms propres. Ils ne signifient pas non plus une pluralité de choses, autrement le nom général d'*homme* exprimeroit la même idée que celui-ci, *les hommes.* Mais étant représentatifs
d'idées

d'idées abſtraites, ils ſignifient les *eſpèces* des choſes.

Nous rangeons les choſes ſous telle ou telle *eſpèce*, ſelon qu'elles conviennent avec telle ou telle idée abſtraite ; donc l'*eſſence* de chaque eſpèce de choſes n'eſt qu'une idée abſtraite. On ne nie pas ici, que la nature ait fait pluſieurs choſes reſſemblantes, & ait établi elle-même les fondemens de ces *eſpèces ;* mais on ſoutient, que la reduction des choſes ſous de certaines *claſſes* ou *eſpèces*, eſt l'ouvrage de l'eſprit ſeulement, & que chaque idée abſtraite ſur quelque *eſpèce* a une eſſence particuliere, eſſence, qui eſt auſſi diſtincte de celle d'une autre idée abſtraite, que l'eſſence de la pluie eſt diſtincte de celle d'un caillou : j'éclaircirai peut-être ma penſée en diſtinguant les ſignifications differentes du mot *Eſſence*.

Ce mot marque, 1. *ce qui fait qu'une choſe eſt ce qu'elle eſt ;* en ce ſens, la conſtitution intérieure, mais inconnue, des ſubſtances eſt leur véritable eſſence, & c'eſt ici la propre ſignification de ce terme ; j'appelle cette eſpèce d'eſſence *eſſence réelle.* 2. Dans l'Ecole, on a exprimé par le mot d'eſſence, la *diſpoſition artificielle du genre & de l'eſpece*, laquelle on ſuppoſoit être fondée dans la nature ; & c'eſt ce qu'exprime le terme d'eſſence dans ſon uſage le plus familier : J'appelle cette eſpece d'eſſence *eſſence nominale.* Entre l'*eſſence nominale* & ſon expreſſion, il y a une liaiſon ſi étroite, qu'on ne peut attribuer le nom d'une certaine *eſpece* de choſes à une choſe en particulier, à moins que le nom de cette choſe particuliere ne marque qu'elle repond à l'idée abſtraite de cette *eſpece.*

I

DEUX opinions partagent les Philosophes sur l'*essence* réelle des corps : L'une est, & l'on observera que dans cette opinion le terme d'essence n'a aucune signification précise ; L'une est, dis-je, qu'il y a un certain nombre d'essences sur lesquelles sont formées les choses naturelles, qui deviennent de telle ou de telle *espece*, selon la nature de l'essence à laquelle elles participent. L'autre est, que les parties imperceptibles des corps, ont une constitution réelle, mais inconnue, de laquelle dérivent les qualitez sensibles, qui nous servent à distinguer les choses & à les ranger en certaines *especes* sous des noms généraux. La premiere de ces opinions, ne peut pas s'accorder avec les fréquentes productions des monstres parmi toutes les especes d'animaux ; car deux choses participant à la même essence, comment auroient-elles des proprietez differentes ? Et d'ailleurs cette supposition d'essences, qu'on ne sauroit connoitre, quoi qu'elles fassent le distinctif des *especes* des choses, est de si peu d'usage, & a si peu d'influence pour avancer aucune partie de nos connoissances, que cela seul doit suffire pour la faire rejetter.

IL faut ici remarquer ; Que dans les idées simples, & dans les modes, l'*essence réelle & nominale* ne font qu'une même chose ; *p. e.* Une figure, qui renferme quelque espace entre trois lignes, est l'essence du triangle tant réelle que nominale ; car toutes les proprietez du triangle dépendent de cette figure & y sont inséparablement attachées. Mais dans les substances, l'*essence réelle* differe entierement de l'*essence nominale. P. e.* Les proprietez de l'or ne dépendent point de son essence nominale, qui est les qualités que nous découvrons dans ce métal,

comme

comme la couleur, la pefanteur, la fufibilité,
la fixation, *&c.* mais elles émanent de fon effence réelle qui eft la conftitution réelle & interne de fes parties : Nous n'avons pas de nom
pour exprimer cette conftitution réelle, loin
de la connoitre, il nous eft impoffible d'en
former non pas même l'idée.

UNE autre raifon qui prouve, que ce qu'on
appelle l'effence des chofes n'eft qu'une idée
abftraite, c'eft qu'on croit les effences ingéné-
rables & incorruptibles ; ce qui ne peut être
vrai de la conftitution réelle des chofes. Excepté celui qui en eft l'Auteur, elles font toutes également fujettes à être alterées & détrui-
tes, jufques dans leur effence & leur conftitution réelle. Mais entant que ces effences font
des idées dans l'efprit, elles font veritablement
immuables ; car quelle qu'ait été la deftinée
d'Alexandre ou de Bucephale, l'idée de leur
efpece eft toujours la même, & le fera inva-
riablement ainfi.

DONC la doctrine de *l'immutabilité des effences* prouve: Que les effences ne font que des
idées abftraites ; Que leur immutabilité n'eft
fondée que fur leur rélation à leurs noms ; &
enfin, Qu'elle fera certaine, cette immutabilité,
auffi long-tems que le nom d'une effence confervera fa fignification.

CHA-

CHAPITRE IV.

Des Noms des Idées simples.

QUOI-QUE les mots ne désignent immédiatement que les idées de celui qui parle, cependant les noms des idées simples, ceux des modes mixtes, & ceux des substances, ont chacun en particulier quelque chose qui les distingue les uns des autres.

I. CEUX des idées simples & des substances marquent, outre leurs idées abstraites, l'existence réelle de leur Archétipe ; au contraire ceux des modes mixtes ne désignent qu'une idée dans l'esprit.

II. CEUX des idées & des modes simples signifient toujours l'*essence réelle* & *nominale* de l'*espece* dont ils sont représentatifs ; mais ceux des substances ne signifient presque, & peut-être jamai, autre chose que l'*essence* nominale de leur *espece*.

III. CEUX des idées simples ne peuvent pas être définis, mais bien ceux des idées complexes : Je le prouve & par la nature de nos idées & par la signification même des mots. On convient, que *définir* c'est donner à connoitre le sens d'un mot par des termes qui ne soient pas synonimes à ce mot, on expose donc la signification d'un terme, on le définit, lors qu'on représente par d'autres termes l'idée qu'on lui a fixé. Donc les noms des idées simples ne peuvent pas être définis ; car les differens termes d'une définition exprimant diverses idées, ils ne peuvent absolu-

ment

ment point repréfenter une idée qui n'a nulle compofition.

Pour n'avoir pas fait d'attention à cette différence entre nos idées , on a inventé ces frivoles définitions dont on a fait tant de bruit; On a défini le *mouvement* , *L'acte d'un Etre qui eft en puiffance* , *entant qu'il eft en puiffance* ; pouvoit-on forger un plus grand galimatias ? D'autres l'ont défini , *Un paffage d'un lieu à un autre* ; mais où eft la différence des mots de paffage & de mouvement ? D'autres , *l'application fucceffive des parties de la furface d'un corps aux parties de la furface d'un autre corps* ; connoit-on mieux le mouvement par cette définition?

L'acte *du tranfparent entant que tranfparent.* Cette définition fera-t-elle jamais comprendre à un aveugle le fens du mot de *lumiere* , dont les Peripatéticiens veulent qu'elle foit une explication très intelligible ? Et les Cartefiens feront-ils connoitre la lumiere à un homme aveugle depuis fa naiffance, en lui difant , que la lumiere eft *l'agitation d'un grand nombre de petits globules qui frappent vivement le fond de l'œil ?*

Les mots n'étant que des fons , ne peuvent exciter par eux-mêmes que l'idée de leur fon; & s'ils excitent en nous de certaines idées , ce n'eft que parce que ces idées y ont été attachées par l'ufage. Celui par conféquent qui n'a pas reçu l'idée de quelque qualité fimple par l'organe qui doit la porter dans l'efprit , ce qui eft le feul moien de l'acquerir , ne pourra jamais la connoitre , ni par le nom qu'on lui donne ordinairement , ni par d'autres mots ou d'autres fons , quels que puiffent être leurs arrangemens.

I 3

M A I

Ma is les noms des idées complexes peuvent être définis ; car les mots , qui signifient les idées simples , dont les complexes sont composées , peuvent exciter des idées qu'on n'avoit jamais eues. Je pourrois *p. e.* définir l'arc-en-ciel par sa figure, sa grandeur , sa position , & l'arrangement de ses couleurs, de telle maniere , que je représenterois parfaitement ce phénomene à un homme qui ne l'auroit jamais vû , mais qui en connoitroit les couleurs.

Il y a encore cette difference entre les noms des idées simples , ceux des modes mixtes & ceux des substances. Ceux des modes mixtes désignent des idées purement arbitraires ; ceux des substances se rapportent à un Archétipe , quoi que d'une maniere un peu vague ; & ceux des idées simples sont pris absolument de l'existence des choses , & ne sont nullement arbitraires.

Les noms des modes simples different peu de ceux des idées simples.

CHAPITRE V.

Des Noms des Modes mixtes & de ceux des Rélations.

LES noms des modes mixtes étant généraux ne peuvent désigner que des idées abstraites ; ils ont cependant quelque chose qui les distingue des autres termes généraux , & qui mérite nôtre attention,

1, Les

1. L e s effences des différentes efpeces de modes mixtes qu'ils fignifient, font formées par l'entendement ; en cela ils différent des noms des idées fimples. 2. Ces effences font formées arbitrairement, fans modele, fans rapport à quoi que ce foit qui exifte réellement, & à cet égard leurs noms différent des noms des fub-ftances.

P a r cette formation des modes mixtes, l'efprit ne donne l'exiftence à aucune idée nou-velle, il ne fait que raffembler en une les idées qu'il a déja reçûes. Je conçois que dans cette occafion il fait ces trois chofes , 1. Il choifit un certain nombre d'idées , 2. Il les joint en-femble, 3. Il les lie par un nom. Trois chofes qu'il peut faire, quand même aucun individu de cet efpece de modes n'exifteroit ; car on au-roit pû former , *par exemple*, l'idée de *facrilege* & d'*adultere*, avant que ces crimes euffent ja-mais paru : Et l'on ne doit pas douter que les Légiflateurs n'ayent fait des loix touchant des efpeces d'actions, qui n'étoient que l'ouvrage de leur Efprit.

M a i s quoique la formation de ces modes foit uniquement de l'efprit, ils ne doivent pas néanmoins leur exiftence au hazard, & les idées qui les compofent ne font pas alliées fans rai-fon : Imaginez pour fe communiquer plus aifé-ment fes penfées, ce qui eft le principal but du langage, on ne les a compofez que des idées dont l'affemblage revient fouvent en converfa-tion. *Par exemple*, on a fait du crime de tuer fon Pere, une *efpece* d'action différente de celle du crime de tuer un autre homme, & on a dé-figné ces deux efpeces de crimes par deux noms différens, afin d'exprimer fans périphrafe &

 l'a-

l'atrocité différente de ces crimes, & les chatimens particuliers qu'ils méritent.

L'Esprit donc rassemble les idées qui forment un mode mixte, mais c'est le nom même
de ce mode, qui les tient liées ensemble, qui
lui conserve, *à ce mode,* son essence, & qui lui
assure une durée perpétuelle ; car il arrive rarement qu'un mode mixte, soit censé constituer
une espece distincte, s'il n'a pas un nom particulier.

Les noms des modes mixtes signifient toûjours l'essence réelle de leurs especes. Ces essences ne sont que des idées complexes & abstraites, formées sans rapport à l'existence réelle des
choses ; ainsi les noms des modes mixtes ne peuvent marquer que ces idées abstraites & complexes : Aussi n'arrive-t-il jamais qu'on veuille
exprimer autre chose par ces termes.   Toutes
les proprietez d'un mode mixte dépendent de
son idée abstraite ; & par conséquent dans ces
modes, l'essence réelle & l'essence nominale ne
sont qu'une seule & même chose.

Ainsi l'on voit qu'il est non seulement utile,
mais même nécessaire, d'apprendre les noms des
modes mixtes avant que de former des modes,
autrement on remplira sa tête d'une foule d'i-
dées complexes, qu'ensuite l'on sera obligé de
négliger & d'oublier, par cela même que l'usage ne leur a fixé aucun nom, & que par conséquent on n'en peut pas parler avec les autres
d'une maniere intelligible : Avant néanmoins la
formation des langues, il étoit nécessaire qu'on
eut l'idée d'une chose, avant que de lui donner
un nom ; & j'avouë que la même regle a lieu à
l'égard d'une idée, à laquelle la nécessité nous
oblige d'attacher une nouvelle expression.   Il

en

en eſt autrement des idées ſimples & des ſubſtances que des modes : Les idées ſimples & les
ſubſtances ont une exiſtence réelle dans la nature ; ainſi on acquiert leurs noms avant leur
ſignification, ou tout au contraire, ſelon ou
qu'on les entend nommer, ou qu'elles font
impreſſion ſur nous.

On peut appliquer aux rélations ce que je
viens de dire des modes mixtes, ſans y changer
que peu de choſe ; mais parce que chacun peut de
lui-même appercevoir ces différences, je m'épar-
gne la peine d'étendre davantage ce chapitre.

CHAPITRE VI.

Des Noms des Subſtances.

LES noms généraux des ſubſtances, de même
que les autres termes univerſels, ſignifient
les *eſpeces* des choſes, *c'eſt-à-dire*, des idées
complexes auxquelles pluſieurs ſubſtances particulieres conviennent ou peuvent convenir ;
convenance, ſoit actuelle, ſoit poſſible, qui fait
que ces ſubſtances font compriſes ſous une
même conception, & font appellées du même
terme général. Je dis que pluſieurs ſubſtances
peuvent être compriſes ſous une même conception & ſous un même terme général, ſoit qu'elles conviennent avec une idée complexe, ſoit
qu'elles puiſſent y convenir : Quoi qu'il n'y ait
qu'un Soleil, cependant l'idée que j'en ai, ſi je
la conſidere par abſtraction, conſtituë une
eſpece, auſſi bien que s'il y avoit autant de So-
leils qu'il y a d'étoiles.

C'ᴇsᴛ

C'est ce qu'on appelle l'eſſence d'une *eſpe-ce*, qui diſtingue cette *eſpece* de toute autre ; or comme cette eſſence n'eſt qu'une idée ab-ſtraite, il s'enſuit, que chaque choſe contenuë dans cette idée abſtraite eſt eſſentielle à cette *eſpece*. J'appelle cette eſpece d'eſſence du nom d'*eſſence nominale* : il ne faut pas la confondre avec l'*eſſence réelle* qui eſt la conſtitution même des ſubſtances, de laquelle dépendent toutes leurs qualitez. Cette eſſence réelle nous eſt en-tierement inconnuë.

Le terme d'*eſſence*, à le prendre dans ſon uſage ordinaire, ſe rapporte aux *eſpeces* ; car ſi l'on écarte l'idée abſtraite, par laquelle on ré-duit les individus ſous de certaines eſpeces, rien alors n'eſt regardé comme l'eſſence de ces in-dividus. Donc l'*eſſence* ſe rapporte uniquement aux eſpeces, puiſqu'on ne peut connoitre l'eſ-ſence d'une choſe, ſi on ne la range pas ſous une *eſpece*. Donc aucune choſe ne peut être ran-gée ſous une eſpece, ſi elle ne renferme pas les qualitez que contient cette *eſpece de choſes* ; car l'idée abſtraite d'une *eſpece* eſt ſon eſſence véritable. Ainſi, ſelon ceux qui tiennent que l'idée du corps eſt l'idée de la *ſimple étenduë* ou du *pur eſpace*, la ſolidité n'eſt point eſſentiel-le au corps ; mais ſelon ceux qui établiſſent que l'idée du corps renferme la *ſolidité* & l'*étenduë*, ſelon ceux-là, dis-je, l'idée de l'*étenduë* & celle de la *ſolidité* eſt eſſentielle au corps.

C'est par l'eſſence nominale qu'on diſtin-gue les ſubſtances en differentes eſpeces, car les noms des eſpeces n'expriment que l'eſſence no-minale. Tellement que diſtinguer les choſes en certaines eſpeces, ce n'eſt que ranger ces cho-ſes ſous des noms diſtincts ſelon les idées abſtraites

ſtraites que nous avons de ces choſes, & non
pas ſelon leurs eſſences préciſes, diſtinctes &
réelles ; car ces eſſences nous ſont inconnues.
Nous ne connoiſſons les ſubſtances que par l'aſſemblage des proprietez qu'elles ſont obſervées
renfermer, car nous ignorons entierement leur
conſtitution interieure, conſtitution néanmoins
d'où dépendent toutes leurs proprietez. Qui
peut ſe vanter de connoitre la fabrique & la méchanique des corps qui lui ſont les plus familiers, comme les *pierres* qu'il foule aux pieds,
& le *fer* qu'il manie inceſſamment : Cependant
quelle difference, au jugement même de tout
le monde, entre les qualitez de ces corps groſ-
ſiers & les arrangemens admirables des eſſences
incomprehenſibles des *Plantes* & des *Animaux !*
La Structure merveilleuſe, qu'a donné à cette
grande machine de l'univers, & à toutes ſes
parties, l'Etre infiniment puiſſant, ſurpaſſe de
plus loin la compréhenſion de l'homme le plus
pénétrant, que la machine la plus ſubtile ne ſurpaſſe les conceptions du plus groſſier de tous
les hommes. En vain donc, ignorant les con-
ſtitutions réelles des corps, prétendons-nous les
reduire à certaines eſpeces, en vertu de leur
eſſence réelle.

Quoique les *eſſences nominales* des ſubſtances ſoient l'ouvrage de l'eſprit, elles ne ſont
pourtant pas formées ſi arbitrairement que celles des modes mixtes.

Pour former l'eſſence nominale d'une choſe, quelle qu'elle ſoit, il faut, 1. Que les
idées qui compoſent cette eſſence puiſſent s'al-
lier, de ſorte qu'elles ne forment qu'une ſeule
idée, quelque compoſée qu'elle puiſſe être. A
cet égard l'eſprit ſuit uniquement la nature :
quand

quand il forme quelque idée complexe ſur les ſubſtances, il n'allie que les idées qu'il ſuppoſe exiſter néceſſairement enſemble. Il faut, 2. Que l'aſſemblage des idées, qui compoſent quelque eſſence, ne renferme préciſément que les idées dont il eſt formé ; s'il en renfermoit d'autres, ce ne ſeroit plus le même aſſemblage, ni par conſequent la même eſſence. A cet égard, quoi que l'eſprit ne réuniſſe jamais, dans ſes idées complexes ſur les ſubſtances, des qualitez qui n'exiſtent, ou qu'il ne ſuppoſe pas exiſter réellement enſemble, cependant le nombre de ces idées dépend beaucoup des diverſes applications, de l'induſtrie, de la fantaiſie de ceux qui forment ces compoſez. La plûpart des hommes ſe contentent de faire entrer, dans leur idée complexe des ſubſtances, ce peu de qualitez ſenſibles qu'ils y peuvent découvrir, & en omettent celles qui y ſont les plus eſſentielles.

C'eſt par la forme exterieure qu'on détermine principalement les *eſpeces* des corps organizez, qui ſe perpétuent par ſemence, & c'eſt la couleur qui regle les *eſpeces* des corps bruts ; car, *par exemple*, nous ſommes portez à juger, que toutes les qualitez, renfermées dans l'idée complexe de l'or, exiſtent réellement dans tous les corps où nous trouvons la couleur de ce métal.

Mais quoi-que l'on ſuppoſe que les eſſences nominales des ſubſtances ſont copiées d'après nature, il eſt certain cependant qu'elles ſont imparfaites, ſinon toutes, du moins la plûpart. Etant formées par l'eſprit, il eſt bien certain que ce ſont les hommes qui fixent les limites de leurs *eſpeces*, & non pas la nature, ſi tant est que la nature ait jamais posé des limites ou des bornes pour les differentes *especes* des choses.

IL est vrai , qu'il y a un grand nombre de substances, qui se ressemblent par bien des endroits , & que cela nous autorise à les ranger sous de certaines *especes* ; cependant comme le but de cette reduction est d'exprimer plusieurs choses particulieres par des noms généraux , je ne vois pas qu'on puisse dire , à la rigueur , que la nature fixe les bornes des *especes* des choses, ou si elle le fait , assurément les bornes que nous donnons aux *especes* des choses, ne sont pas exactement conformes à la nature.

SI c'est l'esprit , qui range les *individus* sous de certaines *especes* , il est bien plus évident que c'est lui , qui forme les classes les plus étendues, qu'on appelle des *Genres* , & qui comprennent differentes *especes*. Pour former ces *genres* , il écarte des *especes* ce qui les distingue les unes des autres , & ainsi ne fait entrer dans cette idée générale que les idées qui sont communes à ces differentes *especes*. *P. e.* Je forme le genre designé par le nom de *métal* , en écartant de mon idée sur l'*or*, sur l'*argent*, sur le *cuivre* , &c. les qualitez particulieres à ces corps , & ne retenant que celles qui leur sont communes : De sorte que le *genre* & l'*espece* ne représentent autre chose , l'un , qu'une partie des idées renfermées dans l'*espece* , & l'autre , qu'une partie de ce qui est dans chaque individu. Mais en tout ceci on ne donne l'Etre à aucune chose , on ne forme que des termes plus ou moins étendus, afin d'exprimer un grand nombre de choses , selon qu'elles conviennent avec des conceptions plus ou moins générales , formées elles-mêmes

par

par l'esprit, pour abréger le nombre de ses idées.
Et si ces *idées générales* ou *abstraites* sont estimées
complettes, ce ne peut être qu'à l'égard de certaines rélations qu'on a établies entr'elles & leurs
expressions ; car elles ne peuvent pas répondre
à l'existence réelle d'aucun Etre.

AINSI la formation des *genres* & des *especes*
tend à la veritable fin du langage, c'est de se
communiquer ses pensées de la maniere la plus
aisée & la plus abrégée. C'est là aussi tout l'u-
sage qu'on fait des *genres* & des *especes*, sans
songer aux *essences réelles* & aux *formes substantielles*, qu'on ne peut absolument point connoitre.

CHAPITRE VII.

Des Particules.

LES mots ne servent pas tous à exprimer des
idées. Il y en a, qui font non seulement connoitre la liaison qu'on met entre les idées & les
propositions, mais qui désignent quelque action
particuliere de l'esprit, par rapport à ces mêmes
idées dont ont marque la liaison. De ce nombre sont ceux-ci , *cela est* , *cela n'est pas* , ils
marquent que l'esprit affirme ou nie quelque
chose.

MAIS outre l'affirmation & la négation ,
l'homme, afin de mieux communiquer ses pensées aux autres , lie non seulement les parties
d'une proposition , mais des périodes entieres,
avec toutes leurs rélations & dependances , &
par là fait un discours suivi. Les mots, qui dénotent ces dépendances & ces rélations , sont
ap-

appellez des *particules*, & du juſte emploi qu’on en fait dépendent principalement la clarté, la juſteſſe même & la beauté du Stile: Et leur u-ſage eſt abſolument néceſſaire; puiſque ce n’eſt que par leur moyen qu’on peut exprimer, & la dépendance qu’il y a entre nos penſés, & la *liaiſon*, la *reſtriction*, la *diſtinction*, l’*oppoſition* & l’*emphaſe* de chaque partie du diſcours.

ON ne peut pas comprendre au juſte le vrai ſens des particules, ſi l’on ne connoit avec pré-ciſion le tour & la ſituation d’eſprit de celui qui s’en ſert; car les conceptions dont l’eſprit eſt capable, ſurpaſſent de bien loin le nombre des particules. Pour cette raiſon on ne doit pas être ſurpris, ſi la plûpart des particules ont des ſignifications differentes, & quelquefois op-poſées: Telle eſt la particule MAIS.

QUELQUEFOIS cette particule eſt miſe à la ſuite de quelque éloge pour y ſervir de cor-rectif, & pour faire paſſer la médiſance avec plus d’artifice; *c’eſt un beau metier que la guerre*, mais *il eſt fort dangereux*. MAIS, s’oppoſe quel-quefois à *non ſeulement*, pour marquer quelque augmentation ou quelque contrarieté: *Il lui a donné* non ſeulement *la proprieté de ſa terre*, mais *auſſi l’uſufruit*. *J’avois pris ce remede pour me raffraichir*, mais *il m’a échauffé*. MAIS, ſert quelquefois de liaiſon ou d’interrogation au diſcours: Mais *revenons à nôtre cauſe*. Mais *pourquoi avez-vous voulu uſer de violence?* MAIS, ſe dit dans des deffenſes, & ſert d’ex-cuſe: *Je lui dois telle ſomme*, mais *il m’en doit d’ailleurs une plus grande*.

A toutes ces ſignifications j’en pourrois a-jouter pluſieurs autres, ſi c’étoit là mon deſſein. Mais cet exemple, ſur la ſeule particule *Mais*, ſuffit.

suffit pour nous porter à refléchir sur l'usage
& la force qu'ont les particules, & sur les pensées
qu'on fait connoitre par leur moien. Quelques - unes renferment constamment le sens
d'une proposition entiere, comme celles de
oui, de *non*, *&c.* & quelques autres, lors seulement qu'elles sont placées d'une certaine façon.

CHAPITRE VIII.

Des Termes abstraits & concrets.

L'Esprit, comme je l'ai fait voir, a la puissance d'abstraire ses idées: Par là, il distingue
les choses en differentes *especes* : Or comme
chaque idée abstraite est si distincte de toute
autre idée abstraite, qu'elles ne peuvent être les
mêmes , l'esprit doit appercevoir immédiatement leurs differences. Par conséquent deux
idées générales ne peuvent jamais être affirmées
l'une de l'autre : Aussi l'usage ne le permet-il
pas. Quoi qu'il soit vrai que *l'homme* est un
Animal, qu'il est *raisonnable*, &c. cependant il
n'y a personne qui ne sente d'abord la fausseté
de ces propositions. L'*Humanité est Animalité*,
Raisonnabilité, &c. Ce n'est donc que sur les
idées concretes que roulent les affirmations; ce
qui est affirmer, qu'une idée abstraite doit être
jointe à une idée qui n'est pas abstraite.

Toutes nos idées simples ont des *noms abstraits & concrets*, ou pour parler en Grammai-
rien, des *noms substantifs & adjectifs ; blanc, blancheur; doux, douceur;* &c. Il en est de même de
nos

nos idées des modes & des rélations; *Juste, Justi-ce; Egal, Egalité*. Pour nos idées des substances, elles n'ont que peu de noms abstraits. Il est vrai que l'Ecole a forgé ceux d'*Animalité*, d'*Humanité*, &c. Mais outre que ces noms & leurs semblables sont en petit nombre en comparaison de la multitude infinie des noms des substances, ils n'ont jamais pu être autorisez par l'usage; ce qui semble démontrer que les hommes reconnoissent ingenument, qu'ils n'ont aucune idée des essences réelles des substances. Ce n'est que la doctrine des formes substantielles, & la confiance témeraire de certaines personnes destituées d'une connoissance qu'ils prétendoient avoir, qui ont fait fabriquer & ensuite introduire les termes d'*Animalité*, d'*Humanité*, &c. Termes qui néanmoins ont été renfermez dans l'Ecole, & qui n'ont jamais pû être de mise parmi les gens raisonnables.

<hr>

CHAPITRE IX.

De l'Imperfection des Mots.

POUR découvrir la perfection ou l'imper-fection des mots, il est nécessaire d'en con-siderer les deux *usages*. L'un est, d'enrégîtrer ses pensées dans l'esprit. Par là on soulage la mémoire, qui nous fait, pour ainsi dire, parler avec nous-mêmes. Toutes sortes de mots peu-vent servir à cette fin, étant des signes arbitraires, on est libre d'emploier ceux que l'on veut pour s'exprimer à soi-même ses pensées. Et à ce premier égard ils n'auront jamais d'imper-

K

fection,

fection, tant qu'ils feront des fignes conftans de la même idée.

L'autre *ufage* des mots, c'eft de communiquer fes idées aux autres hommes. Cet *ufage* eft ou *civil* ou *philofophique*. L'ufage civil, c'eft exprimer fes penfées de forte qu'on fe faffe entendre dans la converfation ordinaire qui roule fur les affaires de la vie civile. L'ufage philofophique, c'eft n'emploier que des termes qui donnent des notions précifes des chofes, & qui expriment certaines veritez par des propofitions générales. Ces deux ufages font très differens, l'un n'exige pas la même exactitude que l'autre.

Le but de ceux qui parlent c'eft d'être entendus, *c. à. d.* d'exciter dans l'Auditeur les idées qu'on a fixées aux expreffions qu'on emploie. Or fi ces expreffions ont une fignification incertaine & douteufe , & c'eft dans cette fignification douteufe & incertaine que confifte l'imperfection des mots, cette incertitude & ce doute ne procedent pas de leur incapacité à exprimer leurs idées, car pour cet effet ils font tous également parfaits, mais cela procede de l'incertitude & de la confufion même de leurs idées: Confufion & incertitude que doivent par conféquent bien connoitre tous ceux qui veulent parler d'une maniere intelligible, ce qui eft difficile dans les cas fuivans.

I. Lorsque l'idée qu'exprime un mot eft fort complexe, & par cette raifon les noms des modes mixtes font très fujets à avoir une fignification obfcure & incertaine. Les idées qu'ils expriment étant compofées de plufieurs idées compofées elles-mêmes de plufieurs autres, il n'eft pas facile de former ces idées com-

plexes

plexes & de les retenir exactement. Tels font
la plûpart des termes de Morale, ils marquent
rarement les mêmes idées à des perfonnes differentes.

II. Lorsque les idées qu'ils fignifient
n'ont aucune exiftence réelle dans la nature, &
par conféquent aucun modele fixe, fur quoi on
puiffe les regler & les redreffer. Ce cas regarde
encore les noms des modes mixtes, *c. à. d.* de
ces affemblages d'idées que l'efprit a formez à
fa fantaifie. Il eft vrai que d'ordinaire l'ufage
détermine le fens de ces mots, autant qu'il eft
néceffaire pour s'entendre dans la converfation,
mais non pas autant que l'exigeroit un difcours
philofophique; car à-peine y a-t-il une idée
complexe dont l'expreffion n'ait un fens fort
vague dans l'ufage ordinaire, & ne fignifie plufieurs idées differentes.

La maniere dont on apprend ces termes, eft
en partie la caufe de leur fignification obfcure
& douteufe. On apprend aux Enfans les noms
des qualitez fimples & des fubftances, en leur
montrant ces objets, dont ils répétent fouvent
les noms, *blanc, doux, lait, fucre,* &c. Mais
pour les modes mixtes, on leur en enfeigne
premierement les noms, & enfuite ils en ap-
prennent les idées, ou par d'autres, ou par eux-
mêmes. Or comme la plûpart des hommes ne
s'étudient pas à former des notions précifes de
ces modes, il arrive que les expreffions de ces
modes ne font gueres autre chofe dans leur
bouche que des fons vuides de tout fens. Et
parmi ceux qui s'appliquent à fe faire des notions précifes de ces modes, plufieurs y attachent des termes que l'ufage a fixé à d'autres
chofes, ce qui caufe plufieurs difputes.

K 2

III. Lors

III. Lors qu'on rapporte la signification d'un mot à un Archétipe difficile à connoitre. Les noms des substances sont dans ce cas: Etant supposez marquer l'essence réelle, mais à nous inconnue, des substances qu'ils désignent, il est visible qu'on ne peut appliquer leur signification à quelque chose de déterminé. Comment savoir *p. e.* ce qui est *antimoine* & ce qui ne l'est pas, si ce nom marque l'essence réelle de ce corps, laquelle nous est inconnue?

Mais, dira-t-on, Les noms des substances n'auront-ils pas une signification déterminée, si on ne les fait être signes que des qualitez qu'on voit dans les corps? Je reponds que non; car les substances ayant un grand nombre de qualitez, les uns y observent de certaines qualitez que d'autres n'y apperçoivent pas, quoi que personne ne les découvre toutes; & par là il arrive qu'on a sur la même substance des idées differentes, & qu'ainsi la signification des noms de ces substances est très incertaine. Il paroit donc,

I. Que les noms des idées simples sont les moins sujets à être équivoques, 1. Parce que leurs idées n'étant que de simples appercevances, il est plus aisé d'acquerir & de retenir ces appercevances, que des idées aussi composées que le sont celles des substances & des modes; 2. Parce qu'ils ne se rapportent à aucune autre essence qu'à l'appercevance même, qu'ils signifient immédiatement.

II. Que les noms des modes simples, sur tout les noms des nombres & des figures, sont, après ceux des idées simples, les moins sujets à avoir un sens douteux & incertain.

III. Que

III. Q u e les noms des modes mixtes, quand ces modes ne font compofez que d'un petit nombre d'idées familieres, font affez clairs & affez diftinᶜts ; mais qu'ils font incertains & douteux, quand les modes qu'ils expriment contiennent un grand nombre d'idées.

IV. Q u e les noms des fubftances, quand on les emploie dans un ufage philofophique, font très expofez à être douteux ; car ils font fuppofez fignifier des idées qui ne repréfentent ni les effences réelles, ni les juftes images des chofes.

CHAPITRE X.

De l'Abus des Mots.

N ON-SEULEMENT le langage a des imperfeᶜtions naturelles & inévitables, mais on commet plufieurs abus dans l'ufage qu'on fait des mots.

Premier Abus ; O n emploie les mots fans leur attacher aucune idée déterminée, ou ce qui eft pis, on ne les fait repréfentatifs d'aucune chofe que ce foit. Combien n'en ont pas introduit de ce genre les differentes feᶜtes de Philofophie & de Réligion, foit que par là elles euffent envie de fe diftinguer, ou d'appuier quelque opinion bizarre, ou de cacher quelque endroit foible de leur fiftême. De ces termes, qu'on peut nommer *infignificatifs,* font remplis les livres des *Scholaftiques* & des *Métaphificiens.* D'autres n'attachent aucune idée diftinᶜte aux mots que l'ufage a appropriez à des idées,

donc

dont il nous importe d'avoir des connoiſſances claires. Or les notions de ces perſonnes étant ainſi confuſes & incertaines, leurs diſcours ne peuvent être qu'un jargon inintelligible, & ſur tout lors qu'ils traitent des ſujets de Morale, dont les termes dénotent des aſſemblages de pluſieurs idées, leſquels n'ont aucun fondement dans la nature.

Second Abus; On emploie des mots tantôt dans un ſens & tantôt dans un autre. Ce vice eſt ſi ordinaire, qu'il eſt difficile de trouver un diſcours, quel qu'en ſoit le ſujet, où les mêmes mots déſignent conſtamment le même aſſemblage d'idées. Ce procedé, s'il eſt volontaire, ne peut être attribué qu'à une extrême folie, ou qu'à une malice, que je compare à celle d'un homme qui, dans la liquidation de ſes comptes, déſigneroit par un chiffre, tantôt une certaine collection d'unitez, & tantôt une autre.

Troiſiéme Abus; On affecte l'obſcurité, ſoit en attachant à des mots ſurannez des ſignifications nouvelles, ſoit en introduiſant des termes nouveaux & ambigus ſans les définir, ſoit enfin en alliant les mots d'une maniere qui confonde leur ſens ordinaire. Ce n'eſt pas la Philoſophie Scholaſtique ſeule qui s'eſt diſtinguée par ce vice, d'autres ſectes ne peuvent pas s'en juſtifier entierement. Mais on ne ſauroit croire, combien l'art ſi vanté de la diſpute a augmenté les imperfections naturelles au langage. On a fait ſervir cet art à embrouiller la ſignification des mots, plûtôt qu'à découvrir la nature des choſes. Et en effet quiconque jettera les yeux ſur les écrits de ceux qui ſe ſont diſtinguez dans cette ſcience, remarquera aiſément, que leurs expreſſions repréſentent leur penſée d'une maniere plus obcure

re & moins déterminée , que s'ils s'étoient fer-
vis de termes autorifez par l'ufage.

Quatriéme Abus; On croit exprimer la réalité des chofes. Ce vice regarde , en un certain
degré, tous les noms en général , mais particuliérement ceux des fubftances. Par là les Péri-
patéticiens ont pris les *formes fubftantielles,* l'horreur du vuide , &c. pour quelque chofe de réel.
Ceux qui fe préoccupent de quelque fiftême
font les plus fujets à tomber dans ce défaut, ils
fe perfuadent aifément que les termes , qu'em-
ploient ceux de leur fecte , répondent parfaitement à la réalité des chofes.

Cinquiéme Abus; On attache aux termes une
fignification qu'ils ne peuvent pas avoir : Ainfi
quand on affirme ou qu'on nie quelque chofe
touchant les noms généraux des fubftances, connues uniquement par leur effence nominale, on
fuppofe tacitement, que ces mots fignifient l'effence réelle d'une certaine efpece de fubftance :
Par exemple, Quand on affirme que l'*or eft malléable,* on croit exprimer quelque chofe de plus que
cette fimple propofition , *ce que j'appelle or eft
malléable ,* quoi qu'en effet ces mots n'expriment
autre chofe, on veut infinuer de plus que ce qui
a l'effence réelle de l'or eft malléable ; *c'eft-à-
dire,* que la *Malléabilité* eft inféparable de l'effence réelle de l'or & qu'elle en dépend. C'eft là un
abus des mots manifefte ; on ne connoit point
l'effence réelle des corps, cela a été prouvé: Sur
quel fondement donc peut-on fuppofer, que
l'or , dans fon effence réelle, eft malléable. Mais
l'efprit , dans l'ignorance où il étoit de l'effence réelle des corps, a cru y remédier & étendre fes connoiffances , en fuppofant que les
noms des fubftances , lefquels n'en expriment

que

que l'essence nominale, en exprimoient l'essence réelle : Mais par là on augmente l'imperfection des mots, bien loin de la diminuer ; car on les fait être signes d'un *je ne sai quoi*, dont nous n'avons point d'idée, cela ne peut qu'embrouiller leur signification.

On ne croit pas que les *especes* des substances soient changées, bien que diverses personnes fassent entrer des qualitez différentes dans l'idée qu'ils forment de ces especes : Mais au contraire on tient, que si l'on ne fait pas entrer dans la composition d'un mode mixte le nombre précis des idées qui le composent, on constituë une autre *espece* de mode, comme il paroit par la distinction qu'on fait du *meurtre en Parricide, meurtre commis sans dessein*, ou *par dessein, duel*, &c. La raison de ceci est, que les modes mixtes ne se rapportent à aucun Archétipe qui soit hors de nous, car ils sont à eux - mêmes leurs Archétipes ; mais les substances se rapportent à un Archétipe exterieur & supposé immuable. *Par exemple*, Quoi qu'un homme renferme dans l'idée complexe de l'or ce qu'un autre en exclut, & qu'un troisieme y fasse entrer ce qu'un quatriéme n'y sauroit souffrir, pour tout cela on ne croit pas l'essence de l'or ou alterée, ou changée ; car on la rapporte à un Archétipe réel, immuable, & dont dépendent toutes les proprietez de ce métal. Mais, supposer que les noms des substances sont représentatifs d'un *je ne sai quoi* qui est en elles, cela ne peut que nous jetter dans des difficultez insurmontables ; cette supposition est fondée sur l'opinion que toutes les choses, contenues sous le nom de la même *espece*, ont aussi la même constitution interieure & réelle : fausse opinion qui

est

eſt bâtie ſur ces deux fondemens très foibles, 1. Qu'il y a certaines eſſences déterminées, ſelon leſquelles la nature forme toutes les choſes particulieres, en les diſtinguant en differentes eſpeces; 2. Que nous avons l'idée de ces eſſences: Cette opinion l'inſinue, car ſes adhérens recherchent, *p. e.* ſi tel ou tel Etre a l'eſſence réelle de ce que nous appellons l'Homme.

Sixieme Abus; Comme on a attaché de certaines idées à de certains termes, on s'imagine, qu'entre ces termes & ces idées il y a une liaiſon ſi néceſſaire, que ces termes expriment au juſte ces idées ; comme s'il étoit aſſuré, que celui qui parle, & celui qui écoute, ont attaché préciſément les mêmes idées aux mêmes expreſſions. Ainſi encore, on ſe met peu en peine de connoitre le ſens que d'autres ont attaché à leurs expreſſions, on ſuppoſe qu'elles marquent l'aſſemblage précis des idées qu'on y a fixé ſoi-même, & cette ſuppoſition eſt la cauſe de bien des diſputes inutiles. Le terme de *vie* eſt très familier à tout le monde ; il ſe trouveroit peu de perſonnes qui ne priſſent pour un affront la priere qu'on leur feroit, d'expliquer le ſens de cette expreſſion : Mais s'il arrive qu'on mette en queſtion, ſi une telle choſe eſt *en vie* ou non, alors il ſera aiſé de voir qu'une idée déterminée n'accompagne pas toujours l'uſage de ce mot. Cet abus dont je parle eſt plus général que les précédens, bien qu'on y faſſe moins d'attention.

Septieme Abus; Les diſcours figurez. Il eſt vrai, qu'il ſemble qu'on doive les excuſer dans les diſcours qu'on adreſſe au Peuple, & dans ceux où l'on cherche à plaire plûtôt qu'à inſtruire.

ſtruire.   Mais par tout où la vérité eſt intereſ-
ſée, il faut avouer, qu'excepté l'ordre & la net-
teté, tout l'art de la Rhétorique, toutes les Al-
luſions, toutes les diſpoſitions artificielles qu'on
fait des mots ſelon les regles que l'Eloquence a
inventées, tous ces ornemens, dis-je, ne ſervent
qu'à inſinuer de fauſſes idées, qu'à émouvoir les
paſſions, qu'à ſéduire le jugement.   Par conſequent tous ces traits de Rhétorique doivent être
évitez dans les diſcours deſtinez à inſtruire. Ils
n'y peuvent être conſiderez que comme de pures ſupercheries, & comme de grands défauts
& du langage, & de celui qui les met en œuvre.

J'ajouterai ici quelques reflexions ſur
le but que nous devons nous propoſer en parlant aux autres hommes, c'eſt, I. *De leur manifeſter nos penſées:* Nous manquons à ce but, 1.
En nous ſervant de termes auxquels nous n'avons
attaché aucune idée déterminée, 2. En attachant à des termes uſitez des idées qu'ils n'expriment point dans leur uſage arrêté, 3. En leur
faiſant ſignifier tantôt une idée, tantôt une autre. II. *De leur faire connoitre nos penſées avec
toute la promtitude & toute la facilité poſſible:*
Nous péchons à cet égard, quand nous manquons de mots pour exprimer nos idées. Cette
diſette d'expreſſions a pour cauſe, ou la pauvre-
té de la langue qu'on parle, où l'ignorance où
l'on eſt de ſes termes. III. *De donner aux autres
la connoiſſance des choſes ;* ce à quoi nous ne ſaurions parvenir, lorſque nos idées ne s'accordent
pas avec la réalité des choſes.

Donc pour me recueillir : Produire des
mots ſans y attacher d'idée, c'eſt former des ſons
deſtituez de toute intelligence : Avoir des idées
com-

complexes & manquer de termes pour les exprimer , c'eſt pécher contre la promtitude de
l'expreſſion : Faire ſignifier aux mots tantôt
une idée , tantôt une autre , c'eſt le moyen de
n'être pas entendu : Appliquer les mots à d'autres idées qu'à celles que l'uſage leur a adapté,
c'eſt ne donner aucun ſens à ſes paroles , c'eſt
parler jargon : Enfin , avoir ſur les ſubſtances
des idées qui ſoient incompatibles avec l'exiſtence des choſes , c'eſt être deſtitué des matériaux néceſſaires , pour arriver à une connoiſſance certaine , & avoir l'eſprit plein de chi-
meres.

C'eſt par le langage que les hommes s'en-
trecommuniquent leurs découvertes , leurs raiſonnemens , leurs connoiſſances. Ceux donc
qui en font un mauvais uſage bouchent & rompent autant qu'en eux eſt , les canaux par où la
connoiſſance ſe repand parmi les hommes pour
leur bien & pour leur avantage : Mais auſſi ils
n'en bouchent & ils n'en rompent que les canaux , car il eſt hors de leur pouvoir d'en corrompre les ſources. Elles ſont dans les choſes
elles-mêmes. Donc uſer de certains termes ,
ſans y fixer de ſens déterminé , c'eſt ſe tromper
ſoi-même , c'eſt tromper les autres. De telles
gens , ſi tant eſt qu'ils en uſent ainſi de propos
déliberé , ne doivent-ils pas être regardez comme
des ennemis de la vérité & de la connoiſſance ?

En effet , Qu'on jette les yeux ſur les livres
de controverſe , & on y verra que les termes ob-
ſcurs , équivoques , indéterminez , ne produiſent
que des diſputes ſur les mots ſans jamais convaincre & éclairer l'eſprit ; & cela doit arrriver
ainſi ; car ſi celui qui parle & celui qui écoute

une

ne conviennent pas du sens d'un terme , leur
dispute ne roule plus sur les choses , elle ne peut
être que sur les mots.   Et je souhaiterois bien ,
qu'on voulût examiner avec attention , si la plûpart des disputes qui partagent les hommes ne
roulent pas sur les mots, & si elles ne s'éva-
nouiroient pas supposé que l'on fut soigneux de
définir les termes qu'on employe , & attentif à
ne leur faire signifier que l'idée particuliere qu'ils
désignent.

CHAPITRE XI.

Remedes contre les Imperfections & les Abus du Langage.

I. ON ne devroit jamais employer de terme
sans y attacher quelque idée. Cette regle
ne paroitra pas inutile à quiconque se rappellera,
combien de fois il a vû employez des mots ,
comme ceux d'*instinct*, de *sympathie*, d'*antipathie*,
&c. d'une maniere qui prouve , que ceux qui
s'en servent n'ont dans l'esprit aucune idée précise.

II. C ɛ s idées qu'on attache aux mots devroient toujours être déterminées.   Les idées
complexes ont cette qualité , lors qu'on connoit
les idées particuliéres qui les composent ; & si
ces idées particulieres en renferment d'autres
plus particulieres , qu'on les distingue encore,
jusqu'à-ce qu'on soit parvenu à leurs idées simples.   Pour les idées des substances , il ne suffit

pas

pas qu'elles soient diſtinctes , il eſt requis de plus qu'elles soient conformes à l'exiſtence réelle des choſes.

III. Autant qu'il eſt poſſible , on devroit fixer aux mots les idées qu'ils ſignifient dans l'uſage ordinaire. Aucun homme n'étant le maître abſolu des langues , de celles, ſur tout, qui font déja formées, perſonne ne peut avoir, ni le droit de détourner l'uſage des mots , ni celui de leur faire ſignifier l'idée qu'il veut. On doit adapter ſon langage à celui qui fait la regle de la communication qui eſt entre les hommes. Et ſi la néceſſité oblige de faire ſignifier à quelque mot une idée que l'uſage ne lui a pas aſſignée , on eſt obligé d'en donner avis : par conſéquent ,

IV. Lors que l'uſage a negligé de certains mots , enſorte qu'ils n'ont qu'une ſignification vague, incertaine , ou lors qu'on les emploie dans un ſens particulier , ou enfin lors qu'ils ſont équivoques & ſujets à être mal interprétez ; dans tous ces cas , dis-je , il eſt néceſſaire de les définir & enſuite de fixer leur ſens.

Il y a des mots , qu'on ne peut pas définir, parce qu'ils ſignifient des qualitez ſimples. On doit en faire connoitre le ſens , ou par des termes ſynonimes , ou en nommant le ſujet où ſe trouvent ces qualitez , ou en préſentant aux ſens de celui à qui on veut les faire connoitre le ſujet qui les renferme. Mais les modes mixtes , on peut les définir avec la derniere juſteſſe , en faiſant le dénombrement des idées qui les compoſent. Il importe extrêmement que les définitions des modes mixtes, qui regardent les ſujets de morale , ſoient exactes ; car ce

n'eſt

n'eſt que par leur définition qu'on peut en repréſenter le ſens ; mais auſſi on peut le faire
d'une maniere ſi préciſe , qu'on ne laiſſe aucun
lieu , ni au doute , ni à la chicane.

Pour faire connoitre ce que ſignifient les
noms des ſubſtances , il faut très ſouvent recourir aux deux voies dont je viens de faire mention , c'eſt de montrer les ſubſtances qu'ils expriment , & de les définir ; or elles ne ſauroient
mieux être définies que par leurs qualitez diſ-
tinctives : Dans les Animaux, c'eſt la figure;
dans les corps inanimez , c'eſt la couleur ; & dans
quelques-uns , c'eſt la figure & la couleur tout
enſemble. Cependant le meilleur & peut-être
l'unique moien pour donner à connoitre les
qualitez d'une ſubſtance, c'eſt de les montrer ;
des paroles n'imprimeront jamais dans l'eſprit
une idée auſſi parfaite de la figure d'un *cheval*
ou d'un *ſinge*, que la vuë de ces Animaux ; &
aucune deſcription de l'or ne nous donnera jamais une idée juſte de la couleur & de la pe-
ſanteur particuliere de l'or , ce n'eſt que par
une fréquente habitude à conſiderer ce métal
que l'on peut ſe repréſenter ces deux qualitez.

Mais comme la plûpart des qualitez ſimples, qui compoſent nos idées ſpécifiques des
ſubſtances, conſiſtent en des puiſſances leſquelles
nos ſens ne peuvent pas découvrir immédiatement ; je penſe, qu'on repréſente mieux une
partie de la ſignification des noms des ſubſtances , en faiſant l'énumeration de leurs qualitez, qu'en préſentant aux ſens la ſubſtance où
elles ſont. Celui à qui on aura dit que l'or eſt
ductile , fuſible , fixe , & peut-être diſſous dans

l'eau

l'eau régale, aura , par cette defcription , une idée plus parfaite de ce métal, que s'il avoit vû fimplement une piéce d'or, par où il n'en auroit obfervé que les qualitez les plus ordinaires.

Il feroit à fouhaiter qu'on repréfentât par de petites tailles-douces la fignification des termes qui expriment des chofes que l'on diftingue par la figure extérieure. Selon moi un Dictionnaire, fait fur ce plan, enfeigneroit plus facilement la jufte fignification d'un grand nombre de termes, & fur tout de ceux des pays ou des fiécles fort éloignez, & fixeroit de plus juftes idées d'un grand nombre de chofes, dont nous lifons les noms dans les anciens Autheurs Grecs & Latins, que tous les vaftes & laborieux commentaires des plus favans Critiques. Les Naturaliftes ont fort bien compris l'avantage de cette Méthode; & quiconque les a confultez avouera ingénument, qu'il a eu une idée plus claire de l'*ache* & de la *patience,* en voyant la figure de ces herbes, que par une longue définition. De même, on auroit une idée plus diftincte de ce qu'on appelle *ftrigilis* & *fiftrum,* dont on rend la fignification dans quelques Dictionnaires par les mots d'*étrille* & de *cimbale,* fi l'on voyoit à la marge des petites figures de ces inftrumens, tels qu'ils étoient en ufage parmi les Anciens.

V. Lors qu'on parle ou qu'on écrit pour inftruire, ou pour convaincre quelqu'un , on devroit employer conftamment le même terme dans le même fens. Si l'on s'étoit conformé à cette regle, ce qu'aucun homme fincere n'oferoit refufer , combien de differtations ,

tions, qui n'auroient jamais paru ? Combien de controverses, qui s'en seroient allées en fumée ? Combien de grands volumes remplis de mots ambigus, pris tantôt dans un sens, tantôt dans un autre, qui seroient reduits à de très petits abregez ? Et combien d'ouvrages de Philosophie, pour ne parler que de ceux-ci, qui pourroient être renfermez, de même que les Ouvrages des Poëtes, dans une coquille de noix.

Fin du Troisieme Livre.

LIVRE

LIVRE QUATRIEME.

CHAPITRE I.

De la Connoissance en général.

’ESPRIT ne peut avoir pour objet de ses pensées & de ses raisonnemens que ses idées propres. Il est donc évident, que c’est sur nos idées que doivent rouler toutes nos connoissances ; & il semble que *connoitre*, ne soit qu’*appercevoir ou le rapport ou l’opposition de quelques-unes de nos idées* : Ainsi connoitre que le blanc n’est pas noir, ce sera appercevoir l’opposition qu’il y a entre le blanc & le noir, & connoitre que les trois angles d’un triangle sont égaux à deux droits, ce sera appercevoir le rapport nécessaire de deux angles droits aux trois angles d’un triangle. Sur ces principes, on a une connoissance certaine quand on apperçoit le rapport de ses idées. Sans cette perception nos pensées ne peuvent être que *créance*, que *conjecture*, qu’*imagination*, mais jamais connoissance certaine.

L   A F I N

Afin qu'on puiſſe connoitre plus au juſt; ce que c'eſt qu'appercevoir le rapport ou l'oppoſition de ſes idées, il faut diſtinguer quatre eſpeces d'oppoſition & de rapport. Rapport & oppoſition d'*identité* & de *diverſité*, de *rélation*, de *co-exiſtence*, d'*exiſtence réelle*.

Le premier acte de l'eſprit eſt d'appercevoir ſes idées, & quand il les a apperceues, de connoitre ce que chacune eſt, & par cette connoiſſance, de découvrir leur difference, *c. à. d.* de juger que l'une n'eſt pas l'autre. Par cet acte, l'eſprit apperçoit non ſeulement que chaque idée eſt ce qu'elle eſt, mais de plus que les idées qui different entr'elles ne peuvent pas être les mêmes. L'eſprit porte ce jugement ſans peine, ſans déduction de preuves; c'eſt là le droit de ſa puiſſance d'appercevoir ſes idées & de les diſtinguer. Les *Logiciens* ont crû que l'eſprit n'exerçoit cet acte que par le ſecours de ces regles générales, *ce qui eſt, eſt: Il eſt impoſſible qu'une choſe ſoit, & ne ſoit pas en même tems.* Mais ils l'ont cru ſans raiſon: Y a-t-il quelque *maxime*, quelque *axiome*, qui puiſſe nous apprendre que le rond n'eſt pas quarré, avec plus de certitude que fait la perception immédiate de l'incompatibilité des idées de *rond* & de *quarré* ?

Il y a une ſeconde eſpece de perception, & que j'appelle *rélative*, qui regarde le rapport ou l'oppoſition qu'on découvre entre quelques-unes de ſes idées, ſuivant qu'on les compare par differentes faces.

Il y a 30. perception du rapport & de l'oppoſition de ſes idées, entant que conſiderées comme repréſentatives des qualitez qui co-exiſtent dans les corps; ceci ſe rapporte principalecipalement aux substances. *Par exemple*, Quand j'affirme que l'or est fixe, je n'assure autre chose sinon que la fixation de ce corps, ou la proprieté qu'il a de demeurer dans le feu sans y être consumé, co-existe toujours avec les autres qualitez qui composent nôtre idée complexe sur l'or, ce sont une certaine *pesanteur* & *couleur*, la *fusibilité*, &c.

Enfin, il y a perception du rapport & de l'opposition de quelques-unes de ses idées à l'existence réelle des choses. Ce sont là les quatre especes de rapports & d'oppositions que l'esprit découvre entre ces idées, & que je suppose renfermer toutes nos connoissances, tant celles que nous avons, que celles que nous pouvons avoir : du moins ne conçois-je pas qu'on puisse rien connoitre sur une idée, ni en rien affirmer, sinon, 1. Qu'elle est la même qu'elle étoit autrefois, & qu'elle differe de toute autre ; 2. Qu'elle a telles & telles rélations avec une autre ; 3. Qu'elle est représentative de qualitez qui co-existent ou qui ne co-existent pas dans un même sujet ; 4. Que son Archétipe existe réellement hors de nous.

Comme l'esprit connoit la vérité en deux manieres differentes, il y a aussi deux differentes especes de connoissance, l'une *actuelle*, l'autre *habituelle*. *Connoissance actuelle*, c'est consentir à une proposition ou la nier, parce qu'on en apperçoit actuellement ou la vérité ou la fausseté. *Connoissance habituelle*, c'est tenir une proposition pour vraie ou pour fausse, parce qu'on est assuré d'en avoir eu les preuves autrefois.

Or

Or cette connoiſſance habituelle eſt de deux eſpeces ; Dans l'une, en même tems qu'on ſe rappelle une propoſition, on découvre auſſi les rapports de toutes les idées qui la compoſent : Dans l'autre, on ne rappelle pas ces preuves, mais on ſe ſouvient de les avoir connues autrefois. De cette ſeconde maniere un homme peut connoitre que les *trois angles d'un triangle ſont égaux à deux droits* ; car peut-être que les preuves ſur leſquelles il a cru cette propoſition veritable ſe ſont échapées de ſon eſprit : Il ne conſent plus à cette propoſition, en conſéquence des preuves qui l'établiſſent, mais en conſéquence de la certitude où il eſt de les avoir apperçues autrefois. L'immutabilité des mêmes rapports entre les mêmes choſes immuables, eſt à-préſent la ſeule raiſon qui lui prouve, que ſi les trois angles d'un triangle ont été une fois égaux à deux droits, ils le ſeront toujours de même.

CHAPITRE II.

Des Degrez de nôtre Connoiſſance.

La connoiſſance conſiſtant dans la perception du rapport & de l'oppoſition de ſes idées, on peut, ce ſemble, conclurre que nôtre connoiſſance doit être claire & obſcure, ſelon la clarté & l'obſcurité de cette perception.

Le plus haut degré de connoiſſance eſt, lorſque l'eſprit apperçoit immédiatement le rapport & l'oppoſition de quelques idées. J'appelle cette perception du nom de *connoiſſance*
im-

immediate ou *de ſimple vuë* : Par elle on connoit que le blanc n'eſt pas noir, que deux ſont moins que trois, *&c.* Cette connoiſſance immédiate a une force irreſiſtible ; ſemblable à l'éclat d'un beau Soleil, elle ſe fait voir immédiatement dès que l'eſprit y tourne la vuë : C'eſt d'elle que dépendent la certitude & la clarté de toutes nos autres connoiſſances.

L E ſecond degré de connoiſſance eſt , lors que ne pouvant pas arranger ſes idées, de ſorte qu'on en découvre immédiatement les rapports & les oppoſitions , on eſt obligé de chercher ces oppoſitions & ces rapports, par l'entremiſe d'une troiſieme idée ; c'eſt ce qu'on appelle *connoitre par raiſonnement* : De cette maniere on connoit , *p. e.* qu'il y a un rapport d'égalité entre les trois angles d'un triangle & deux angles droits ; car nous n'aurions jamais eu connoiſſance de ce rapport par une vuë immédiate , ou en comparant ces angles par nos yeux. Ces idées moiennes , qui découvrent les rapports de deux idées, ſont appelées des *preuves* : La perception claire de ces rapports, laquelle on découvre par ces preuves , eſt appellée *démonſtration* : Et la promtitude d'eſprit à inventer des preuves & à s'en ſervir à propos , eſt , à mon avis , ce qu'on nomme *Sagacité.*

E N T R E la connoiſſance par ſimple vuë, & la connoiſſance par démonſtration, il y a ces deux differences : I. Bien que la derniere ſoit certaine , cependant elle n'eſt pas auſſi évidente que la premiere ; car afin de découvrir des rapports qu'on n'apperçoit pas immédiatement , il faut de l'application , & ce n'eſt que par une progreſſion de degrez inſenſibles , qu'on peut arriver à cette découverte. II. La connoiſſance par démonſtration eſt toujours précédée de quelque doute , mais la connoiſſance immédiate l'exclut entierement. Tout homme qui jouït de la faculté de la perception dans un degré aſſez conſiderable pour avoir des idées diſtinctes, n'a pas de meilleure raiſon pour douter des veritez qu'il connoit immédiatement, qu'il n'en auroit pour mettre en queſtion ſi ce papier & cette encre ne ſont pas de même couleur.

A F I N qu'une démonſtration ſoit juſte , il faut , qu'à chaque pas qu'on fait , on apperçoive immédiatement le rapport & l'oppoſition entre ſes idées , & l'idée moienne la plus prochaine , dont on ſe ſert comme de preuve ; autrement cette preuve auroit beſoin d'une autre preuve , & on n'arriveroit jamais à la connoiſſance ; car ſans une perception immediate nos penſées ne ſont que doute & conjecture. Donc chaque pas , chaque degré dans la démonſtration , doit être apperçu immediatement. Donc une telle perception , tant qu'on ſe ſouvient de l'avoir eüe , produit une certitude immédiate. Mais en vuë de découvrir cette certitude dans chaque pas qu'on fait dans une démonſtration , il faut uſer d'une méthode très exacte, & être bien aſſuré qu'on a parcouru toutes les parties du ſujet qu'on veut démontrer; or comme il eſt difficile que l'eſprit retienne toutes ces parties dans de longues diſcuſſions , on voit que la démonſtration le cede à la connoiſſance immédiate ; auſſi arrive-t-il ſouvent qu'on embraſſe les fauſſetez pour des démonſtrations.

C'e s t une opinion généralement reçûe que les Mathematiques ſeules ſont capables de démonſtration. Mais pourquoi ce privilege ſeroit-il particulier aux idées des nombres , de

l'éten-

l'étenduë & de la figure? On parvient à la démonstration, toutes les fois que, par une troisieme idée, on apperçoit immédiatement le rapport & l'opposition de deux idées; Or cette perception immédiate, se termine-t-elle aux idées
des figures, des nombres, de l'étenduë & de leurs
modifications? Il est bien vrai, & c'est peut-être
ce qui a fait supposer que les sujets de Mathématique étoient seuls capables de démonstration, il est vrai, dis-je, que ces sujets sont plus
faciles à démontrer que ceux qui regardent d'autres matieres. La différence & l'égalité entre
les nombres, les figures, & l'étenduë, est très
facile à distinguer; & si même il est difficile
d'appercevoir de la difference entre deux corps
& deux figures d'une grosseur presque égale, cependant on a trouvé les moyens pour mesurer
au juste l'égalité ou la différence de deux angles,
de deux figures, & de deux corps dissemblables;
les modifications des figures ont néanmoins cet
avantage sur celles de l'étenduë, qu'on peut les
tracer par des marques durables. Pour les modifications des nombres, elles sont infiniment
distinctes; & d'ailleurs on peut les tracer de même que celles des figures. Cette facilité de distinction n'a pas lieu à l'égard des idées dont les
différences se réglent par des degrez, comme
sont les idées des qualitez sensibles. Ces idées
ne sont que des appercevances excitées par la
grosseur, par la figure & le mouvement des
parties insensibles de la matiere: Donc la diversité de degrez dans ces idées dépend de la
co-opération diverse de toutes ces causes ensemble, ou de quelques-unes seulement: Donc
on ne peut avoir de régles pour juger de la
différence précise de deux degrez approchans,

L 4

comme

comme ſeroit de bl ancheur; car on ignore l'action qui eſt néceſſaire aux parties imperceptibles de la matiere, pour qu'elles produiſent une telle blancheur préciſe. Nous n'avons que les ſens pour juger des degrez de nos idées ſimples; or ils ne peuvent pas nous faire diſtinguer deux degrez approchans, *par exemple*, de blancheur. Mais lors que les corps excitent eh nous des appercevances auſſi diſtinctes que l'eſt, *par exemple*, le *bleu*, & le *rouge*, alors, dis-je, ces idées ſont auſſi capables de démonſtration que celles des nombres & de l'étenduë : Et ce que je viens de dire des couleurs eſt vrai à l'égard de toutes les qualitez ſenſibles.

AINSI, *connoitre immédiatement & connôitre par démonſtration*, ce ſont les ſeuls moyens pour arriver à la certitude, ſi tant eſt qu'il s'agiſſe d'idées abſtraites & générales; car la perception de cette eſpece d'idées n'eſt pas la ſeule dont l'eſprit ſoit capable, il en a une autre, & qui regarde l'exiſtence des Etres finis & corporels. Cette autre perception paſſe ſous le nom de connoiſſance; &, en effet, elle va plus loin que la probabilité, bien qu'elle n'ait pas toute la certitude de la connoiſſance, ou immédiate, ou démonſtrative.

NOUS avons des idées qu'ont excité en nous les objets extérieurs, cela eſt inconteſtable. Nous en avons une connoiſſance immédiate : Mais de cela ſeul que nous avons ces idées, pouvons-nous inférer qu'il y a hors de nous des objets tels qu'elles les repréſentent; c'eſt ce que pluſieurs perſonnes mettent en queſtion, parce, diſent-ils, qu'il n'eſt pas impoſſible qu'on ait les idées de choſes qui n'exiſtérent jamais, & qui n'affectérent jamais les ſens; néanmoins je
ſuis

ſuis perſuadé que, touchant l'exiſtence des objets exterieurs, nous avons un degré de certitude qui s'éleve au deſſus du doute ; car il n'y a
perſonne qui ne ſoit invinciblement convaincu,
que la perception qu'il a du Soleil, lors qu'il le
voit en effet, eſt très différente de celle qu'il en
a, lors qu'il le voit en ſonge.

J'ADMETS donc ces trois différentes eſpeces
des connoiſſances, *connoiſſance immédiate, connoiſſance démonſtrative & connoiſſance ſenſitive;* cette
derniere eſt fondée ſur ce que nous avons le
ſentiment interieur des idées qu'ont excité en
nous les objets exterieurs.

MAIS, dira-t-on, ſi nôtre connoiſſance n'a
de fondement que dans nos idées, ne s'enſuit-il
pas, qu'elle doit leur être conforme, que par
conſéquent elle doit être claire ou obſcure, diſtincte ou confuſe, ſuivant qu'il y aura de clarté
ou d'obſcurité dans les idées ? Je réponds que la
connoiſſance n'étant que la perception du rapport & de l'oppoſition de quelques idées, elle
doit être claire ou obſcure, diſtincte ou confuſe, ſelon qu'il y a de clarté ou d'obſcurité dans
cette perception, & non pas ſelon que les idées
elles-mêmes ſont claires ou obſcures. Un homme peut avoir une idée claire des trois angles
d'un triangle, & de deux angles droits, & cependant ne connoitre que fort confuſément
que les trois angles du triangle ſont égaux à
deux droits. Mais il eſt à remarquer, que des
idées obſcures & confuſes ne peuvent jamais
produire une connoiſſance claire & diſtincte ;
c'eſt que l'eſprit ne peut pas appercevoir ſi elles
conviennent ou ſi elles ne conviennent pas entr'elles, ou pour m'exprimer en d'autres termes,
quand on n'a pas attaché des idées préciſes
aux

aux mots dont on ſe ſert, on ne ſauroit former des propoſitions de la certitude deſquelles on puiſſe être aſſuré.

CHAPITRE III.

De l'étenduë de nos Connoiſſances.

DES principes que je viens de poſer ſur la connoiſſançe il s'enſuit,

I. Que nôtre connoiſſance ne s'étend point au delà de nos idées.

II. Qu'il nous eſt impoſſible de rien connoitre, ſi nous n'appercevons pas quelque rapport & quelque liaiſon entre quelques idées, ou immédiatement, ou par démonſtration, ou par ſenſation.

III. Qu'il eſt au deſſus de nôtre portée d'avoir une connoiſſance de ſimple vuë ſur tout ce que nous ſouhaiterions de connoitre touchant nos idées ; c'eſt qu'il nous eſt impoſſible d'appercevoir immédiatement tous leurs rapports. J'ai une idée claire de deux différens corps ; cependant, à cauſe de leur figure diſſemblable, je ne puis, ni les comparer au juſte, ni par conſéquent découvrir immédiatement leurs groſſeurs différentes.

IV. Que la connoiſſance par démonſtration ne peut pas s'étendre auſſi loin que nos idées ; car il eſt impoſſible de trouver toûjours une troiſiéme idée, par laquelle on puiſſe, dans toutes les parties d'une diſcuſſion, découvrir immédiatement les rapports & les oppoſitions de deux idées différentes.

V. Que

V. Q u e la connoiſſance par ſenſation eſt moins étenduë que les deux autres ; car elle n'a d'autre objet que l'exiſtence des choſes qui affectent actuellement les ſens.

VI. Q u e par conſéquent nos connoiſſances n'ont pas autant d'étenduë que la réalité des choſes & que le nombre de nos idées. Quoique nous aions, *par exemple*, les idées d'un *quarré*, d'un *cercle*, & d'*égalité*, il ſera, peut-être, que nous ne pourrons jamais découvrir la *quadrature du cercle*. De même, nous avons les idées de la matiere & de la penſée ; mais quoique je prouve dans le *Chap* X. de ce *Livre* IV. que la matiere ne peut pas être le premier Etre penſant, parce que de ſa nature elle eſt viſiblement deſtituée de ſentiment, peut-être néanmoins qu'il nous ſera éternellement impoſſible de connoitre ſi D i e u n'a point donné à quelques amas de matiere, diſpoſez d'une certaine façon, la puiſſance de penſer.

O n ne peut affirmer aucune choſe ſur ſes idées, ni en rien nier, qui ne ſe rapporte ou à leur identité & diverſité, ou à leurs rélations, ou à la co-exiſtence des qualitez des corps qu'elles repréſentent, ou à l'exiſtence réelle de ces mêmes qualitez. Voions juſqu'où s'étendent nos connoiſſances dans chacun de ces articles.

I. S u r l'*identité* & la *diverſité* de nos idées, nôtre connoiſſance s'étend auſſi loin que nos idées mêmes. Nous n'en ſaurions avoir aucune, ſans appercevoir immédiatement qu'elle eſt ce qu'elle eſt, & que par conſéquent elle differe de toute autre.

II. S u r leurs *rélations*, & c'eſt ici le plus vaſte champ où nôtre connoiſſance peut s'exercer, ſur cet article, dis-je, il eſt difficile de déter-

miner

miner juſqu'où nos connoiſſances peuvent s'é-
tendre ; car les progrès, qu'on peut y faire, dépendent de la ſagacité des hommes à inventer
des preuves qui manifeſtent le rapport ou l'oppoſition de nos idées. Ceux qui ignorent l'Al-
gebre ne ſauroient s'imaginer quels Problemes
étonnans on peut réſoudre par cette ſcience.
Et je n'oſerois pas nier, que quelque eſprit pénétrant ne püiſſe encore inventer des moiens
de perfectionner les autres parties de nôtre connoiſſance.

I c i, je ne puis pas m'empêcher d'obſerver,
que ce n'eſt pas ſeulement les ſujets de Mathématique que l'on peut démontrer. Je ſuis très
convaincu qu'on pourroit démontrer les ſujets
de Morale, *c'eſt-à-dire*, cette partie de nos connoiſſances, qui doit être l'objet le plus impor-
tant de nôtre étude, ſi les préjugez, ſi les paſſions & un vil interêt ne s'oppoſoient pas à un
travail de cette nature, à nous auſſi utile que
néceſſaire. L'idée d'un Etre ſuprême, infini en
bonté & en ſageſſe, qui nous a formé de rien, de
qui nous dépendons, cette ſeule idée, dis-je,
étant rapportée à nous-mêmes, qui ſommes des
Créatures revêtues des facultez de concevoir &
de raiſonner, ſuffiroit pour établir des fondemens de nos devoirs ſi ſolides, & des régles de
nôtre conduite ſi juſtes, que par là on pourroit
placer la Morale au rang des Sciences capables
de démonſtration : Et en effet, pourquoi, touchant les véritables régles du *juſte* & de l'*injuſte*,
ne pourroit-on pas déduire des conféquences
auſſi néceſſaires que le ſont les conféquences des
Mathématiques ; ſi on ne l'a pas fait, c'eſt qu'on
ne s'y eſt pas appliqué avec le même deſinte-
reſſement & la même attention d'eſprit, avec laquelle

quelle on s'eft attaché à difcuter les Sujets des Mathématiques. *Il ne peut y avoir d'injuftice, là où il n'y a point de proprieté* ; cette propofition n'eft-elle pas auffi évidente qu'aucune démon-ftration d'Euclide ? Le mot de *proprieté* marque le droit à quelque chofe, celui d'*injuftice* marque la violation de ce droit ; or ces idées étant ain-fi déterminées, & ces noms leur étant attachez, ne puis-je pas m'affurer de la vérité de cette maxime de droit, auffi bien que de la vérité de cet axiome de Mathématique, *les trois angles d'un triangle font égaux à deux droits.* Autre propofition d'une égale certitude; *Nul Gouverne-ment n'accorde une abfolue liberté :* L'idée de *Gouvernement* marque qu'une Societé a établi de certaines loix, fur lefquelles doivent regler leurs actions ceux qui la compofent; l'idée d'une *liberté* abfolue défigne le droit de faire ce qu'on veut ; donc cette propofition n'eft-elle pas auffi certaine qu'aucune des Mathématiques ?

Ce qui a fait croire les fujets de Mathéma-tiques plus capables de démonftration que ceux de Morale, c'eft 1. Qu'on peut tracer les premiers par des marques qui étant fenfibles ont avec eux un rapport plus proche que tous les mots & tous les fons imaginables: Un trian-gle tiré fur le papier eft une copie très exacte de l'idée que nous en avons, & elle n'eft point fujette à l'incertitude de la fignification des mots. Mais les fujets de morale ne peuvent pas être repréfentez par des marques fenfibles ; on ne peut les faire connoitre que par des mots. Il eft vrai que ces mots font les mêmes tant qu'ils demeurent écrits fur le papier, mais leurs idées peuvent varier dans le même homme ; & d'autre côté, il eft rare qu'elles foient les mêmes

en differentes perfonnes. 2. Les fujets des Mathématiques font plus capables d'une démonftration aifée & facile que ceux de morale, parce
qu'ils ne font pas auffi compofez que ces derniers. Les fujets de Morale, à caufe du grand
nombre d'idées qui les compofent, font expofez
à deux inconvéniens très facheux. *L'un*, qu'on
ne convient que rarement des idées précifes que
repréfentent les termes de Morale; par là ces
mots deviennent ambigus, ou fujets à ne pas repréfenter conftamment la même idée, foit qu'on
s'entretienne avec d'autres perfonnes, foit qu'on
médite en foi-même. *L'autre*, qu'il eft impoffible de retenir affez bien l'affemblage de ces
idées, pour examiner tous leurs rapports & toutes leurs oppofitions: Cet inconvénient eft bien
dangereux, quand il faut faire de longues déductions de raifonnement, & qu'il faut recourir
à l'entremife de plufieurs idées complexes, afin
de connoitre fi deux idées très éloignées conviennent, ou ne conviennent pas entr'elles.

On remédieroit néanmoins à une partie de
ces inconveniens, fi on manifeftoit par des définitions l'affemblage des idées fimples que renferme chaque terme, & fi l'on défignoit invaria-
blement le même affemblage par la même expreffion.

III. Nous avons une troifiéme fource de
connoiffance, dans la perception de la co-exiftence de certaines qualitez dans un même fujet.
De cette perception, laquelle néanmoins eft
fort bornée, nous vient la plus importante
partie de nos connoiffances fur les corps; &
de fait, nos idées des fubftances n'étant, comme j'ai fait voir, que des affemblages de certaines qualitez fimples, lefquelles nous obfer-

vons

vons exiſter dans un même ſujet, quand nous voulons connoitre plus particuliérement telle ou telle ſubſtance, que pouvons-nous faire que rechercher ſes propriétez, ſes puiſſances, ou, ce qui vient au même, que rechercher ſi quelques autres puiſſances, quelques autres propriétez, exiſtent avec celles qui compoſent l'idée complexe que nous en avons actuellement. Il nous eſt impoſſible, par nos idées, de découvrir quelles ſont les proprietez, les puiſſances qui ont entr'elles une union & une incompatibilité manifeſte ; ces puiſſances n'étant que des ſecondes qualitez, leſquelles émanent des qualitez premieres, qui ſont les parties inſenſibles de la matiere, & peut-être quelque choſe qui eſt encore plus éloigné de nôtre compréhenſion, comment peut-on connoitre que deux puiſſances, deux qualitez ont entr'elles une union ou une oppoſition néceſſaire ?

Mais ſuppoſé qu'on connut les qualitez premieres, cependant on ignore leur liaiſon avec les qualitez ſecondes qu'elles produiſent. Nous ſommes ſi éloignez de connoitre la groſſeur, la configuration, & le mouvement néceſſaire aux parties d'un corps, pour exciter en nous le ſentiment de la couleur jaune, du gout de douceur, du ſon aigu, qu'il nous eſt même impoſſible de concevoir comment aucune groſſeur, aucune configuration & aucun mouvement, peuvent produire le ſentiment d'une certaine couleur, d'un certain gout & d'une certaine ſenteur.

L'Experience eſt donc le ſeul moyen pour connoitre quelles ſont les qualitez ſimples qui co-exiſtent dans un ſujet. A la verité, quelques-unes des qualitez premieres ont entr'elles une liaiſon néceſſaire, la *figure* p. e. ſuppoſé

l'étendue,

l'étendue, & la *communication du mouvement par l'impulsion* suppose la *solidité*, mais on ne sauroit se convaincre de la co-exiftence des qualitez indépendantes les unes des autres, qu'autant que l'experience nous en apprend. On sait, parce qu'on l'a éprouvé, que l'or eft fixe, qu'il eft fusible, maliéable, de couleur jaune, fort pesant, *&c.* mais ces qualitez ne dépendent pas les unes des autres; on ne sauroit donc prouver que là où il s'en trouve quatre, la cinquieme doive s'y rencontrer aussi; cela eft fort probable, il eft vrai, mais le plus haut degré de probabilité n'emporte jamais de certitude, sans quoi il ne peut y avoir de connoiffance. Je conclus donc qu'on ne peut être affuré de la co-exiftence des qualitez indépendantes les unes des autres, qu'autant qu'on l'apperçoit; Or on ne peut l'appercevoir dans les sujets particuliers que par les sens, & dans les sujets généraux que par la liaison des idées.

Q u a n t à l'incompatibilité des qualitez premieres ou originelles dans un même sujet, nous connoiffons, avec certitude, qu'un sujet ne peut avoir de chaque espece des qualitez premieres & originelles qu'une seule à la fois, ou pour m'exprimer en d'autres termes, nous concevons très clairement qu'un même sujet ne peut pas renfermer diverses choses de même espece; une certaine figure ne peut pas subfifter avec une autre figure, & une étendue particuliere exclut toute autre étendue. Ce que je dis des qualitez des corps lesquelles font de même espece, je le dis aussi des idées sensibles particulieres à chaque sens; aucun corps ne peut exciter en même tems deux odeurs differentes ou deux couleurs contraires.

P o u r

Pour ce qui regarde la puiſſance des corps, ſujet qui fait une grande partie de nos recherches, & qui n'eſt pas une branche peu conſiderable de nos connoiſſances, ſur cette matiere, dis-je, je doute que nôtre ſavoir ait des bornes plus étendues que nôtre experience; car la texture & le mouvement des parties des corps, ce en quoi conſiſte leur puiſſance, nous eſt entierement caché. Nous devons nous en tenir ſur cet article à ce que nous en ſavons par l'experience. Et qu'il ſeroit à ſouhaiter qu'on eut porté la *Philoſophie expérimentale* plus loin qu'on n'a fait! Nous voyons combien les travaux généreux de quelques perſonnes ont ajouté de lumiéres à nos connoiſſances Phyſiques : Si tous les Philoſophes, & ſur tout les *Chymiſtes*, qui prétendent perfectionner cette partie de nos connoiſſances, avoient été auſſi exacts dans leurs obſervations & auſſi ſinceres dans leurs rapports que devroient l'être des gens qui ſe diſent Philoſophes, nous connoitrions beaucoup mieux les corps & leurs puiſſances & opérations.

IV. La derniere ſource de connoiſſance, c'eſt la perception de l'exiſtence réelle des choſes; or je tiens que ſur nôtre exiſtence nous avons une *connoiſſance immédiate*, ſur l'exiſtence de Dieu une *connoiſſance démonſtrative*, & ſur l'exiſtence des objets qui agiſſent ſur nos ſens une *connoiſſance ſenſitive*.

Par ce que j'ai dit, on voit qu'on peut réduire les cauſes de nôtre ignorance à ces trois principales, 1. le *manque d'idées*, 2. *l'impoſſibilité de découvrir les rapports de celles que nous avons*, 3. *le défaut d'attention & de travail*.

Nous ignorons donc un grand nombre de choſes, parce que nous n'en avons point d'idées.

M

Nos

Nos ſens , & le ſentiment interieur de nôtre eſprit ſur ſes opérations , ſont les ſeuls canaux
par où nous recevons des idées ſimples : or quel
rapport de ces canaux étroits à la vaſte étendue
des Etres ! Il n'y a perſonne qui ne ſente invinciblement qu'on feroit des découvertes plus
conſiderables dans la nature , ſi on pouvoit la
découvrir d'une maniere plus parfaite. J'oſe
dire , qu'entre ce que nos facultez nous découvrent dans le monde des eſprits & dans celui
des corps , & ce qu'une obſcurité impénétrable
nous cache & des uns & des autres , il n'y a
point de proportion. Ce que nous en connoiſſons par les yeux & par la penſée , n'eſt qu'un
point , n'eſt preſque rien, en comparaiſon de ce
qui échape à nos connoiſſances.

N o u s manquons d'un bon nombre d'idées
que nous pourrions avoir ; & c'eſt là une autre
cauſe très conſiderable de nôtre ignorance , &
par où nous ignorons des veritez dont nous
ſommes capables : *p. e.* Nous avons des idées
de groſſeur , de mouvement , de configuration;
mais n'ayant nulle idée de la groſſeur, du mouvement , de la configuration de la plûpart des
corps, nous ignorons leurs differentes puiſſances,
leurs diverſes productions & la varieté preſque
infinie avec laquelle ils produiſent ces effets que
nous admirons tous les jours. Cette méchanique nous eſt cachée en de certains corps , parce
qu'ils ſont trop éloignez de nous , & en d'autres,
parce qu'ils ſont trop petits.

Q u a n d je conſidere l'extreme diſtance
qu'il y a entre les parties de ce monde qui ſont
expoſées à nôtre vue , quand je peſe les raiſons
que j'ai pour croire que ce que nous voyons
n'eſt qu'une très petite partie de l'univers, quand
je

je tâche de découvrir la fabrique des grandes
masses de matiere qui composent cette prodi-
gieuse machine d'Etres corporels, leur étendue,
leur mouvement, la maniere dont se perpétue
ce mouvement, l'influence qu'ont ces grands
corps les uns sur les autres; quand ensuite je
ramene mon esprit à la contemplation de ce
coin de l'univers, où nous sommes renfermez,
que je contemple le tourbillon de nôtre Soleil,
ces grands Corps qui se meuvent autour de lui,
leurs Végétaux, leurs Animaux, differens à l'infini de ceux qui vivent sur nôtre petite boule,
& dont nous ne pouvons rien connoitre pendant que nous sommes confinez dans cette
terre, pas même la figure & les parties extérieures; car il n'y a aucune voie naturelle qui
puisse nous les faire connoitre; quand, dis-je, je
réfléchis sur tous ces grands objets, mon esprit
se perd, se dissipe, s'éblouït, s'avoue renfermé
à leur égard dans un vaste abime d'ignorance.

Si la plus grande partie des corps échapent
à nos connoissances, parce qu'ils sont trop éloignez de nous, il y en a d'autres que leur extreme petitesse ne nous cache pas moins; tels
sont les corpuscules impalpables de la matiere,
& qui sont néanmoins ses parties actives, & les
grands moiens par où la nature produit les o-
perations & les qualitez sensibles des corps.
Nôtre ignorance, qui à cet égard est insurmon-
table, nous empéchera toujours de découvrir tout
ce que nous souhaiterions de connoitre des
qualitez secondes des corps. Si nous connoissions
la méchanique de la *Rhubarbe* & de l'*Opium*,
nous pourrions expliquer les raisons pourquoi
la *Rhubarbe* purge & l'*Opium* endort, tout de
même qu'un Horloger explique le ressort d'une

                    mon-

montre qu'il a faite. La raison pourquoi l'*eau régale* ne peut pas diffoudre l'*argent*, ou pourquoi l'*or* ne fe diffout point dans l'*eau forte*, feroit peut-être auffi facile à connoitre, que l'eft à un ferrurier la raifon pourquoi une clé ouvre une certaine ferrure & non pas une autre. Mais tant que nos fens ne nous découvriront pas la méchanique des corps, nous devons nous refoudre de bon cœur à ignorer leurs proprietez, la maniere dont ils operent, & nous devons nous contenter d'être certains d'un petit nombre de chofes que nous avons apprifes par l'experience ; de favoir au-refte fi ces mêmes expériences réuffiront une autre fois, c'eft ce dont nous n'avons aucune connoiffance certaine. Ainfi quelque loin que l'induftrie humaine puiffe porter la *Philofophie experimentale*, je fuis néanmoins tenté de croire, que fur ces matieres nous ne parviendrons jamais à une connoiffance de fcience certaine ; car nous n'avons point d'idée des corps, pas même de ceux qui font les plus près de nous & en nôtre difpofition.

Nôtre ignorance n'eft pas moins grande, peut-être même elle l'eft davantage à l'égard de la nature des efprits. Tant s'en faut que nous connoiffions leur nombre, qui eft probablement infini, qu'au contraire nous fommes à leur égard dans une parfaite ignorance, ignorance parfaite qui nous cache fous une obfcurité impénétrable prefque tout le monde intellectuel, plus beau certainement & plus grand que le monde matériel. Hors quelque peu d'idées fuperficielles, que nous formons des efprits en réfléchiffant fur le nôtre, & lefquelles nous appliquons, dans un dégré auffi parfait qu'il nous eft poffible, au Pere des efprits, qui leur a donné l'exiſtence, & qui nous a fait nous & tout ce qui exiſte, nous ne pouvons avoir aucune connoiſſance de ces Etres, pas même de leur exiſtence, ſi ce n'eſt par la Revélation. Taxer de témérité ceux qui par leurs lumieres ſeules ne craignent point de regler les états, les conditions, les facultez ou puiſſances par où ces Eſprits different & entr'eux & d'avec nous ; eſt-ce donc une injuſtice ?

La ſeconde cauſe de nôtre ignorance, c'eſt l'impoſſibilité de découvrir les rapports qui ſont entre nos idées ; car ſans la perception de ces rapports, nous ne pouvons pas avoir de connoiſſance certaine & générale. Sur les idées dont nous n'appercevons pas les rapports, nous ne pouvons rien affirmer que ce que nous en apprenons par quelques obſervations & par l'experience. Ainſi la méchanique des corps n'ayant aucune liaiſon avec les idées qu'elle produit, nous ne pouvons avoir connoiſſance des operations de cette méchanique que par l'experience ſeule, & par conſéquent nous ne pouvons rien connoitre ſur ces operations, ſi ce n'eſt, qu'elles ſont des effets produits par l'inſtitution incompréhenſible d'un Agent infiniment ſage. Ce que j'affirme des operations des corps, je le dis auſſi des operations de nôtre eſprit ſur nôtre corps ; par la conſideration de nôtre Ame & de nôtre corps nous n'aurions jamais pû comprendre, qu'une penſée pût produire des mouvemens dans le corps.

La troiſiéme cauſe d'ignorance, c'eſt qu'on n'eſt ni aſſez attentif à ſes idées, ni aſſez laborieux à chercher des idées moyennes, qui puiſſent découvrir les rapports de deux autres idées. Ainſi pluſieurs ignorent les Mathématiques, parce

M 3

qu'ils

qu'ils ne ſe ſont jamais appliquez à examiner &
à comparer les ſujets de cette ſcience.

Je ne parlerai pas ici de l'étendue de nos
connoiſſances univerſelles, je dois traiter ce ſujet au long dans les chapitres de la *connoiſſance*
réelle & de la *connoiſſance générale.*

CHAPITRE IV.

De la Réalité de nos Connoiſſances.

JE ne doute pas, que mon lecteur ne ſoupçonne que juſqu'ici je n'ai travaillé qu'à bâ-
tir un château en l'air, & qu'il ne ſoit tenté de
m'objecter en cette maniere. Si nos connoiſſances ne ſont fondées que ſur la perception du
rapport & de l'oppoſition de nos idées, quelle
difference y aura-t-il entre les viſions d'un Entouſiaſte & les raiſonnemens les plus juſtes, entre le bon ſens & les imaginations déreglées
d'un cerveau échauffé ? L'homme fou & l'homme ſage n'apperçoivent-ils pas le rapport, celui-ci de ces idées, & l'autre de ſes imaginations ? Ne parlent-ils pas conſéquemment à ce
qu'ils appellent leurs idées ? Mais de quel uſage peut être une pareille connoiſſance ? quels
ſecours en peut retirer un homme qui travaille à pénétrer juſqu'à la réalité des choſes ?

Je reponds, que ſi la connoiſſance que nous
avons par nos idées ſe terminoit à ces idées
mêmes, nos penſées les plus ſérieuſes ne pourroient pas être d'un plus grand poids que les viſions d'un Entouſiaſte, & les rêveries d'un cerveau déreglé, quand même nous ſerions perſuadez.

dez qu'elles s'étendent à quelque choſe de plus ; mais avant que finir j'eſpere démontrer, 1. Qu'ê- tre aſſuré d'une choſe, par la connoiſſance qu'on a de ſes idées, n'eſt pas une ſimple imagination ; 2. Que la certitude des véritez générales n'a de fondement que dans la connoiſſance de ſes idées.

L'Esprit ne connoit pas les choſes par el- les-mêmes, il ne les connoit que par leurs idées; & ainſi nôtre connoiſſance eſt réelle, lorſque nos idées ſont conformes à la réalité des choſes. Mais comment s'aſſurer que nos idées convien- nent avec la réalité des choſes? Nous en ſommes aſſurez, I. à l'égard de nos idées ſimples ; car,

L'Esprit n'a pas la puiſſance de les créer ; elles ſont les effets des choſes qui agiſſant ſur nôtre ame, par les voies naturelles, y excitent les perceptions que nôtre Créateur a voulu qu'el- les y excitaſſent : Donc nos idées ſimples ne ſont pas des fictions, mais elles ſont des produc- tions naturelles & réglées des choſes qui exiſtent hors de nous, & qui agiſſent ſur nos ſens : Donc nos idées ſimples ont avec nôtre état préſent toute la convenance requiſe, qui eſt de nous re- préſenter les choſes ſous des apparences, qui nous faſſent juger des effets qu'elles peuvent ex- citer en nous ; or cette conformité de nos idées ſimples avec l'exiſtence des choſes ſuffit pour avoir à cet égard une connoiſſance très réelle.

II. Nos idées complexes, hors celles des ſubſtances, étant des Archétipes de nôtre forma- tion , & n'étant rapportées à d'autre Archétipe qu'à elles-mêmes, elles ne ſauroient manquer d'avoir avec leurs Archétipes, toute la conve- nance requiſe pour qu'une connoiſſance ſoit ré-

M 4

elle ;

elle ; car tout ce qui ne doit repréſenter que ſoi-même ne peut pas être capable d’une fauſſe repréſentation.   Ici nos idées ſont des Archétipes, & on ne conſidére les choſes que dans leurs rapports à ces idées, ou à ces archétipes.   Un Mathématicien, *par exemple*, examine la nature & les proprietez d’un *rectangle*, d’un *cercle*, entant que ce *rectangle* & ce *cercle* ſont des idées qu’il a dans l’eſprit; car peut-être n’a-t-il jamais trouvé de figure qui répondit préciſément à celles qu’il ſe repréſente, cependant la connoiſſance qu’il a de ce *cercle*, de ce *rectangle*, eſt non-ſeulement certaine, mais elle eſt réelle, parce que dans cette rencontre, il ne conſidere pas ce *rectangle*, ce *cercle*, entant qu’ils exiſtent réellement, mais entant qu’ils conviennent avec les archétipes de ſon eſprit.   Et s’il eſt vrai du *triangle*, entant qu’on le conſidere en idée, que ſes trois angles ſont égaux à deux droits, la même choſe ſera certaine, en quelque endroit du monde que le triangle exiſte ; car tout ce qui eſt véritable touchant les figures qui n’ont qu’une exiſtence idéale, eſt véritable auſſi, dès qu’elles viennent à exiſter dans la nature des choſes.

D e ces principes il s’enſuit, que les ſujets de Morale ſont capables d’une certitude auſſi réelle que les ſujets de Mathématique.   La *certitude* n’eſt que la perception du rapport ou de l’oppoſition de quelques-unes de nos idées, & la *démonſtration*, c’eſt la perception de ce rapport & de cette oppoſition par l’entremiſe de quelques autres idées.   Donc les idées ſur les ſujets de Morale étant à elles-mêmes leurs archétipes, & étant par conſéquent complettes, il s’enſuit, que la perception de leurs rapports doit produire une connoiſſance auſſi réelle, que

l’eſt

l'eſt la connoiſſance ſur les ſujets des Mathématiques ; car enfin, nôtre connoiſſance eſt certaine lorſque nos idées ſont claires, & elle eſt
réelle lorſque ces mêmes idées repondent à
leurs archétipes.

Mais, dira-t-on, ſi la réalité de nos connoiſſances ſur les ſujets de morale conſiſte dans la
perception du rapport de nos idées, & que ce
ſoit l'eſprit qui forme ces idées, quelles notions
extravagantes n'auront pas les hommes ſur la
juſtice & la temperance? quelle confuſion n'y
aura-t-il pas de vertu & de vice ? Je réponds,
qu'il n'y aura pas plus de confuſion, ni dans
les choſes elles-mêmes, ni dans les raiſonnemens ſur leur ſujet, qu'il n'y en auroit dans
les proprietez des figures & dans leurs rélations,
ſi quelque homme s'aviſoit de faire un *triangle à*
quatre coins, & un *trapeze à trois angles droits*,
c'eſt-à-dire, s'il s'aviſoit de changer le nom de
ces figures, & qu'il appellat d'un certain nom
ce qu'ordinairement on appelle d'un autre. A
la vérité, ce changement de nom troublera d'a-
bord celui qui l'ignore, mais dès qu'on verra
les figures tirées, alors les démonſtrations de
quelques-unes de leurs proprietez paroitront
juſtes & claires. Il en eſt de même des connoiſſances de morale : Il a plû à quelqu'un de
donner le nom de *juſtice*, à l'action d'enlever
aux autres, & ſans leur conſentement, les biens
dont ils jouïſſent à juſte titre ; il eſt donc bien
certain qu'on ſe tromperoit, ſi ignorant l'i-
dée que cet homme a attachée au nom de juſtice, on y joignoit l'idée qu'on y a fixé ſoi-
même : mais conſidérez l'idée de cet homme,
indépendemment du nom qu'il lui a donné, &
telle qu'elle eſt dans ſon eſprit, & vous trou-
verez.

verez alors, que tout ce qui convient à l'*injuſtice*, quadre exactement avec l'action qu'il lui a plu d'appeller du nom de *juſtice*.

Mais il faut bien remarquer, que dès que Dieu ou les Légiſlateurs ont défini certains termes de morale, quelque vertu, quelque vice, dès-lors ils ont établi l'eſſence de ce vice & de cette vertu; & par cette raiſon il eſt extrêmement dangereux de donner à ces termes un ſens different de celui qu'ils leur ont attaché : Mais pour le reſte, employer les termes de morale d'une maniere contraire à l'uſage, ce n'eſt pecher que contre la proprieté du Stile.

Pour celles de nos idées complexes qu'on rapporte à des archétipes qui exiſtent hors de nous, elles peuvent differer de ces archétipes; & par cette raiſon, il peut bien être que les connoiſſances que nous avons des corps s'écartent de la réalité. Voici cependant une régle certaine pour ſavoir ſi ces connoiſſances ſont ou chimériques ou réelles : C'eſt que nos connoiſſances ſur les corps ſont réelles, lorſque les qualitez ſimples qui compoſent leurs idées complexes exiſtent véritablement dans la nature : Quand, dis-je, nos idées ſur les corps ont ce caractére, elles ſont réelles, bien que peut-être elles n'en ſoient pas des copies fort exactes.

Ainsi donc nôtre connoiſſance eſt certaine, lorſque nous appercevons le rapport ou l'oppoſition de quelques-unes de nos idées; & elle eſt certaine & réelle tout enſemble, lorſque nous ſommes aſſurez que nos idées répondent à la réalité des choſes.

CHA.

CHAPITRE V.

De la Verité en général.

LE terme de *vérité* marque dans son sens le plus propre, que les signes représentatifs des choses sont joints ou separez, selon que les choses elles-mêmes conviennent ou ne conviennent pas entr'elles, & celui de proposition désigne simplement que les signes des choses sont ou joints ou separez. Il est donc visible que la vérité ne peut convenir qu'aux *propositions.* Or comme elles sont toutes, ou *verbales*, ou *mentales*, elles s'expriment aussi par deux genres de signes, les *idées* & les *mots.*

I L est difficile de traiter des propositions mentales, sans parler des verbales, 1. Parce-que le langage dont on est obligé de se servir pour raisonner des premieres les rend inévitablement verbales ; 2. Parce-que les hommes, dans le tems même qu'ils méditent, substituent ordinairement des mots à leurs idées, & sur tout lorsqu'elles sont fort composées, comme celles de *vitriol*, de *force*, de *gloire*, &c. & qu'ils en veulent former des propositions ; la raison de cela est, qu'on peut refléchir avec beaucoup plus de facilité sur les noms de ces idées, comme étant plus clairs, plus distincts même, & beaucoup plus propres à se présenter plus promtement à l'esprit que les idées elles-mêmes. Pour les idées simples, on peut en former des propositions mentales, sans refléchir sur leurs noms, comme le *blanc*, le *rouge*, &c.

Nous

Nous sommes donc capables de former des propofitions de deux efpeces , des *propofitiòns mentales* , & des *propofitions verbales ; des propofitions mentales* , lorfque nous allions ou feparons nos idées, fuivant que nous jugeons qu'elles conviennent ou qu'elles ne conviennent pas entr'elles; des *propofitions verbales* , quand nous allions ou feparons des mots par des périodes , ou affirmatives, ou négatives.

La *vérité*, auffi bien que la connoiffance, peut être diftinguée très commodément en *verbale* & *réelle* : *Verbale* , quand on joint les termes , fuivant que nous jugeons que leurs idées conviennent ou ne conviennent pas entr'elles , & fans examiner fi elles co-exiftent dans la nature ou non : *Réelle* , quand on joint les mots , fuivant que leurs idées conviennent en effet entr'elles , & qu'on eft affuré qu'elles peuvent exifter dans la nature.

Ainsi la *vérité* confifte à marquer par des paroles , & d'une maniere précife & exacte , le rapport ou l'oppofition de nos idées , & la *fauffeté* à ne marquer pas cette oppofition & ce rapport tels qu'il font effectivement. La vérité eft *réelle* , lorfque les idées d'une propofition repondent à leurs archétipes ; & nous fommes affurez d'être en poffeffion de cette vérité réelle , fi nous connoiffons parfaitement les idées exprimées par une propofition , & que nous foyons affurez que les termes de cette propofition marquent le rapport réel & l'oppofition réelle des idées qu'ils défignent.

CHA.

CHAPITRE VI.

Des Propofitions univerfelles , de leur Vérité & de leur Certitude.

LES hommes s'étant habituez à fubſtituer des mots à leurs idées, il eſt abſolument néceſſaire , dans un diſcours qui traite de la connoiſſance, d'examiner la nature des mots & des propoſitions ; Sans cet examen, il eſt difficile de diſcourir ſur la connoiſſance humaine d'une maniere intelligible.

OR les veritez générales étant, comme elles ſont, & avec raiſon , l'objet le plus ordinaire de nos recherches, comme il nous eſt impoſſible de faire connoitre ces véritez aux autres hommes d'une maniere préciſe , & que nous avons de la peine à les comprendre nous-mêmes, ſi elles ne ſont pas exprimées par des mots, il ne ſera pas inutile d'examiner la vérité & la certitude des propoſitions générales. Mais, pour éviter toute illuſion, il ſera néceſſaire d'obſerver qu'il y a une double certitude, *certitude de vérité, & certitude de connoiſſance. Certitude de vérité,* c'eſt lorſque les termes d'une propoſition ſont arrangez de maniere qu'ils expriment, avec la derniere exactitude, le rapport ou l'oppoſition réelle qui eſt entre les idées qu'ils déſignent: *Certitude de connoiſſance,* c'eſt quand on apperçoit le rapport ou l'oppoſition de nos idées, entant qu'exprimées par quelque propoſition ; c'eſt ce qu'ordinairement nous appellons connoitre la vérité d'une propoſition, ou en être certains.

CELA

Cela posé, je dis, que puisque nous ne pouvons être certains de la vérité d'une proposition générale, si nous ne connoissons l'étendue & les bornes précises de l'*espece* signifiée par son expression, il est visible, que pour arriver à la certitude d'une proposition générale, je parle de la *certitude de vérité*, il est nécessaire de connoitre chaque *espece* avec sa constitution & ses bornes. Cette connoissance n'est pas difficile à acquérir à l'égard des idées simples & des modes; leurs essences réelles étant les mêmes que leurs essences nominales, on peut savoir très certainement jusqu'où s'étendent les *especes* de ces modes, de ces idées; ou, pour m'exprimer en d'autres termes, l'on peut certainement savoir quelles sont les choses qui sont comprises sous chaque terme. On voit sans difficulté que ce ne peut être que celles qui ont une exacte conformité avec les idées que signifient ces termes. Cette même facilité n'a pas lieu à l'égard des substances; comme leur essence réelle, qui est distincte de leur essence nominale, est celle que l'on suppose constituer & limiter chacune de leurs *especes*, il est bien clair, que les termes généraux des substances ne peuvent avoir aucune signification précise; car nous ne connoissons point cette essence réelle & constitutrice des especes des corps. Donc, il nous est impossible de déterminer ce qui entre ou ce qui n'entre pas dans telle ou telle *espece* de corps: Donc, nous ignorons ce qu'on peut certainement affirmer ou nier de cette *espece* : Et par conséquent on ne sauroit être certain de la vérité des propositions générales sur les *especes* des substances, car on ignore l'essence réelle & constitutrice de ces *especes*. Comment se convaincre

p. e.

p. e. que telle ou telle proprieté appartient à l'or, si nous ignorons ce qui est or ou ce qui ne l'est pas, *c. a. d.* ce qui a l'essence de l'or, ou ce qui ne l'a pas.

D'AUTRE coté, ce qui me détermine à croire, que sur les substances nous ne pourrons jamais former de propositions généralement cerraines, c'est que de toutes les qualitez simples qui composent nos idées complexes des substances, il n'y en a que très peu qui aient entr'elles une liaison & une incompatibilité manifeste. On regarde *p. e.* comme universellement certaine cette proposition, *Tout or est fixe.* Mais sans raison : Si le mot Or doit désigner son essence réelle, alors nous ne pouvons pas affirmer qu'une telle espece de choses soit généralement de l'or ; car nous ignorons l'essence réelle de ce métal : Et quand ce mot Or seroit supposé signifier une espece de choses, déterminée par son essence nominale, que cette essence nominale fut *p. e.* une idée composée d'un corps jaune, pesant, fixe, fusible, *&c.* cependant on ne pourroit avoir aucune certitude touchant cette proposition universelle ; car on ne sauroit affirmer ou nier que la fixation de l'or ait une liaison ou une incompatibilité nécessaire avec quelqu'une des proprietez que je viens de nommer, ou avec toutes prises ensemble. Mais cette proposition n'est-elle pas universellement certaine : *tout or est malléable* ? Je prens l'affirmative, si la qualité d'être malleable fait partie de l'idée complexe que désigne le mot Or, mais alors on ne dit rien par cette proposition, si ce n'est qu'une chose renferme la qualité d'être malléable ; espece de vérité & de certitude qui est semblable à cette affirmation, *Un Centaure est un animal à quatre pieds.*

J E

Je suis perfuadé que de toutes les puiſſances,
& de toutes les ſecondes qualitez des ſubſtances,
hors celles qui affectent le même ſens & leſquelles s'excluent néceſſairement, on n'en ſauroit nommer deux, dont on puiſſe certainement
connoitre ou la liaiſon ou l'incompatibilité néceſſaire : Peut-on connoitre l'odorat, ou la ſaveur
d'un corps, par la figure, ou par la couleur ? Il
ne faut donc plus s'étonner, ſi touchant les ſubſtances, il n'y a que très peu de propoſitions
générales, de la vérité deſquelles on puiſſe s'aſſurer.   La connoiſſance que nous avons ſur
leurs proprietez ne s'étend gueres au delà de
ce que nos ſens peuvent nous en apprendre.
Des perſonnes curieuſes, appliquées à faire des
obſervations, pourront peut-être par la force de
leur génie pénétrer dans la nature des ſubſtances
plus avant qu'on n'a fait juſqu'ici, & par le
moyen des vrai-ſemblances déduites de quelques obſervations, former de juſtes conjectures
ſur ce que l'experience n'a pas encore appris :
Mais ce ne ſera toujours que conjecture, ce qui,
ne produiſant qu'une ſimple opinion, ne peut
s'élever juſqu'à la certitude néceſſaire pour a-
voir une connoiſſance aſſurée.

Pour conclurre : Les propoſitions générales, de quelque eſpece qu'elles puiſſent être, ne
ſont capables de certitude que lors qu'on peut
découvrir le rapport & l'oppoſition des idées
qu'elles expriment: Et nous ſavons que ces propoſitions ſont ou vraies ou fauſſes, lorſque
nous appercevons que les idées qui les compoſent conviennent ou ne conviennent pas préciſément, ſelon que les differens termes de la
propoſition le font entendre.   D'où nous pouvons conclurre, qu'une certitude générale ne

peut

peut avoir de fondement que dans nos idées :
C'eſt en vain que par l'expérience, & par des
obſervations, on la chercheroit dans les choſes
qui ſont hors de nous ; à cet égard, elle ne s'é-
tend qu'à des choſes particulieres.

CHAPITRE VII.

Des Maximes.

IL y a des propoſitions qui, ſous le nom de
maximes & d'axiomes, ont paſſé pour les
principes des ſciences, & qui, à cauſe de leur
évidence immédiate, ont été ſuppoſées innées.
Il ne ſera pas inutile de rechercher la raiſon de
leur grande évidence, & d'examiner l'influence
qu'elles ont ſur les autres véritez.

LA connoiſſance conſiſte, comme j'ai dit,
dans la perception du rapport ou de l'oppoſition de deux ou de pluſieurs idées. Nòtre connoiſſance eſt donc évidente d'elle-même, lors
que, ſans l'entremiſe d'aucune autre idée, nous
appercevons ce rapport ou cette oppoſition.
Cela étant, je vai démontrer qu'une infinité de
propoſitions ne ſont pas moins évidentes par
elles-mêmes, que celles à qui l'on a donné le
nom de maximes ou d'axiomes.

L'IDENTITÉ & la diverſité nous fourniſſent autant de propoſitions évidentes par elles-
mêmes que nous avons d'idées. Le premier
acte de l'eſprit, c'eſt celui d'appercevoir ſes i-
dées, & de les diſtinguer les unes des autres.
Or chacun ſent intérieurement qu'il connoit
ſes idées, & le tems auquel chacune d'elles eſt

N

préſente

préfente à fon entendement, mais qu'il les connoit d'une maniere fi nette, fi précife, qu'il peut les diftinguer toutes, lors qu'il en a plus d'une. L'efprit porte ces jugemens fans aucune héfitation. Il eft forcé d'y confentir dès qu'il peut les comprendre, *c. à. d.* dès qu'il en a des idées claires. Ces deux propofitions, *p. e. Un cercle eft un cercle, le bleu n'eft pas noir,* font-elles moins évidentes par elles-mêmes que ces deux axiomes généraux, *Ce qui eft, eft; il eft impoffible qu'une chofe foit & ne foit pas en même tems?* Et aucune confideration fur ces deux axiomes, qu'on fuppofe être les fondemens de nos autres connoiffances, pourra-t-elle jamais rien ajouter à l'évidence & à la certitude qui nous démontre que ces deux propofitions, *le bleu n'eft pas rouge, un cercle eft un cercle,* font veritables & évidentes par elles-mêmes?

Sur la co-exiftence des chofes, nôtre connoiffance immédiate ne s'étend pas fort loin, & ainfi on ne peut former, à cet égard, qu'un très petit nombre de propofitions qui foient évidentes par elles-mêmes. Il y en a pourtant quelques-unes. L'idée du corps, *p. e.* emporte l'idée de remplir un lieu égal au contenu de fa furface; je crois donc que c'eft une propofition évidente par elle-même, *Que deux corps ne fauroient être à la fois dans le même lieu.*

Quant aux rélations des manieres d'être ou des modes, je fai que les Mathématiciens ont formé plufieurs axiomes, fur la feule rélation d'égalité, comme celui-ci, *fi de chofes égales, on en ôte des chofes égales, le refte fera égal;* mais quoi-que cette propofition foit reçue pour un axiome, je ne la crois pas plus évidente par elle-même que celle-ci, *un & un font égaux à deux,*

ou

ou bien celle-ci, *si on ôte deux doits de chaque main, le nombre de ceux qui resteront sera égal.* Ces deux propositions, & mille autres qu'on pourroit former sur les nombres, ont un degré d'évidence qui l'emporte, peut-être, sur celui qui est dans ces axiomes de Mathématique tant vantez.

Pour ce qui regarde l'existence réelle, comme l'existence d'aucun Etre, hors la nôtre propre qui suppose celle de l'Etre Eternel, n'emporte aucune conséquence pour l'existence d'aucun autre Etre, bien loin d'avoir sur cette matiere une connoissance de simple vuë, nous n'en avons pas même une connoissance démonstrative.

Examinons présentement l'influence que ces maximes si célébres peuvent avoir sur les autres parties de nos connoissances. Les *Scolastiques* ont posé pour principe, que tout bon raisonnement doit découler de * véritez, qu'on connoit avant tout raisonnement, & qu'on ne doit jamais mettre en question. Leur sentiment expliqué en termes clairs revient à celui-ci, si je ne me trompe, 1. Les axiomes sont les premieres véritez que l'esprit connoisse. 2. Les autres parties de nos connoissances dépendent de ces axiomes.

Mais premierement l'expérience nous fait bien voir, que ces véritez ne sont pas les premieres que connoisse l'esprit. Il n'y a point d'enfant, qui avant de savoir, *qu'il est impossible qu'une même chose soit & ne soit pas en même tems,* ne connoisse avec certitude qu'un étranger n'est pas sa mere. Et combien l'esprit n'a-t-il pas

N 2

connu

---

* *Ex præcognitis & præconcessis.*

connu de véritez touchant les nombres , & cela avec une entiere certitude, avant que de songer à les appliquer à des maximes générales? Tout cela est incontestable , & il n'est pas difficile d'en voir la raison.   On ne consent à aucun axiome que parce qu'on découvre le rapport de ses idées, il s'ensuit donc que les premieres veritez évidentes que l'esprit connoisse doivent regarder les idées qui sont dans l'esprit avant toute autre ; or qui ne sait que l'on connoit les idées particulieres avant les universelles, & que nos connoissances, quelque générales qu'elles soient , ont commencé par des choses particulieres? Les idées abstraites ne se présentent aux enfans, & à ceux qui ne sont pas accoutumez à penser de cette maniere, ni aussi-tôt, ni aussi facilement que les idées particulieres. Si ces idées générales paroissent aisées à former à des personnes agées , cela vient du grand usage que ces personnes se sont fait de raisonner par ces idées.

On a donc connu un grand nombre de véritez particulieres, & qui sont évidentes par elles-mêmes , avant que d'avoir seulement songé à ces maximes générales : Donc ces maximes ne peuvent pas être les premiers principes d'où nous déduisons toutes nos autres connoissances. Je suis persuadé que cette vérité, *un & deux sont égaux à trois* , est aussi évidente, & même est plus aisée à découvrir que celle-ci, *le tout est égal à ses parties* : Et je crois qu'après avoir découvert que le tout est égal à ses parties, on n'en est pas mieux convaincu de l'égalité qu'il y a entre le nombre de trois & ceux d'un & de deux : Que dis-je, l'idée des nombres trois & des nombres un & deux , n'est ni si obscure , ni

si dif-

ſi difficile à découvrir que celle du tout & de ſes
parties. Concluons donc, ou que nos connoiſſances ne dépendent pas ni de certaines véritez
qu'on connoiſſe avant tout raiſonnement, ni de
ces maximes générales qu'on nomme principes,
ou que ces propoſitions, *un & un font deux*,
& celle-ci *deux & deux font quatre*, & pluſieurs
autres touchant les nombres, ſont autant de
principes ou de maximes générales.

· On groſſira très conſiderablement le nombre
des propoſitions évidentes par elles-mêmes, &
qui doivent par conſéquent ſervir de principes
pour nos autres connoiſſances, ſi aux véritez
touchant les nombres, on ajoute cette grande
multitude d'idées innées, qui ſouvent ne parviennent jamais à la connoiſſance des hommes,
& de plus toutes les propoſitions évidentes par
elles-mêmes qu'on forme en differens tems; car
enfin, pour qu'une propoſition puiſſe paſſer pour
un principe, un axiome, il ſuffit qu'elle ſoit connuë par ſa propre évidence, & qu'elle ne reçoi-
ve & même ne puiſſe recevoir de quelque autre
ni lumiere, ni preuve. Il eſt ſur tout néceſſaire que les propoſitions les plus particulieres &
les plus ſimples ne reçoivent aucun jour des
propoſitions générales ou compoſées; car enfin
les plus ſimples & les moins abſtraites, étant les
plus familieres, ſont apperçues & plûtôt, &
plus aiſément.

Ces maximes générales ne ſont-elles donc
d'aucune utilité? Je répons, qu'elles ſervent dans
les diſputes à fermer la bouche aux chicaneurs,
mais elles contribuent bien peu à nous découvrir des véritez inconnues. Il y en a même
qui ſont purement verbales, & qui n'appren-
nent que le rapport de certains noms; telle eſt

N 3

celle-

celle-ci, *le tout eſt égal à ſes parties*, elle ne contient rien de plus que ce qu’emporte la ſignification de *tout* & de *parties.*

N E A N M O I N S , je ne déſaprouve pas la méthode des Mathématiciens, qui établiſſent dès
l’entrée de leurs cours cette maxime là , & quelques autres ſemblables. Par là, ils accoutument
leurs Ecoliers à appliquer ces maximes à tous
les cas particuliers ; non pas qu’à conſiderer de
près ces propoſitions, elles paroiſſent plus claires que les exemples particuliers qu’on confirme
par elles ; mais c’eſt qu’étant plus familieres à
l’eſprit , il ſuffit de les nommer pour convaincre l’entendement.

C E s principes établis, on peut aſſurer que
lors qu’on a une idée claire & diſtincte ſur une
propoſition , ces maximes ſont fort peu nécef-
ſaires, ou plûtôt ne ſont d’aucun uſage, pour en
établir la vérité. Le ſecours de ces maximes
a-t-il jamais découvert à aucun homme la vérité
ou la fauſſeté d’une propoſition évidente par
elle-même ? Celui à qui il faut une preuve pour
s’aſſurer que *deux ſont égaux à deux*, que le *blanc
n’eſt pas noir* , pourra-t-il admettre ſans preuve
ces propoſitions-ci, *ce qui eſt , eſt ; il eſt impoſſible que la même choſe ſoit & ne ſoit pas?*

M A I s ſi ces maximes nous ſont de très peu
d’uſage, quand nos idées ſont déterminées, elles
ſont très dangereuſes , lorſque nous avons des
idées incertaines, vagues, confuſes : Du mauvais
uſage que l’on en fait, pour établir des propoſitions dont les idées ſont indéterminées, s’enſui-
vent pluſieurs erreurs, pluſieurs mépriſes, dans
leſquelles on ſe confirme par leur authorité.

C H A-

CHAPITRE VIII.

Des Propofitions frivoles.

IL y a des propofitions générales, qui n'ajou-
tent rien à nôtre connoiffance , bien qu'elles
foient certaines ; telles font

I. LES propofitions purement identiques ,
c. à. d. celles où un terme eft affirmé de lui-même, comme celle-ci, *l'huitre eft une huitre.* Que
pouvons-nous apprendre de ces propofitions ,
foit que nous les formions nous-mêmes , foit
qu'on nous les propofe ?

II. CELLES où l'on affirme le tout de quelqu'une de fes parties , comme fi l'on affirmoit à
un homme qui connoit tous les métaux, que le
plomb eft du métal. Il eft bien vrai qu'à une
perfonne qui connoit la fignification du mot de
métal, mais qui ignore celle de plomb , on ex-
pliqueroit d'une maniere bien plus abrégée le
fens du mot de plomb, en lui difant que c'eft du
métal , qu'en lui contant une par une les qualitez qui en font l'idée complexe.

II. CELLES où l'on affirme qu'une qualité
fimple, qui fait partie d'une idée complexe ,
entre en effet dans la compofition de cette idée ;
telle eft cette propofition, *Tout or eft fufible.* Tout
le monde fait que la qualité d'être fufible , fait
partie de l'idée complexe de l'or; qu'apprend- on
donc à un homme, en lui difant ce qu'on fuppofe qu'il fait déja ? car enfin , quand on parle à
quelqu'un, on doit fuppofer qu'il entend la fignification des termes, ou on doit les lui expliquer,

N 4

LES

L ɛ s propofitions générales fur les fubftances font pour la plûpart frivoles, fi elles font certaines; & fi elles difent quelque chofe de nouveau, elles font tellement incertaines, qu'il eft impoffible de s'affurer de leur vérité réelle, quelques grands que foient les fecours que des expériences conftantes & l'analogie même puiffent fournir, pour faire des conjectures ; Par cette raifon on ne doit pas être furpris, fi quelquefois l'on tombe fur des difcours fort clairs, fort fuivis, & qui pourtant fe reduifent à rien. On a fixé aux termes des fubftances, de même qu'à tous les autres, une certaine intelligence ; étant donc joints par des propofitions, ou affirmatives, ou négatives, ils peuvent repréfenter quelque vérité, felon que leurs définitions le permettent, & ces propofitions peuvent être déduites l'une de l'autre avec autant de clarté que celles qui fourniffent à l'efprit les véritez les plus réelles ; mais on peut faire toutes ces déductions, fans connoitre la nature & la réalité des fubftances. Celui qui aura appris les mots, *Subftance*, *Homme*, *Animal*, *Forme*, *Ame*, *Végétable*, *Senfitif*, &c. avec leurs fignifications, pourra former fur l'ame un grand nombre de propofitions indubitables, & cependant ignorer ce qu'elle eft dans fon Etre. On peut remarquer, dans les écrits des Métaphyficiens, des Théologiens fcolaftiques, & de quelques Naturaliftes, une infinité de propofitions & de raifonnemens femblables touchant la nature de D ɪ ɛ ʋ, celle des *efprits* & des *corps*, & après tout, n'être pas plus favant fur ces queftions qu'on étoit avant cette lecture.

U ɴ ɛ autre maniere de fe jouer des mots, & qui eft plus dangereufe que les précédentes, c'eft quand on fe fert de termes vagues & indéterminez.

terminez. Ces termes, au lieu de nous communiquer la vérité que nous y cherchons, nous en
écartent de bien loin. Si on me demande ce
qui a donné lieu à ce deffaut, c'eft, repondrai-je,
qu'on a voulu cacher l'ignorance & l'opiniatreté fous l'obfcurité & l'embarras des termes,
vice dans lequel on peut croire que font tom-
bez plufieurs perfonnes, ou par inadvertance,
ou par quelque mauvaife habitude.

En un mot, voici deux marques pour reconnoitre les propofitions purement verbales,
I. Toute propofition qui affirme deux termes
abftraits, l'un de l'autre, ne peut être que verbale. Aucune idée abftraite ne peut être la
même qu'une autre ; il s'enfuit donc, que toutes les fois que fon nom, qui eft abftrait, eft affirmé de quelque autre nom abftrait, il ne peut
fignifier autre chofe, fi ce n'eft que fon idée
doit ou peut être appellée de cet autre nom,
ou que ces deux noms ne fignifient que la même
chofe.

II. Toute propofition, où l'on affirme
d'une idée complexe une partie de cette même
idée, eft néceffairement verbale, comme dans
ces exemples, *L'or eft un métal*, *l'or eft pefant* ;
par conféquent, toute propofition dans laquelle
le terme le plus général, qu'on appelle *genre*, eft affirmé de ceux qui lui font fubordonnez, ou qui
ont moins d'étendue que lui & qu'on appelle
efpeces, *individus*, ne peut qu'être verbale. Si
par ces deux regles nous examinons les difcours
écrits ou prononcez, nous trouverons, peut-être,
qu'il y a beaucoup plus de propofitions qu'on
ne fe l'imagine d'ordinaire, qui ne roulent que
fur la fignification des mots, & qui ne marquent
rien, finon la maniere dont on les emploie.

C H A-

CHAPITRE IX.

De la Connoiſſance que nous avons de nôtre Exiſtence.

JUSQU'ICI nous n'avons conſideré que les eſſences des choſes. Mais comme ces eſſences ne ſont que des idées abſtraites , elles ne peuvent donner la connoiſſance d'aucun Etre réel. L'ordre , que nous nous ſommes preſcrit, veut que préſentement nous paſſions à l'examen, ſoit de la connoiſſance qu'on a de l'exiſtence des choſes , ſoit de la maniere dont on y parvient.

On eſt aſſuré , ainſi qu'il a été dit ci-deſſus , de ſa propre exiſtence , par une connoiſſance de ſimple vuë ou immédiate ; de l'exiſtence de Dieu , par démonſtration ; & de celle des autres choſes , par ſenſation. Je dis qu'on a une connoiſſance immédiate de ſa propre exiſtence. Il eſt tellement certain qu'on exiſte , qu'il n'y a pas beſoin de le prouver , & même on ne ſauroit le faire. Je penſe, je raiſonne , je ſens du plaiſir, de la douleur , &c. aucune de ces choſes peut-elle être plus aſſurée que mon exiſtence. Je revoque en doute l'exiſtence de toutes les choſes,mais ce doute ne me perſuade-t-il pas que j'exiſte ? Me permet-il d'en douter ? Or ſi je connois que je doute , ne dois-je pas être perſuadé de l'exiſtence de cette choſe qui doute , auſſi bien que de cette penſée qu'on appelle doute ? Nous avons donc, par l'experience, une connoiſſance immédiate , une perception intérieure,mais infaillible,de nôtre exiſtence. Chaque

acte

acte, & de sensation, & de raisonnement, &
de pensée, nous assure de nôtre existence : Donc
nous parvenons sur cet article au plus haut degré de certitude qu'on puisse imaginer.

CHAPITRE X.

De la Connoissance que nous avons de l'Exi-stence de DIEU.

QUOI-QUE DIEU n'ait gravé aucun
principe inné de lui-même dans l'esprit
des hommes, il est pourtant certain, qu'à leur
égard *il ne s'est pas laissé sans témoignage.* Enrichis des facultez & d'appercevoir, & de sentir, & de raisonner, ils ne peuvent pas manquer
de preuves pour son existence, tant qu'ils ont
la puissance de refléchir sur eux-mêmes. Et ils
peuvent le connoitre, autant qu'il leur est nécessaire pour atteindre & au but pour lequel ils
existent, & à la félicité qui est le plus grand de
leurs interets. C'est donc une bien criante injustice de se plaindre de son ignorance sur cette
grande vérité. Mais quoi-que l'existence de
DIEU soit une de ces véritez qu'on découvre
le plus aisément, néanmoins il faut que l'esprit
s'applique à la démontrer par de justes raisonnemens, & qu'il déduise toutes ses preuves de
quelque partie incontestable de ses connoissances, autrement l'on sera sur cette vérité dans une
ignorance aussi crasse qu'on l'est sur ces propositions des Mathématiques, qui se démontrent
aisément, mais qu'on ignore, faute d'y avoir
appliqué son esprit.

POUR

Pour montrer, que nous ſommes capables de connoitre, mais avec ſcience certaine, qu'il y a un Dieu, & pour faire voir en même tems la maniere dont nous parvenons à cette vérité, nous n'avons qu'à refléchir ſur nous-mêmes, & ſur la connoiſſance indubitable que nous avons de nôtre exiſtence. Nous connoiſſons invinciblement que nous exiſtons, que nous ſommes quelque choſe, que le pur néant n'eſt pas plus capable de produire un Etre réel qu'il ne peut être égal à deux angles droits : Donc, il eſt d'une évidence mathématique que quelque choſe a exiſté de toute éternité ; car tout ce qui n'exiſte pas de toute éternité a un commencement ; or tout ce qui a un commencement doit avoir été produit par quelque choſe qui l'ait précedé.

Il eſt de la même évidence, que tout Etre qui tient ſon exiſtence de quelque autre, doit auſſi tenir de cet autre toutes les qualitez, toutes les puiſſances qu'il contient dans ſon Etre; c'eſt à lui ſeul qu'il lui en eſt redevable, car il ne peut les avoir reçûes d'une autre cauſe. Par conſéquent la ſource éternelle de tous les Etres eſt auſſi la ſource de toutes les puiſſances qui exiſtent, & par conſéquent encore cet Etre éternel doit être plus puiſſant que tous les autres.

Outre cela, l'homme trouve en lui-même les facultez d'appercevoir & de connoitre; il eſt donc certain, non-ſeulement, qu'il y a des Etres qui exiſtent dans le monde, mais de plus qu'il y en a quelques-uns qui apperçoivent & qui connoiſſent. Donc un Etre revétu des facultez de la perception & de la connoiſſance exiſte de toute éternité. Il faut prendre ce parti, ou dire, qu'il y avoit un tems où il n'y avoit aucun Etre

revétu

revétu de connoiſſance; mais comment ſoutenir cette propoſition veritablement abſurde , puis qu'elle ne peut pas montrer l'origine de la connoiſſance ? car il eſt auſſi impoſſible qu'une choſe aveugle, ſans perception, ſans connoiſſance, produiſe un Etre intelligent , qu'il eſt impoſſible qu'un triangle faſſe trois angles qui ſoient plus grands que deux droits.

C'est ainſi qu'en refléchiſſant ſur ce que nous ſentons invinciblement en nous-mêmes, nous parvenons à la connoiſſance de cette vérité également certaine & indubitable, *Il y a un Etre Éternel, Très-puiſſant, & Très-intelligent.* Et n'importe de quel nom on l'appelle, que ce ſoit de celui de DIEU, ou de quelque autre. Il ſuffit que ſon exiſtence ſoit établie ſur des preuves inconteſtables , & qu'en conſiderant l'idée qu'on en a, on puiſſe déduire toutes les qualitez qu'on doit lui attribuer.

DE ce que je viens de dire, il me paroit évident, que l'aſſurance où nous ſommes de l'exiſtence de DIEU eſt plus certaine que celle où nous ſommes de l'exiſtence des choſes que les ſens ne nous ont pas découvert immédiatement. Et même je ne crois pas de me tromper ſi j'ajoute, que nous ſommes plus aſſurez de l'exiſtence de DIEU que de l'exiſtence d'aucune choſe exterieure. Quand je dis être aſſurez, je parle d'une aſſurance que nous ne pouvons manquer d'avoir, pourvû que nous en recherchions les preuves, avec un ſoin égal à celui avec lequel nous appliquons à la recherche de quelques autres véritez.

DONC tout homme raiſonnable doit avouer, qu'il y a quelque choſe qui exiſte de toute éternité. L'ordre demande que j'examine preſentement

tement quelle doit être cette choſe. Nous ne
connoiſſons, & ne pouvons concevoir, que deux
genres d'Etres ; *les uns* ſont purement matériels, & deſtituez de tout ſentiment, de toute
perception, comme l'extrémité des cheveux, les
rognures des ongles ; *les autres* ont du ſentiment
& de la perception : nous nous reconnoiſſons
dans cette claſſe d'Etres. J'appellerai, dans la
ſuite, ces deux genres d'Etres, *Etres penſants &*
Etres non-penſants. Ces termes me paroiſſent
plus propres, pour le deſſein que j'ai préſentement, que ceux d'*Etres matériels & d'Etres im-*
matériels.

Je dis donc que l'Etre Eternel eſt viſiblement un *Etre penſant ;* car il eſt auſſi impoſſible
de concevoir que la matiere, qui eſt *non penſante,*
produiſe un Etre revêtu de la penſée, qu'il eſt impoſſible de comprendre que le néant puiſſe donner l'exiſtence à la matiere. La matiere ne renferme point en elle-même la puiſſance de produire
quelque choſe ; car ſupoſé qu'une portion de
matiere exiſte de toute éternité, & que toutes
ſes parties ſoient dans un repos parfait, s'il n'y
a point d'autre Etre dans la nature, ces parties
reſteront viſiblement dans cet état, toujours dans
un repos éternel, toujours dans une entiere inac-
tion ; car par elles-mêmes, il nous eſt impoſſible
de concevoir qu'elles puiſſent jamais, ni ſe donner
le mouvement, ni produire aucune choſe. Donc
puiſque la matiere ne peut produire aucune
choſe par ſes propres forces, pas même le mouvement, il faut ou que ce mouvement lui ſoit
éternel, ou qu'un Etre plus puiſſant le lui ait
imprimé. Mais quand même on ſuppoſeroit
que le mouvement lui eſt éternellement eſſen-
tiel, cependant il ſera toujours impoſſible que

la

la matiere, cette matiere, ce mouvement, qui ne penſent abſolument point, produiſent jamais la penſée. Il n'eſt pas moins au deſſus de la capacité de la matiere & du mouvement de produire la connoiſſance, qu'il n'eſt au deſſus des forces du néant de donner l'exiſtence à la matiere. Diviſez la matiere en autant de parties qu'il vous plaira ; donnez-lui les mouvemens & les formes que vous voudrez, elle n'agira pas autrement ſur les corps, dont la groſſeur lui eſt proportionnée, qu'elle ne faiſoit auparavant. Les plus petites parties des corps ſe heurtent, ſe pouſſent, ſe reſiſtent les unes aux autres comme les plus grandes, c'eſt là tout ce qu'elles peuvent faire.

Par conſéquent, s'il n'y avoit pas quelque choſe d'Eternel, la matiere n'auroit jamais pû exiſter. Si la matiere étoit éternelle, mais deſtituée de mouvement, le mouvement n'auroit jamais pû commencer. Et s'il n'y avoit d'autre Etre éternel que la matiere, quand même elle feroit muë de toute éternité, il n'y auroit jamais pû y avoir de penſée; car la matiere, qu'on la ſuppoſe *ou mobile, ou immobile,* ne peut être conçue renfermer originellement en elle le ſentiment, la perception, la connoiſſance ; car ſi on pouvoit la concevoir en cette maniere, alors la connoiſſance, le ſentiment & la perception en feroient des proprietez éternellement inſéparables, d'elle, dis-je, & de chacune de ſes parties. Le premier de tous les Etres, l'Etre éternel, doit donc être une ſubſtance penſante ; il doit donc renfermer, du moins, toutes les perfections qui peuvent exiſter dans la ſuite. Donc la matiere ne peut pas être le Premier de tous les Etres, l'Etre Eternel.

Il

I'L nous ſera facile de parvenir à la connoiſſance de D i e u, ſi une fois nous ſommes convaincus de l'exiſtence néceſſaire d'un Eſprit é-
ternel. L'exiſtence de cet Etre une fois poſée,
il s'enſuivra : Que s'il a créé des Etres intelligens, il a auſſi donné l'exiſtence aux parties
les moins conſiderables de cet univers, je veux
dire aux corps inanimez; que tous les Etres
intelligens, qui ont commencé à exiſter, doivent
dépendre de lui, & n'avoir de connoiſſance &
de puiſſance qu'autant qu'il leur en a donné :
Par là on établira ſa Toute-ſcience, ſa Puiſſance
& ſa Providence, attributs deſquels, par des conſéquences néceſſaires, on peut déduire toutes ſes
autres perfections.

CHAPITRE XI.

De la Connoiſſance que nous avons de l'exiſtence des autres choſes,

N OUS ſommes convaincus de nôtre exiſtence par connoiſſance immédiate, de l'e-
xiſtence de D i e u par démonſtration, mais
celle des autres choſes ne nous eſt connuë que
par ſenſation; car hors l'exiſtence de D i e u,
qui eſt démontrée néceſſaire dès-là que nous
exiſtons, il n'y a aucune liaiſon que ce ſoit, entre l'exiſtence d'aucune choſe particuliere, &
l'exiſtence des autres choſes, où les idées que la
mémoire nous en conſerve. On ne peut donc
ſe convaincre que telles ou telles choſes exiſtent, qu'autant qu'elles agiſſent ſur l'ame; car
on ne démontreroit pas mieux l'exiſtence d'une

choſe

choſe par ſon idée, qu'on ne démontreroit
l'exiſtence d'un homme par ſon portrait, ou
la vérité d'une hiſtoire par les réveries d'un
ſonge.

Ce n'eſt donc que par la reception actuelle
des idées, qui nous viennent de dehors, que nous
ſommes aſſurez de l'exiſtence des choſes qui
ont produit en nous ces idées ; car peut-être
ignorons-nous la maniére dont ſe fait cette impreſſion, ou peut-être eſt-il qu'on n'y fait aucune reflexion. Mais ſoit qu'on ignore ce *comment*, ſoit qu'on n'y faſſe pas d'attention, cela ne diminue rien ni de la certitude des
ſens, ni de la réalité des idées que nous recevons par leur moyen ; car bien que la connoiſſance qu'on a par ſenſation ne ſoit pas auſſi
certaine que celle qu'on a par ſimple vuë, &
par demonſtration, cependant elle merite le nom
de connoiſſance, ſi néanmoins nos organes, que
je ſuppoſe n'être pas dérangez, nous inſtruiſent,
avec exactitude dans leur témoignage, touchant
l'exiſtence des objets extérieurs. Mais outre
le témoignage de nos ſens, leſquels nous aſſurent de leur fidélité dans leur rapport de la
maniere la plus forte, nous avons d'autres preuves, qui concourent à rendre certaines leurs dé-
poſitions.

I. Il eſt certain que les idées des choſes, qui
ſont hors de nous, ſont produites en nous par
des cauſes exterieures & qui affectent nos ſens ;
cela ſe prouve, parce que ceux qui ſont privez
des organes d'un ſens ne peuvent plus avoir les
idées de ce ſens. Ce fait ne peut pas être re-
voqué en doute, & par conſéquent il eſt dé-
montré, que les idées particulieres à un ſens ne
viennent que par ſon canal. Il n'y a point

 d'autre

d'autre voie , par où elles pourroient être intro-
duites dans nôtre ame.

II. Souvent on ne ſauroit s'empêcher
d'avoir les idées de certaines choſes : Ayant *p. e.*
les yeux fermez , je puis à plaiſir me rappeller
l'idée du Soleil , que des ſenſations précédentes
avoient laiſſées dans mon eſprit ; mais ſi je les
tourne en effet vers cet Aſtre , je ne puis que je
ne ſois frappé des ſenſations qu'il produit en
moi. Donc il y a une difference manifeſte entre les ſenſations que la mémoire conſerve, & celles que la force nous oblige de recevoir : Donc
il y a quelque cauſe exterieure, qui par ſon action irreſiſtible produit en moi ces idées que je
ſuis forcé de recevoir, bon-gré mal-gré que j'en
aie.

III. Ajoutez , que pluſieurs ſenſations
ſont produites avec douleur, bien-que leur ſouvenir ne cauſe aucune incommodité. Un ſentiment deſagréable de chaleur, de froideur, n'eſt
ſuivi d'aucune impreſſion facheuſe lors qu'on le
rappelle dans la mémoire , quoi-qu'il fut très
incommode lors qu'on l'a ſenti effectivement ;
or ſi ces ſentimens de douleur, ſans être produits par aucune cauſe réellement exiſtante ,
n'étoient que des fantômes de l'imagination leſquels viennent troubler l'ame , ou ils n'incommoderoient jamais , ou ils incommoderoient
conſtamment toutes les fois qu'on y penſe.

IV. Nos ſens, en pluſieurs occaſions, ſe rendent mutuellement témoignage de la certitude
de leurs rapports. Celui qui ſoupçonne , que
le feu qu'il voit n'a point de chaleur, pourra
éclaircir ſes doutes en s'en approchant d'aſſez
près, & j'eſpere qu'alors il conclurra, ſans une

grande

grande ſuite de raiſonnement, que le feu n'eſt pas une pure idée, un pur fantôme.

Sɪ après tout ce que je viens de dire, il ſe trouve quelqu'un encore aſſez ſceptique pour ſe défier du témoignage de ſes ſens, pour revoquer en doute l'exiſtence de toutes les choſes, & pour s'imaginer qu'on n'en ſauroit connoitre aucune; qu'il ſache que la certitude, que nous avons de l'exiſtence des choſes par les ſens, eſt auſſi grande que nôtre nature peut le permettre, & que nôtre condition le requiert. Nos organes ne ſont pas proportionnez, ni à la vaſte étendue de tous les Etres, ni à une compréhenſion de toutes choſes, qui ſoit claire & exemte de doute; mais ils ſont proportionnez à nos beſoins dans cette vie; or à quiconque veut y refléchir, il eſt indubitable qu'ils nous ſervent aſſez bien pour cette fin; ils nous font connoitre, & d'une maniere très certaine, les choſes qui nous ſont ou avantageuſes, ou nuiſibles. Quiconque aura éprouvé la douleur que lui a cauſé la flamme, doutera-t-il que cette flamme exiſte hors de lui? Or cette connoiſſance, exemte de doute, ſuffit pour qu'on puiſſe là-deſſus ſe regler; car perſonne ne peut ſouhaiter des regles de ſes actions plus certaines que le ſont ſes actions elles-mêmes. Donc la connoiſſance qu'on tire des ſens eſt auſſi grande qu'on peut la déſirer. Elle eſt auſſi certaine que le plaiſir & la douleur, *c. à. d.* que nôtre bonheur & nôtre miſere, les ſeules choſes dont la connoiſſance & l'exiſtence nous intereſſent.

Aɪɴsɪ nous ſommes aſſurez, que lorſque nos ſens introduiſent quelque idée dans nôtre eſprit, il y a dans ce même inſtant quelque choſe qui exiſte hors de nous; mais nous ne pouvons

 avoir

avoir une telle certitude, qu'autant que nos ſens
ſont actuellement agitez par quelque objet ; car
de ce que j'ai vû un homme il n'y a qu'un inſtant, il ne s'enſuit pas qu'il exiſte dans ce moment précis.   J'infere encore des principes po-
ſez, que les choſes qui autrefois ont affecté nos
ſens ont auſſi exiſté : Nous ſommes certains
de cette exiſtence paſſée, auſſi longtems que nous
en avons un ſouvenir aſſuré.   Je viens à l'exiſtence des eſprits.

L'I d e'e de ces Etres prouve à la vérité l'exiſtence de D i e u, mais non pas celle d'aucun
eſprit fini, ou d'aucun autre Etre ſpirituel.   La
Révélation, & d'autres preuves, nous aſſurent de
l'exiſtence des eſprits finis; mais nos ſens ne pouvant pas les découvrir, il nous eſt impoſſible de
déterminer la nature de chacun d'eux; & l'i-
dée que nous en avons, ne prouve pas ni qu'ils
exiſtent, ni qu'ils y repondent, non plus que
l'idée des *Fées* & des *Centaures* ne démontre pas
que les Etres qu'elles repréſentent exiſtent veritablement.

D e ce que je viens de dire, ſoit dans ce chapitre, ſoit dans les précédens, il eſt clair qu'il
y a des propoſitions de deux ſortes. *Les unes* af-
firment que nos idées ſont repréſentatives de
quelque choſe qui exiſte hors de nous, ou bien
elles le nient, comme dans ces exemples, *il y a
des Anges qui exiſtent, il n'y a point de Centaures :*
La connoiſſance que nous avons de ces propoſitions ne regarde que les choſes particulieres;
& ce n'eſt que par les ſens que nous pouvons
l'acquerir ; car, excepté D i e u, nous ne pouvons connoitre aucune choſe exterieure que par
les ſens. *Les autres* expriment, ou le rapport, ou
l'oppoſition de nos idées abſtraites, & la depen-
dance

dance où elles ſont les unes à l'égard des autres: Ces propoſitions peuvent être certaines & univerſelles. Ayant l'idée *p. e.* de D i e u & de *moi-même,* de *crainte* & *d'obéiſſance,* je ne puis m'empêcher de conſentir à cette propoſition, *je dois craindre Dieu & lui obéir.* Et cette propoſition ſera véritable à l'égard de tous les hommes que j'aurai renfermé, par abſtraction, dans cette *eſpece* d'Etres, dont je ſuis un ſujet particulier. Mais quelque certaine que ſoit cette propoſition, elle ne prouve point l'exiſtence du Genre humain, elle prouve ſeulement, que tous les Hommes ſeront obligez au même devoir que moi, dès qu'ils exiſteront.

D a n s les propoſitions de la premiere eſpece, nôtre connoiſſance nait des idées qu'ont excité dans nôtre ame les objets exterieurs. Dans les propoſitions de la ſeconde eſpece, la connoiſſance eſt la ſuite des idées qui ſont dans l'eſprit ; car c'eſt par elles uniquement qu'on forme ces propoſitions générales & certaines, dont la plûpart ſont nommées *véritez éternelles,* quoi qu'en effet elles le ſoient toutes. Non pas qu'elles ſoient toutes, ou quelques-unes d'entr'elles, gravées dans l'eſprit, ou qu'elles y aient été formées en propoſitions, avant que d'avoir acquis les idées qui les compoſent, & avant que d'avoir appris les rapports de ces idées ; mais parce qu'il eſt impoſſible qu'un homme, enrichi des facultez & des idées que nous avons, ne connoiſſe invinciblement la vérité de ces propoſitions, dès qu'il refléchira ſur leurs idées. Car les noms étant ſuppoſez ſignifier toujours les mêmes idées, & les mêmes idées aiant conſtamment le même rapport entr'elles, il eſt viſible que des propoſitions, qui formées ſur des véritez

 ab-

abſtraites, ſont une fois véritables, doivent être néceſſairement des *véritez éternelles*.

CHAPITRE XII.

Des moiens d'augmenter nos Connoiſſances.

LES Scolaſtiques aiant établi, que les a-xiomes ſont les fondemens de toutes nos connoiſſances, & que chaque ſcience eſt bâtie ſur de certaines véritez, qui étant connues avant tout raiſonnement ſont l'unique ſource où l'on puiſe toutes ſes connoiſſances, & le ſeul moien de les porter plus avant; on a cru dans l'Ecole, qu'avant d'entrer dans l'examen d'une matiere, il étoit néceſſaire de poſer certaines propoſi-tions, comme autant de principes, ſur leſquels on alloit établir toute la connoiſſance qu'on pou-voit avoir ſur cette matiere.

CE qui vrai-ſemblablement a donné cours à cette méthode, a été le grand ſuccès qu'elle a eu dans les Mathématiques, dans ces ſçiences à qui nulle autre ne peut ſe comparer, ni pour la certitude, ni pour l'évidence : Mais on re-connoitra aiſément, ſi on conſidere la choſe de plus près, que ce n'eſt pas à l'influence de ces principes que les Mathématiques doivent leurs grands progrès, & la connoiſſance réelle que perſonne ne leur conteſte. Cette connoiſſance réelle, ces grands progrès, ſont dus, ſoit aux i-dées claires & préciſes qu'on a ſur ces matieres, ſoit à ce qu'on découvre immédiatement le rap-port, ou d'égalité, ou d'inégalité, entre quelques

idées

idées des Mathematiques , & par ce rapport celui de quelques autres idées. Un Enfant ne
peut-il connoitre, que tout son corps est plus
grand que son petit doit, qu'en vertu de cette
maxime , *le tout est plus grand que sa partie?*
Ici je prie mes Lecteurs de se rappeller ce que
j'ai dit, lorsque j'ai traité la question , *si la plus
grande partie des hommes ne connoissent pas plûtôt, mais avec une pleine évidence, les choses particulieres que les véritez abstraites & générales.*
Ces vérités abstraites, ou éternelles, ne sont que
des comparaisons entre ses idées les plus générales, idées que l'esprit a formées, & auxquelles il a fixé des noms, uniquement afin d'avancer avec plus de facilité dans ses deductions;
Mais ce n'est pas par ces idées que peut avoir
commencé la connoissance; car elle est toute
fondée sur des choses & des idées particulieres.
Et si on raisonne dans la suite sur ces véritez
générales, sans faire attention à leurs idées, c'est
que l'esprit, afin de décharger la mémoire d'un
tas embarrassant d'idées particulieres, a rangé
ces idées sous des notions générales, & qui les
représentent toutes en même tems.

Le grand secret pour augmenter nos connoissances, ce n'est pas non plus de recevoir a-
veuglément certains principes & par une *foi
implicite.* C'est là s'écarter de la vérité, plûtôt
que s'en approcher. Mais le grand moien pour
faire des progrès vers la vérité, c'est d'acquérir
des idées aussi claires, aussi complettes qu'on peut
les avoir, & ensuite de leur assigner des noms
particuliers & d'une signification constante; a-
lors par la simple consideration de ses idées, &
en les comparant entr'elles, on parviendra à une
connoissance plus certaine, plus évidente, qu'en

Q 4

épousant

époufant de certains principes & foumettant ainfi fon jugement à la difcrétion des autres.

Tout homme, qui veut fe conduire fuivant les avis de la raifon, doit regler fes recherches fur la nature des idées qu'il examine & des veritez qu'il tache de découvrir. Les véritez générales & certaines ne font fondées que fur les differens rapports de nos idées abftraites; par conféquent, s'appliquer avec une bonne méthode & une grande fagacité d'efprit à trouver tous ces rapports, c'eft le feul moien de découvrir, fi ce que l'on peut former en propofitions générales eft-véritablement certain, ou non. Et du refte, on peut avec fuccès apprendre les degrez, par où l'on doit avancer dans les recherches de cette nature, des Mathématiciens, des Mathématiciens, dis-je, qui par des principes clairs & faciles, arrivent enfin par des degrez infenfibles, & par une enchainure liée de raifonnemens, jufqu'à la démonftration de certaines véritez, qui paroiffoient d'abord au deffus de la capacité humaine. Et je ne balance point à dire, qu'on pourroit porter plus avant fes connoiffances générales, & même avec plus de lumiere qu'on ne fauroit l'imaginer, fi fuivant cette méthode, on vouloit examiner toutes les idées dont on connoit l'effence nominale & l'effence réelle. C'eft ce qui m'a fait dire avec tant de confiance, au *Chap.* III. de ce *Livre, Que la Morale eft capable de démonftration auffi-bien que les Mathématiques.* Les idées de Morale font des effences réelles, on en connoit les rapports & les oppofitions, pourquoi donc, toutes les fois qu'on découvre ces oppofitions & ces rapports, ne ferions-nous pas affurez de véritez certaines & générales?

A.

A l'égard des ſubſtances , nous devons tenir une route toure oppoſée. En contemplant leurs idées abſtraites, qui ne ſont que des eſſences nominales, il n'eſt pas poſſible de porter fort loin nos connoiſſances ſur ce qu'elles ſont dans leurs eſſences réelles. Les expériences ſeules doivent nous apprendre ce que la raiſon ne ſauroit nous découvrir; & de fait ce n'eſt que par ce moien que nous pouvons connoitre que certaines qualitez ſimples co-exiſtent dans un même ſujet, que *p. e.* ce corps qui eſt *jaune, peſant, fuſible,* & que j'appelle *or,* eſt un *corps fixe :* Mais de quelle maniere que réüſſiſſe cette expe‑ rience, dans le corps particulier que j'examine, je ne ſuis pas certain qu'elle réüſſira de même ſur tous les corps *jaunes, peſans,* & *fuſibles ;* car, la *fixation* de l'or n'a aucune liaiſon avec les autres qualitez de ce métal. J'avoue cependant qu'un obſervateur judicieux eſt incomparablement plus capable de pénétrer dans la nature des corps & dans leurs proprietez inconnuës, que ceux qui ne ſe ſont jamais appliquez à faire des experiences; mais que par là il puiſſe parvenir à la connoiſſance, ou à la certitude, c'eſt ce que je nie. Ce ne ſera jamais qu'opinion , que conjecture , que vrai-ſemblance. Par cette raiſon, je ſoupçonne que la *Phyſique* eſt incapable de devenir une ſcience certaine. Des experiences & des obſervations qu'on a faites , on peut tirer de très grands ſecours pour les commoditez de la vie civile, de la ſanté même ; mais on me permettra de douter, que par nos facultez nous puiſſions connoitre parfaitement la nature des corps.

Puis donc que nos facultez ne peuvent pas nous découvrir l'eſſence réelle des corps ,

mais

mais puis qu'elles nous découvrent affez de la
nature de Dieu & de celle de nous-mêmes,
pour nous inftruire de nos devoirs & de nos
plus grands interets, avouons-le, nous qui voulons être des créatures raifonnables, que nous
ne devrions faire ufage de nos facultez que
pour les chofes avec qui elles ont le plus de
rapport. Nous devrions fuivre les directions
de la nature, & nous laiffer conduire là où il
femble qu'elle veut nous mener. Y a-t-il rien
de plus raifonnable que de conclurre, que nôtre
occupation principale, dans ce monde, confifte à
rechercher les véritez dont la découverte eft
proportionnée à nôtre nature, & d'où dépend ce
qui nous intereffe le plus, je veux dire nôtre
fort pendant toute l'Eternité. J'infere donc,
que tous les hommes, quels qu'ils foient, font
obligez de faire de la morale leur occupation
la plus férieufe, puifqu'ils font tous intereffez à
rechercher le fouverain bien, & qu'ils ont pour
cet effet tous les fecours néceffaires. Comme
d'autre part, les arts & les métiers de toute
efpece font le partage des particuliers, & ce à
quoi ils doivent emploier leurs talens, pour les
commoditez de la vie civile, & pour leur propre fubfiftance.

Nous n'avons que ces deux moiens d'é-
tendre nos connoiffances. *Le premier* eft d'acquerir autant qu'on le peut des idées claires &
diftinctes ; car nos connoiffances ne pouvant
pas s'étendre au delà de nos idées, c'eft en vain
qu'on prétendroit connoitre avec certitude des
chofes, dont on n'a que des idées ou imparfaites,
ou obfcures, ou confufes. *Le fecond*, c'eft de
trouver des idées moyennes qui manifeftent le

rapport

rapport ou l'opposition des idées, qu'on ne peut
pas comparer immédiatement.

Que ces deux moyens soient les seuls que
nous ayons pour perfectionner nos connoissances, & même celles qui regardent d'autres objets que les modifications de la quantité; c'est
ce dont on peut s'assurer, en refléchissant sur
les connoissances qu'on acquiert dans les Mathématiques. Peut-on connoitre absolument rien,
ni des angles, ni des autres figures, si on n'en a
pas une idée claire ? Celui qui se tourmenteroit
à former quelque démonstration sur l'*angle droit*
& le *scalene*, avant que d'avoir des idées distinctes de ces figures, perdroit & sa peine & son
tems.

CHAPITRE XIII.

Autres Considerations sur nos Connoissances.

ENTRE la vuë & la connoissance il y a
plusieurs rapports, dont le plus considera-
ble est que ces deux facultez ne sont ni entierement volontaires, ni entierement nécessaires. Car de même que celui qui ouvre les yeux
en plein jour, ne peut pas s'empécher de voir
des objets, & de les discerner, de même aussi il
n'est pas au pouvoir d'un homme, qui a l'usage
des sens, de ne pas recevoir quelque idée par
leur moyen ; & s'il a de la mémoire, il ne
sauroit ne pas en retenir quelques-unes ; & s'il
n'est pas privé de la faculté de les distinguer,
il ne sauroit s'empécher d'en appercevoir le
rapport & l'opposition. De même encore que
quoi-

quoi-que nous ne foyons pas les maîtres d'appercevoir les objets autrement que nous ne faifons, de juger blanc, *par exemple*, un corps qui
nous paroit jaune, cependant il eft en nôtre
pouvoir de tourner nos yeux vers un objet plûtôt que vers un autre, & de le confiderer avec
plus ou moins d'attention ; de même auffi,
nous pouvons tourner nos reflexions vers un fujet plûtôt que vers un autre, nous pouvons y
refléchir avec un efprit plus ou moins attentif ;
mais dès qu'une fois nous le connoiffons, il ne
dépend plus de nous de déterminer la connoiffance que nous en pouvons avoir. Nous fommes forcez de le connoitre felon les idées que
nous en avons eues. *Par exemple.* Ayant comparé les nombres de deux & de trois avec celui
de cinq, puis-je m'empêcher de connoitre que
deux & trois font égaux à cinq ? *Autre exemple ;* J'ai l'idée d'un Etre intelligent, qui eft
foible, fragile, & qui dépend d'un autre Etre
qui lui a donné l'exiftence ; l'idée que j'ai de cet
Etre, qui lui a donné l'exiftence, eft l'idée d'un
Etre Eternel, d'un Etre Tout-puiffant, infiniment bon, & parfaitement fage ; avec ces idées
là, je ne puis non-plus refufer mon acquiefce-
ment à cette vérité, l'*homme doit honorer DIEU,
le fervir & lui obéir*, que je ne puis m'empêcher
d'être affuré que le Soleil luit, lorfque je le vois
actuellement. Mais, quelques certaines que
foient ces véritez, & quelque grande qu'en foit
l'évidence, un homme les ignorera éternellement, s'il ne fe donne la peine d'y refléchir avec
quelque attention.

CHA-

CHAPITRE XIV.

Du Jugement.

CE n'eſt pas ſimplement, pour que nous raiſonnaſſions ſur des véritez ſpéculatives, que le Créateur nous a douez de diverſes facultez, mais encore afin de nous en ſervir pour la conduite de la vie. Dans quelle triſte condition l'homme ne ſe verroit-il pas reduit, s'il ne vouloit ſe gouverner que ſur ce qu'il connoit très certainement? S'abandonnant à une molle oiſiveté, il ſe verroit bientôt réduit à périr miſérablement. Ce ſeroit là, ſans doute, le ſort d'un homme, qui ne voudroit manger qu'après avoir eu des preuves certaines qu'une telle viande le nourrira, ou qui n'oſeroit entreprendre aucune action qu'après s'être aſſuré du ſuccès.

DIEU n'a mis dans une lumiere éclatante qu'un certain nombre de véritez. Sans doute afin de nous donner des avant-gouts de ce que peuvent comprendre des Créatures purement ſpirituelles, & de nous exciter par là à déſirer, à chercher un meilleur état. Mais pour la plus grande partie de nos actions, il ne nous a accordé que des apparences de probabilité, mais néanmoins conformes à l'état de médiocrité & d'épreuve, où nous ſommes dans ce monde.

LA premiere faculté que DIEU a accordée aux hommes, pour les éclairer au défaut de la connoiſſance, c'eſt le *jugement*; *c'eſt-à-dire*, cette action de l'eſprit, par laquelle il ſuppoſe, mais ſans avoir de certitude démonſtrative, que

certai-

certaines idées conviennent ou ne conviennent
pas entr'elles. L'esprit a souvent recours à cette
maniere de connoitre. Quelquefois c'est par
nécessité ; car dans plusieurs occasions on ne
peut avoir de connoissance certaine. Mais souvent c'est par négligence , par manque d'habileté , ou par la précipitation avec laquelle on
juge des choses mêmes qu'on peut connoitre
par démonstration.

Cette faculté dont je parle, est nommée *ju-*
gement, lorsqu'elle s'exerce immédiatement sur
les choses. Et quand on l'employe à découvrir
des véritez exprimées par des paroles, on l'appelle communément *assentiment*, ou *dissentiment*.
C'est donc par le secours de deux facultez, qu'on
découvre la vérité ou la fausseté ; 1. Par *la con-*
noissance, ce qui est appercevoir certainement le
rapport ou l'opposition de quelques-unes de nos
idées ; 2. Par *le jugement*, qui consiste à joindre,
ou à séparer des idées , suivant qu'on présume
qu'elles conviennent ou qu'elles ne conviennent
pas ; car dans le jugement, il n'y a point de perception immédiate.

Le jugement est droit , lorsqu'on unit , ou
qu'on sépare les idées selon la réalité des choses.

CHAPITRE XV.

De la Probabilité.

LA Probabilité n'est autre chose que le rapport
ou l'opposition qu'on découvre entre deux
ou plusieurs idées , mais par l'entremise de preuves, dont la connexion, ou n'est pas certaine & immuable ,

muable, ou du moins n'eſt pas apperçue comme telle , mais néanmoins ſuffit , ſoit parce que d'ordinaire elle eſt immuable & certaine , ſoit parce qu'on l'apperçoit telle le plus ſouvent, ſuffit , dis-je , pour porter l'eſprit à juger qu'une propoſition eſt vraie , ou fauſſe , plûtôt que ſa contraire.

D A N S la probabilité ou la vrai-ſemblance , il y a donc un grand nombre de degrez , depuis ce qui approche le plus de la certitude & de la démonſtration , juſqu'à *l'improbable* , & à ce qui touche le plus près de l'impoſſible. Et par conſéquent , il doit y avoir pluſieurs degrez d'aſſentiment, depuis la connoiſſance certaine & (ce qui en approche le plus) depuis une pleine aſſurance, juſqu'à la *conjecture* , au *doute* , & au *deſeſpoir de connoitre.*

T O U T E propoſition eſt donc probable , lors qu'à l'aide de quelques raiſonnemens & de quelques preuves , on peut la faire paſſer pour véritable. Et à cette action de l'eſprit, par laquelle on reçoit comme vraie une propoſition de cette nature , on donne le nom de *créance* , d'*aſſentiment* , d'*opinion.* Ainſi la probabilité étant deſtinée à ſuppléer à nos connoiſſances certaines , elle ne peut avoir d'autre objet que les matieres incapables de certitude , mais que des motifs nous ſollicitent à recevoir comme véritables. Je penſe qu'on peut rapporter tous les fondemens du *probable* à ces deux.

L E *premier* , eſt la convenance d'une choſe avec nos connoiſſances, nos experiences & nos obſervations. *Le ſecond* , c'eſt le témoignage des autres hommes , quand il eſt appuyé ſur ce qu'ils connoiſſent & ſur ce qu'ils ont éprouvé. Il faut conſiderer ſur le témoignage des autres hommes ,

hommes , 1. le nombre des témoins , 2. leur in-
tégrité, 3. leur soin à s'informer du fait en question , 4. leur dessein , sur tout quand on l'apprend dans quelque livre , 5. la maniere dont
ils se soutiennent dans toutes les parties & dans
toutes les circonstances de leur rélation , *enfin*
les témoignages contraires.

AVANT que donner, ou refuser , son consentement à quelque proposition probable , on
devroit , pour agir raisonnablement , examiner
tous les fondemens de probabilité , & voir jusqu'où & comment ils peuvent établir cette proposition , ou la renverser. Et après avoir düe-
ment pesé les raisons pour & contre , on devroit la recevoir pour véritable , ou la croire
fausse , avec un assentiment proportionné aux
raisons qu'on a eues, pour l'embrasser , ou pour la
rejetter.

CHAPITRE XVI.

Des Degrez d'Assentiment.

EN ce que les fondemens de probabilité, é-
tablis dans le *Chap.* précedent , sont les principes, en conséquence desquels, nous consentons
à une opinion probable , en cela même, ils doivent regler & limiter les degrez de nôtre consentement. Aucun fondement de probabilité
ne doit incliner l'esprit d'un homme , qui recherche la vérité , au delà de la vrai-semblance
qu'il y a découvert, au moins dans le premier
jugement qu'il en a porté, & dans la premiere
recherche qu'il en a faite. Je dis dans la premiere

miere recherche qu'il en a faite, & dans le premier jugement qu'il en a porté ; car en plusieurs rencontres il est ou difficile, ou impossible, à ceux-là même qui ont la mémoire la plus tenace, de retenir les preuves qui les ont engagez, & néanmoins après un mûr examen, à embrasser tel ou tel sentiment. On peut donc être assuré qu'un fait est plus vrai-semblable qu'un autre, sur ce que la mémoire nous rend certains qu'une fois nous avons épluché la matiere avec toute l'exactitude possible, & reconnu que le parti que nous embrassons comme étant le plus vrai-semblable, nous paroissoit effectiment tel. Après, dis-je, ces précautions, on peut, pour le reste de sa vie, être surement convaincu sur le témoignage de la mémoire, qu'une telle opinion mérite tel ou tel degré d'assentiment. Si on n'avoit pas ce privilege, ou l'on tomberoit inévitablement dans le scepticisme, ou l'on changeroit d'opinion à l'ouïe de chaque raisonnement, duquel, faute de mémoire, on ne découvriroit pas le foible dans l'instant même.

Il est vrai que souvent les hommes s'obstinent dans l'erreur, pour adhérer trop opiniatrément à leurs jugemens passez ; mais ce défaut ne consiste pas dans la mémoire, mais dans la précipitation téméraire avec laquelle on a jugé. Et la vérité est, qu'en fait de vrai-semblance il n'y a rien de moins raisonnable que cette opiniatreté ; car peut-être qu'il n'est personne qui ait le loisir, la patience & les autres moyens nécessaires, pour rassembler les preuves de ses opinions, ensorte qu'il puisse conclurre, avec assurance, qu'il connoit parfaitement toutes ces preuves, qu'on n'en peut avancer aucune qui

soit

soit capable de l'instruire. Les necessitez pressantes & indispensables de cette vie nous forcent à nous déterminer incessamment, elles ne nous permettent pas d'examiner la matiere à fond. Et d'ailleurs il est à remarquer, que celles de nos actions qui regardent la conduite de la vie, & sur lesquelles par conséquent il est nécessaire de se déterminer promtement, sont de nature qu'elles dépendent pour la plûpart de ces décisions du jugement, sur lesquelles on ne peut avoir de connoissance certaine.

Les propositions que quelques fondemens de probabilité nous sollicitent à recevoir, sont de deux sortes : *Les unes* regardent l'existence particuliere de quelque Etre, ou quelque matiere de fait : *Les autres* regardent les choses que nos sens ne peuvent découvrir, & qui par là sont incapables d'être prouvées par aucun témoignage humain. Voici ce que j'ai à dire des premieres.

I. Lors qu'un fait est rapporté d'une maniere uniforme par tous ceux qui le racontent, & qu'il convient de plus avec nos observations constantes, & avec celles des autres hommes, alors nous le recevons avec une assurance égale à celle que nous avons par une connoissance certaine. Ainsi, sur le rapport des François, je ne doute non-plus qu'il ait gelé en France l'hyver passé, que je ne doute de la vérité de cette proposition, *sept & quatre font onze.* Donc le premier & le plus haut degré de probabilité, c'est lors qu'un fait est conforme à nos observations, & de plus que nous connoissons, autant qu'une chose de cette nature peut être connue, que ce fait est appuyé du témoignage général de tous les hommes dans tous

les

les tems, Les faits capables d'une certitude de cette espece regardent, ou les constitutions & les proprietez des corps, ou les productions reguliéres de certains effets par leurs causes naturelles. Nous nommons les preuves de ces faits, *des argumens pris de la nature même des choses.* Sur cet article, nôtre créance s'éléve jusqu'à l'*assurance.*

II. Le premier degré de probabilité, après celui dont je viens de parler, c'est lorsque je trouve par ma propre experience, & par le rapport unanime de tous les hommes, qu'une chose attestée par des temoins irreprochables est communément telle qu'ils la rapportent : Ainsi l'experience & l'histoire m'apprenant, que la plûpart des hommes preferent & ont toujours preferé leur interêt particulier à celui du public, je crois qu'il est probable, que *Tibere* a donné dans ce vice, comme tous les historiens de sa vie l'en ont accusé. En ce cas-ci, nôtre assentiment va jusqu'à un degré, qu'on peut appeller *confiance.*

III. Nous ne pouvons refuser nôtre consentement à des faits indifferens , comme celui-ci, *un oiseau a volé du coté du midi,* ni à ceux qui sont unanimément attestez par des temoins d'une authorité non suspecte, tels que sont les deux suivans. *Il y a en Italie une ville nommée Rome, où vivoit il y a environ* 1740. *ans un homme qu'on appelloit Jules-Cesar.* On ne sauroit douter de ces faits & d'autres semblables, nonplus que de l'existence & des actions des personnes qu'on voit tous les jours.

La probabilité, quand elle est établie sur de pareils fondemens, porte avec elle un degré d'évidence si lumineux, qu'il nous est aussi im

 possible

possible de croire ou de ne croire pas, que de connoitre ou de ne pas connoitre ce qu'une démonstration claire nous fait voir. Ainsi la difficulté de se fier au témoignage des autres, c'est lors que leurs témoignages, ou se contredisent, ou sont contredits, soit par des témoignages opposez, soit par l'experience, soit par le cours ordinaire de la nature. Dans ces sortes de cas, la diligence, l'attention & l'exactitude sont absolument nécessaires, soit pour former un jugement droit, soit afin de proportionner son consentement aux preuves & aux vrai-semblances qui établissent le fait en question. Et comme pour juger de la validité de ces preuves, de ces vrai-semblances, il faut faire un grand nombre de reflexions sur les observations opposées, les circonstances, les rapports, les desseins, les négligences, &c. de ceux qui rapportent quelque fait, on voit qu'il est impossible de regler les degrez de consentement pour des faits de cette nature. Tout ce qu'on peut ici dire de certain & de général, c'est que les preuves d'un fait, selon qu'elles paroissent, apres un mûr examen, l'établir plus ou moins, doivent produire dans l'esprit ces differens degrez d'assentiment que nous appellons, *créance, conjecture, doute, incertitude, défiance de connoitre.*

I l y a sur cette matiere une regle généralement approuvée ; c'est qu'un témoignage s'affoiblit à mesure qu'il s'éloigne de sa source ; car les preuves d'un fait connu par tradition ne peuvent que perdre de leur force à chaque degré d'éloignement. Il est pourtant des personnes, qui établissent des regles tout opposées. Chez eux les opinions acquiérent de nouvelles forces à mesure qu'elles vieillissent. Par là, des propositions

tions évidemment fausses dans leur premiere o-
rigne, ou tout au moins douteuses, viennent à
être adoptées comme des véritez autentiques.
Par là, un fait qui est incertain dans la bouche
de ses premiers auditeurs, devient vénérable en
vieillissant, & ainsi il est cité pour incontestable.

Un fait, avancé par un seul temoin, doit se
soutenir ou se détruire, selon qu'il y a de force
ou de foiblesse dans ce témoignage. Que cent
Auteurs divers le citent dans la suite, tant s'en
faut qu'ils y donnent de la force, qu'au contraire ils l'affoiblissent ; car il est certain que les
passions, l'inadvertance & l'interêt même, une
fausse interpretation du sens de l'Auteur, &
mille bisarreries par où l'esprit est souvent de-
terminé, peuvent porter un homme à citer à
faux les sentimens d'un autre.

Je viens présentement à la seconde espece de
probabilité. J'ai dit qu'elle regardoit ce qui
ne tombe pas sous les sens, & par conséquent
ce qui ne peut pas être attesté par des temoins.
Telles sont les choses qui regardent, 1. l'existence, la nature & les operations des Etres finis
& immateriels qui sont hors de nous, comme
sont les Esprits & les Anges. Telles sont encore
les choses qui regardent l'existence de ces Etres
materiels qui sont cachez à nos sens, ou à cause
de leur extrême petitesse, ou à cause de leur é-
loignement prodigieux, comme sont les plantes
& les animaux qu'il y a dans les Planetes, & dans
les autres lieux habitez de l'Univers.

II. Telles sont encore les choses qui regardent la maniere d'operer de la plûpart des
ouvrages de la nature. Les effets de ces operations sont sensibles, mais leurs causes sont inconnues. Nous voions que les Animaux sont

engendrez, qu'ils affouviffent leur faim, qu'ils
fe meuvent, mais les caufes de ces effets & de
plufieurs autres dans les corps naturels, nous
n'en pouvons former que des conjectures. L'a-
nalogie eft le feul fecours que nous aions à cet
effet.   C'eft fur quoi font fondez tous les principes de la vrai-femblance.   Aiant obfervé, *p.
e.* que le frottement violent de deux corps produit de la chaleur & fouvent du feu, nous fommes fondez à croire, que la *chaleur* & le *feu*
confifte dans une agitation violente des parties
imperceptibles d'une matiere brulante.   Mais
comme j'ai dit, ce n'eft là qu'une conjecture.
Néanmoins cette efpece de probabilité, & qui
dans le fond eft le meilleur guide pour faire des
experiences, & pour former des hypothefes raifonnables, ne laiffe pas d'avoir fes ufages & fon
influence.   Un raifonnement circonfpect, fondé
fur l'analogie, découvre fouvent des véritez &
des conféquences très utiles, qui fans cela demeu-
reroient éternellement dans les ténébres.

Quoi-que l'experience & la vuë du cours
ordinaire des chofes influe beaucoup fur nôtre
confentement, il y a pourtant un cas, où l'*extraordinaire* de quelques faits, rapportez néanmoins par des temoins dignes de foi, ne doit pas
les faire rejetter comme faux ; car lors que ces
évenemens furnaturels conviennent avec les fins
de celui qui a le pouvoir de changer le cours
de la nature, alors plus ils font au delà de nos
obfervations, ou même plus ils y font oppofez, &
plus ils ont de force pour obtenir nôtre créance.
Tel eft le cas des *miracles.* Une fois atteftez
comme certains, ils s'attirent par eux-mêmes la
créance des hommes, & donnent à d'autres veri-

tez

tez toute l'autorité nécessaire pour que l'on y consente.

Il y a des propositions qui s'emparent du plus haut degré d'assentiment, quoi-que pourtant elles ne soient fondées que sur un simple témoignage, & de plus que la chose établie sur ce témoignage ne convienne, ni avec l'experience, ni avec le cours ordinaire des choses. La raison de cette assurance au dessus de tout doute, & de cette évidence au dessus de toute contestation, est fondée sur ce que ce témoignage vient d'un Etre qui ne sait ni ne veut tromper, c'est Dieu lui-même. Ce témoignage se nomme *révélation*, & l'assentiment qu'on y donne s'appelle *foi*. La foi a autant de certitude que nôtre connoissance ; car nous ne pouvons non plus douter qu'une révélation de Dieu soit véritable, que nous ne pouvons douter de nôtre propre existence. Mais avant que d'admettre un fait comme de révélation divine, on doit bien s'assurer qu'il est véritablement tel, & on en doit bien comprendre le vrai sens ; autrement, on s'emportera à toutes les extravagances du fanatisme, & on sera gouverné uniquement par des principes d'erreur & d'illusion.

CHAPITRE XVII.

De la Raison.

ON entend plusieurs choses par le terme de *raison*. Quelquefois des principes évidens & véritables ; quelquefois des con-

sequences claires & juftes déduites de ces principes ; quelquefois la caufe même & particulierement la *caufe finale.* Ce n'eft à aucun
de ces égards que je veux prefentement traiter
de la raifon. Je vai en parler, entant que ce
terme fignifie cette faculté, par où l'on fuppofe que l'homme eft diftingué des Brutes, &
par où il eft évident qu'il les furpaffe de bien
loin.

L A raifon nous eft d'un ufage abfolu, tant
pour étendre nos connoiffances, que pour regler nôtre affentiment ; car elle nous eft neceffaire, & pour la démonftration, & pour la vrai-
femblance. D'ailleurs, elle aide à toutes nos
facultez intellectuelles, elle leur eft même néceffaire, & à le bien prendre elle en conftitue
deux, favoir la *fagacité* & l'*induction*, ou la faculté d'inferer, ou de tirer des conféquences.
Par la premiere de ces facultez on trouve des
idées moiennes, & par la feconde on arrange
ces idées de maniere qu'on puiffe, en découvrant
toutes les parties d'une déduction, & l'endroit
par où ces parties s'uniffent, qu'on puiffe, dis-je,
amener au jour la vérité en queftion. Ce que
nous appellons *inferer*, n'eft donc autre chofe
qu'appercevoir la liaifon qui eft entre les idées
que renferme chaque degré d'une déduction, &
par cette appercevance découvrir fi deux idées
ont entr'elles ou un raport ou une oppofition
néceffaire. Lorfqu'on eft affuré que la liaifon
de deux idées eft certaine, comme il arrive dans
la démonftration, alors on parvient à la connoiffance. Mais fi cette liaifon n'eft que probable,
on ne connoit que par opinion ; & dans ce cas,
on doit regler fon affentiment fur la force des
divers degrez de vrai-femblance. Mais qu'on
con-

connoiſſe, ſoit par démonſtration, ſoit par opinion, la faculté qui trouve, & qui ménage à propos, les moyens néceſſaires pour découvrir, ou la
certitude, ou la plus grande vrai-ſemblance, on
l'appelle *raiſon.* Dans la raiſon, on peut donc remarquer ces quatre degrez : *1. Découvrir des
idées moyennes, ou des preuves. 2. Ranger ces preuves dans un ordre qui en faſſe voir la liaiſon. 3. Appercevoir cette liaiſon. 4. Tirer une juſte concluſion du tout.*

Sur le ſujet de la raiſon, il y a une choſe
que je ſouhaiterois fort qu'on voulut approfondir, qui eſt, ſi le ſillogiſme eſt, comme on le croit
communément, le ſeul moyen par où la raiſon
puiſſe ſe perfectionner, & arriver à la connoiſſance du vrai. J'en doute, voici pourquoi :

I. C'est que le ſillogiſme n'aide la raiſon
que dans un des quatre degrez, en quoi j'ai dit
qu'elle conſiſtoit : Ce degré, c'eſt le ſecond, qui
conſiſte à montrer la liaiſon qui eſt entre les
idées d'une propoſition ; & même à cet égard
le ſillogiſme ne peut pas être de grand uſage ;
car ſans y recourir, on apperçoit cette liaiſon
auſſi facilement, & peut-être mieux, que par
ſon moyen. Combien de perſonnes incapables
de former un ſillogiſme, & qui ne laiſſent pas
de raiſonner d'une maniere préciſe ? Et à ceux
mêmes qui ſavent former des ſillogiſmes, leur
arrive-t-il ſouvent, lors qu'ils raiſonnent en euxmêmes, de réduire leurs penſées à une certaine
forme d'argumentation ?

II. Parce que les ſillogiſmes ſont ſuſceptibles de faux, auſſi-bien que les manieres de raiſonner les plus triviales. En effet, l'experience
apprend que ces méthodes artificielles ſont plus
propres à ſurprendre l'eſprit & à l'embrouiller,

qu'à

qu'à l'inſtruire & à l'éclairer.   Si donc il eſt certain que dans le ſillogiſme on peut envelopper des raiſonnemens faux , captieux , équivoques, &c. il eſt clair auſſi, qu'on doit découvrir ces défauts par quelque autre moyen que par le ſillogiſme.

S i pourtant les perſonnes accoutumées à ces formes d'argumenter , trouvent que par là ils aident à la raiſon pour découvrir le vrai, ma penſée eſt qu'ils ſont obligez de s'en ſervir. Mon unique deſſein , c'eſt de leur prouver qu'ils ne devroient pas donner à ces formes plus de poids qu'elles n'en méritent , ni ſe figurer que ſans elles les hommes ne feroient que très peu ou point d'uſage de la faculté de raiſonner.

L e ſillogiſme n'eſt - il dont d'aucun uſage ? Je réponds qu'il ſert à découvrir le faux d'une propoſition , caché ſous l'éclat brillant de quelque figure de Rhétorique , qu'il ſert à faire paroitre un raiſonnement abſurde dans toute ſa difformité naturelle, il le dépouille du faux éclat dont il ſe couvre , & de la beauté de l'expreſſion qui en impoſe d'abord : Mais il n'y a que ceux qui ont étudié à fond les modes, les figures du ſillogiſme , & les differentes manieres dont trois propoſitions peuvent être jointes enſemble, qui puiſſent découvrir la foibleſſe ou la fauſſeté d'un pareil raiſonnement, par la forme artificielle qu'on lui donne.   Pour ceux qui ne connoiſſent rien à ces formes, ils ne feront jamais convaincus, par la force d'aucun ſillogiſme que ce ſoit, qu'une concluſion découle certainement de ſes *prémiſſes*. Ce n'eſt point par ces *régles* qu'on apprend à raiſonner. L'homme renferme en lui la faculté d'appercevoir ſi deux idées ont entr'elles ou un rapport ou une op-

poſition

pofition néceffaire, & il peut les ranger dans un certain jour, dans un certain ordre, fans toutes ces *repétitions* embarraffantes. Sans le fecours du fillogifme, on découvrira à coup fûr la fauffeté d'un raifonnement, fi d'abord on le dépouille des idées fuperflues, qui mélées & confondues avec celles dont dépend la force de la conféquence, femblent faire voir une liaifon où il n'y en a point, & enfuite, fi on place ces idées nues dans leur ordre naturel : car l'efprit venant alors à confiderer ces idées dans une telle pofition, il appercevra aifément, & fans le fecours du fillogifme, ou le rapport ou l'oppofition qui eft entr'elles.

M a i s quel que foit le fecours du fillogifme pour arriver à la connoiffance ou à la démonftration, il eft néanmoins vrai qu'il eft d'un bien petit ufage, ou plûtôt, qu'il n'eft abfolument d'aucun ufage pour faire connoitre les degrez de vrai-femblance, par où une propofition l'emporte fur une autre. L'on ne confent à une propofition, plûtôt qu'à fa contraire, qu'en vertu de la fupériorité de fes preuves; or rien n'eft moins propre à déterminer cette fupériorité que le fillogifme ; comme il ne peut embraffer qu'une feule preuve vrai-femblable, il fe donne carriere, il pouffe cette preuve, jufqu'à-ce qu'il ait fait perdre de vuë la chofe en queftion.

A i n s i donc, j'avoue que le fillogifme peut être utile pour convaincre les hommes de leurs erreurs, de leurs méprifes ; mais je nie qu'il aide à trouver des preuves & à faire des découvertes nouvelles ; ce qui eft la fonction la plus pénible de l'efprit, quoi-que peut-être cette même fonction ne foit pas fa qualité la plus
parfaite,

parfaite. Tout l'art du fillogifme confifte à arranger les preuves qu'on fait déja. On connoit
premiérement une verité, enfuite on peut la
prouver à un autre homme par voie de fillogifme. Le fillogifme fuit donc la connoiffance, &
par conféquent il eft d'un ufage bien borné pour
nous faire parvenir au vrai, ou plûtôt il ne peut
être à cet égard d'aucun ufage que ce foit. Ce
n'eft qu'en découvrant des preuves, qui mon-
trent la liaifon, ou l'oppofition de fes idées,
qu'on augmente fes connoiffances, & que les
arts & les fciences fe perfectionnent.

Ce que nous connoiffons immédiatement &
par fenfation eft très peu de chofe. La plûpart
de nos connoiffances, nous les acquerons par le
fecours de la raifon. Mais quoi que fon Empire
foit très étendu, il y a néanmoins des occafions,
où elle ne nous eft d'aucun ufage : 1. Elle nous
manque, lors que nous n'avons point d'idées :
2. Elle fe perd, quand elle s'exerce fur des idées
obfcures, confufes, imparfaites : *P. e.* Nous manquons d'idée complette fur la plus petite étenduë de la matiere & fur l'infinité ; donc toutes
les fois que nôtre raifon s'exerce fur *la divifibilité de la matiere à l'infini*, il faut qu'elle fe perde
& fe diffipe : 3. Quelquefois elle eft arrêtée, faute de trouver une troifiéme idée qui puiffe montrer ou la liaifon, ou l'oppofition certaine ou
probable, de deux autres idées : 4. Souvent,
pour avoir bâti fur de faux principes, on fe
trouve engagé dans des contradictions, dans des
abfurditez & des difficultez infurmontables : 5.
Enfin la raifon eft confondue & pouffée à bout,
par des mots équivoques, douteux & incertains.

Quoi-que déduire une propofition d'une
autre foit l'occupation la plus fréquente de la
raifon,

raifon, cependant le premier & le principal acte du raifonnement, c'eft de trouver le rapport & l'oppofition de deux idées par l'entremife d'une troifiéme ; tout de même qu'on trouve par le moien d'une toife, que la même longueur convient à deux maifons, dont on ne peut pas découvrir par les yeux la jufte égalité.

QUAND il s'agit de convaincre un homme, on emploie d'ordinaire l'une de ces quatre efpéces d'argumentation.

LA premiere eft, de citer les opinions des perfonnes, qui par leur efprit, par leur favoir, par l'éminence de leur rang, par leur puiffance, ou quelque autre endroit, fe font fait un grand nom, & ont établi leur reputation avec certaine autorité. J'appelle cette efpece d'argument, *Argument ad verecundiam.*

LA feconde eft, d'exiger de fon adverfaire qu'il admette la preuve alleguée, ou qu'il en affigne une meilleure. C'eft ce que j'appelle, *argument ad ignorantiam.*

LA troifiéme eft, de preffer un homme par des conféquences qui decoulent de fes principes ou de fes conceffions. Cet efpece d'argument eft connu fous le nom d'*argument ad hominem.*

LA quatriéme confifte, à emploier des preuves tirées de quelqu'une des fources ou de la connoiffanee, ou de la probabilité. C'eft ce que j'appelle, *argument ad judicium.* Et cette derniere voie de raifonner eft la feule des quatre, qui porte avec elle une inftruction réelle, & qui puiffe faire avancer dans la connoiffance du vrai ; car 1. par un *argument ad verecundiam*, ou ce qui revient au même, de ce que par quelque confideration, ou d'interêt, ou de refpect pour un homme, je ne veux pas lui contredire, s'enfuit-il

fuit-il aucunement qu'il foutienne la vérité ? 2.
S'enfuit-il par l'*argument ad ignorantiam*, ou de
ce que mon adverfaire ne peut pas inventer de
doctrine plus vrai-femblance qu'eft la mienne ,
s'enfuit-il, dis-je, que je profeffe la véritable ? 3.
Par l'*argument ad hominem* , ou parce qu'un
autre m'a fait voir que je me trompois, s'enfuit-
il qu'il ait la connoiffance du vrai ? L'a-
veu que je fais de mon ignorance , & de ma
méprife , peut me difpofer à recevoir la vérité ,
mais il ne contribue en rien à m'en donner la
connoiffance. Donc , puifque ma timidité, que
mon ignorance , & mes égaremens ne peuvent
pas me conduire à la connoiffance du vrai , je
n'y puis parvenir , à ce vrai , que par des preuves , par des argumens, & par une lumiere qui
nait de la nature même des chofes.

Par ce que je viens de dire dans ce chapitre,
on peut fixer avec affez de jufteffe les limites ,
foit des chofes qui font *conformes à la raifon* ,
foit de celles qui *la furpaffent* , foit enfin de
celles qui *lui font contraires.* Les chofes conformes à la raifon , ce font les propofitions
defquelles on decouvre ou la vérité , ou la vrai-
femblance, par les idées qu'on a reçues , foit de
la fenfation , foit de la reflexion : *Les chofes qui
furpaffent la raifon* , ce font les propofitions defquelles, par les principes du vrai & du vrai-
femblable, on ne peut pas découvrir ou la vérité,
ou la vrai-femblance. *Les chofes contraires à la
raifon* , c'eft lorfqu'une propofition eft incom-
patible avec nos idées claires & diftinctes. *L'e-
xiftence d'un DIEU unique* , eft conforme à la
raifon , *celle de plufieurs Dieux* lui eft contraire,
& la refurrection des morts la furpaffe. Cette
expreffion *de chofes au deffus de la raifon* , eft

prife

prife dans un double fens , elle marque ce qui eft au deſſus de la probabilité , & ce qui eft au deſſus de la certitude. Ce que je dis du fens étendu de l'expreſſion des chofes au deſſus de la raifon , eft vrai auſſi de l'expreſſion de chofes contraires à la raiſon.

L'Usage a autorifé que le terme de raiſon fignifieroit ce qui eft oppofé à la foi. Cette maniere de parler ne peut qu'être très impropre. La *foi* n'eft autre choſe qu'un ferme aſſenti-ment, lequel il eft de nôtre devoir de bien regler, & ainſi qui ne fauroit être donné à aucune propofition fans de bonnes preuves. La foi ne fauroit donc être oppofée à la raiſon. Celui qui croit, fans avoir de fondement pour fa créance, fe repaitra peut-être de fes imaginations pro-pres ; mais il eft certain qu'il ne cherche pas la vérité comme il le devroit , & qu'il décline par conféquent de rendre à fon Créateur l'obéiſſance qu'il lui doit. Ce bien-faiſant Auteur de nôtre Etre nous ordonne de faire uſage des facultez dont il nous a enrichis , pour nous preferver des méprifes & des erreurs. Mais parce que cer-taines perfonnes s'obſtinent à mettre en oppo-fition la raiſon avec la foi , je penfe qu'il eft néceſſaire de confiderer la raiſon & la foi en-tant qu'oppofées l'une à l'autre.

CHAPITRE XVIII.

Des bornes diſtinctes de la Foi & de la Raifon.

L'A *Raiſon* , fi on la confidere en oppofition à la *foi* , n'eft autre choſe que découvrir la certitude ou la vrai-ſemblance de certaines propoſitions , par des raiſonnemens compoſez d'idées qu'on a acquiſes par la ſenſation , & la reflexion.   La *Foi* d'un autre côté , c'eſt conſentir à une propoſition , parce que ſur l'autorité de celui qui la propoſe on la tient pour une vérité qui vient immédiatement de D i e u. Cette maniere de convaincre les hommes , eſt appellée *Révélation.*   Voici quelques obſervations ſur ce ſujet.

I. N u l *homme inſpiré de DIEU , ne ſauroit introduire dans l'eſprit des hommes , par aucune révélation que ce ſoit , une idée ſimple qu'ils ne connoiſſent ni par la ſenſation , ni par la reflexion.* Pourquoi ? C'eſt que les mots , par eux-mêmes , ne peuvent exciter que leur ſon naturel , & qu'en qualité de ſignes repréſentatifs de nos idées , ils ne ſauroient produire d'autre effet que de rappeller dans l'eſprit les idées que l'uſage leur a fixé.   Ce que je dis des mots , je le dis de tous les autres ſignes imaginables.   Il n'y en a aucun qui puiſſe nous donner à connoitre des choſes dont nous n'avons jamais eu d'idées : Et par conſéquent nos facultez naturelles ſeules nous fourniſſent les idées ſimples , dont nous ſommes capables, & il nous eſt impoſſible d'en recevoir aucune par *Révélation traditionelle.   Révélation traditionelle* , c'eſt, ſelon moi, les doctrines qu'on enſeigne aux autres par des diſcours & par les voies ordinaires de la communication mutuelle entre les hommes.   On ne doit pas confondre cette eſpece de Révélation avec celle que je nomme *originelle*, qui eſt une impreſſion de D i e u lui-même dans l'eſprit des hommes, & à laquelle on ne ſauroit aſſigner des bornes.

II.

II. La *Révélation peut nous manifefter les mêmes
véritez que la raifon, mais à cet égard la Révélation n'eft pas de grand ufage.* Dieu nous a
donné toutes les facultez néceffaires pour arriver à la connoiffance de ces véritez, & par conféquent la connoiffance en eft plus certaine,
quand on les découvre par les facultez naturelles, que lors qu'elles font enfeignées par *Révélation Traditionelle.* Fondé fur une Révélation
Divine, je confentirai à cette propofition, *les
trois angles du triangle font égaux à deux droits;*
mais la connoiffance que j'ai de cette vérité, par
la vuë du rapport de deux angles droits aux
trois angles du triangle, eft plus certaine que
celle que j'en pourrois avoir par la Révélation.
Ce que je dis des véritez de raifonnement, je le
dis auffi des véritez de fait. L'Hiftoire du *Dé-
luge* nous a été tranfmife par des écrivains infpi-
rez de Dieu, cependant quelqu'un oferoit-il
prétendre avoir fur ce fait une connoiffance auffi
claire qu'en avoit *Noé,* ou qu'il en auroit eu lui-
même s'il en eut été le témoin?

III. Contre *une grande évidence de la raifon, on ne doit rien admettre comme étant de Révélation Divine.* Les preuves, qui nous portent
à embraffer une certaine Révélation comme Divine, ne peuvent pas être plus certaines que les
véritez qu'on connoit immédiatement, fi tant eft
qu'elles le foient autant. Et ainfi nous ne pouvons
recevoir, comme *articles de foi,* des chofes directement oppofées à nos connoiffances claires &
diftinctes. L'idée du corps *p e.* fe rapporte fi inti-
mement à celle d'une certaine place, qu'il nous
fera toujours impoffible de confentir à cette propofition, *le même corps peut être en deux differens
lieux à la fois,* quand même on nous affureroit

Q

qu'elle

qu'elle est d'autorité Divine ; car l'assurance 1°.
que l'on comprend fort bien le sens de cette
proposition, 2°. qu'on ne se trompe point en
disant que D I E U en est l'Auteur ; cette assurance, dis-je, quelque grande qu'on puisse la
concevoir, ne peut être aussi certaine que la connoissance immédiate que nous avons qu'un même corps ne peut pas être en deux endroits à la
fois. C'est donc un principe certain, qu'à une
connoissance immédiate on ne doit pas préferer
une Révélation, dont les preuves ne font pas
aussi évidentes que le font les preuves des veritez qu'on connoit par la raison.

IV. L E s *Matieres de la foi font donc des choses
dont nous n'avons que peu ou point de notions par-
faites, ou dont l'existence passée, presente & future, nous est absolument cachée.* Tels font les
dogmes *de la rebellion des Anges contre DIEU,
de la resurrection de nos corps, & autres semblables,* qui font hors la portée de la raison.
Donc, toute proposition revelée doit être censée du ressort de la foi & au dessus de la
raison, si on ne peut pas se convaincre de sa
verité par les facultez & par les notions naturelles ; mais aussi, toute proposition doit être
censée du ressort de la raison, si on peut l'e-
claircir & la terminer par soi-même, & par les
idées qu'on a acquises naturellement. Et il faut
bien remarquer, que des propositions fondées
sur des principes de vrai-semblance seulement,
doivent le céder à des propositions qui paroif-
sent moins vrai-semblables, mais qui font néanmoins enseignées par une Révélation Divine.
On est obligé de consentir au témoignage de
celui qui ne peut & ne veut pas nous tromper, plûtôt que de recevoir une proposition
dont

dont la vérité n'eſt pas aſſurée. Mais cependant, c'eſt toûjours à la raiſon à juger ſi cette propoſition eſt de foi Divine ; c'eſt à elle à en bien examiner le vrai ſens.

Tel eſt l'Empire de la foi ; telle en eſt l'étenduë. Il ne violente aucunement la raiſon, il ne la déprime, il ne la brouille point ; mais plûtôt elle eſt aſſiſtée & perfectionnée par les véritez à elle découvertes par la ſource éternelle de toutes les connoiſſances. Tout ce que Dieu a revelé eſt objet de foi, & eſt par conséquent véritable : Mais c'eſt à la raiſon uniquement à juger, ſi telle ou telle propoſition eſt véritablement de Révélation Divine.

Donc, pour finir cette matiere : Il eſt impoſſible qu'aucune *Révélation traditionelle* nous paroiſſe plus claire & plus évidente que les principes inconteſtables de la raiſon : Donc aucune doctrine, qui eſt contraire aux déciſions irréſiſtibles de la raiſon, ne doit être reçûë comme *article de foi*. Mais auſſi, tout ce qui eſt véritablement de Révélation Divine doit prévaloir ſur nos opinions, ſur nos préjugez & nos interêts. Une pareille ſoumiſſion ne renverſe point les droits inconteſtables de la raiſon, ne nous ôte point la force d'employer nos facultez pour l'uſage auquel elles nous ont été données.

CHAPITRE XIX.

De l'Enthouſiaſme.

QUICONQUE veut ſérieuſement s'adonner à la recherche de la vérité, doit avant

tou-

toutes choses concevoir un grand amour pour elle. Qui ne l'aime pas ne sauroit prendre la peine qui est nécessaire pour la trouver, & se soucieroit peu de l'avoir manquée. Il est vrai, il n'y a personne qui ne professe de l'aimer sincerement, & qui ne se crût deshonoré, s'il savoit qu'il passe dans l'esprit des autres hommes pour avoir d'autres sentimens ; cependant, malgré toutes ces protestations, qu'il y en a peu, même parmi ceux qui font profession d'en être de sinceres amateurs, qu'il y en a peu, dis-je, qui aiment la vérité à cause de la vérité même !

Il est donc digne de toutes nos recherches d'examiner comment on peut connoitre, si on aime la vérité pour l'amour d'elle-même. En voici je pense une marque infaillible ; c'est *de ne pas croire une proposition plus fermement que ne le peuvent permettre les preuves sur lesquelles elle est établie.* Tout homme, qui croit une proposition au delà de cette regle, n'embrasse pas la vérité par amour pour elle, mais à cause de quelque passion, ou interêt : Or comme la vérité ne peut recevoir aucune évidence de nos interets ou de nos passions, elle ne devroit pas non-plus en recevoir la moindre alteration.

Une suite nécessaire de cette mauvaise disposition d'esprit, c'est de s'attribuer le droit de prescrire ses opinions aux autres. Celui qui en a imposé à sa créance, comment pourroit-il s'empêcher de vouloir regler l'opinion d'un autre homme ?

A cette occasion, je vai examiner un troisiéme principe d'assentiment, & auquel certaines personnes donnent la même autorité qu'à la foi & à la raison. Ce troisiéme principe c'est l'*Enthousiasme*, qui, dédaignant la raison, voudroit

droit sans elle établir la Révélation. On détruit ainsi la raison & la révélation pour y substituer de vaines imaginations d'un cerveau déréglé, & lesquelles néanmoins on tient ensuite pour être de véritables fondemens de conduite & de créance.

I L est bien plus aisé d'établir ses opinions, & de régler sa conduite, sur une Révélation immédiate que sur des raisonnemens justes, dont la découverte est si pénible, si ennuieuse : Et c'est pourquoi il ne faut pas s'étonner, s'il y a eu des personnes qui ayent prétendu à ces Révélations immédiates, sur tout, quand il s'agissoit de justifier celles de leurs actions & de leurs opinions, dont ils ne pouvoient alléguer aucune raison solide ; car en effet, on remarque dans tous les âges, que ceux en qui la mélancholie a été mêlée avec la dévotion, ou ceux dont la haute opinion d'eux-mêmes leur a fait accroire qu'ils avoient une plus étroite familiarité avec D i e u que le reste des hommes, sont ceux qui, le plus souvent, se sont flattez d'un commerce particulier avec D i e u, & de fréquentes communications avec l'Esprit Divin. Prévenus ainsi, leurs bizarres fantaisies ont toutes été des illuminations de l'Esprit de D i e u, & l'assouvissement de leurs passions a été une direction du ciel, à laquelle ils étoient tenus d'obéir. Et c'est proprement en ceci que consiste l'*Enthousiasme*, en ce qu'il ne procede que de l'imagination d'un esprit échauffé, & rempli de lui-même ; & que néanmoins, il n'a pas plûtôt pris racine, qu'il a plus d'influence que la raison & la révélation prises ensemble. Si une forte imagination s'empare une fois de l'esprit, sous l'idée d'un nouveau principe, elle emporte

Q 3

aisé-

aisément tout avec elle ; sur tout, lorsque dé-
livrée du joug de la raison & de l'importunité
des réflexions, elle est parvenuë à une authorité Divine, & se trouve soutenuë de quelque
inclination, de quelque panchant, du tempé-
ramment, &c.

IL est extrêmement difficile de désabuser
ceux qui une fois se sont entêtez de cette espece de Révélation immédiate, de cette illumination sans recherches, de cette certitude
sans preuves. La raison est perduë pour eux,
& ils se sont élevez au dessus d'elle. Ils voyent
la lumiere infuse dans leur Entendement, elle y
paroit semblable à l'éclat d'un beau Soleil, elle
se montre elle-même, & n'a besoin d'autres
preuves que de sa propre évidence. Ils sentent
la main de DIEU, les impulsions de l'esprit
qui les meut intérieurement. Or, disent-ils,
nous ne pouvons pas nous tromper, sur ce que
nous sentons.

AINSI parlent ces gens, ils sont assurez parce
qu'ils sont assurez, & leurs persuasions sont justes, parce qu'elles sont fortement établies dans
leur esprit. Voilà à quoi se réduisent tous leurs
raisonnemens, quand ils sont dépouillez des
métaphores prises de la vuë & du sentiment. Ils
ont, disent-ils, une lumiere claire, ils la voient.
Ils ont un sentiment vif, ils le sentent, ils en
sont assurez, & ils ne conçoivent pas qu'on
puisse le leur disputer. Cependant, qu'ils me
permettent de leur faire ici quelques questions.
Cette vuë est-elle une perception de la vérité
de quelque proposition, ou seroit-elle simplement une perception, qu'elle est d'origine Divine ? Ce sentiment est-il la perception d'un
panchant vers quelque chose, ou ne seroit-ce
qu'une

qu'une perception que Dieu nous meut effectivement ? Ce font là deux efpeces de perceptions, qu'il faut diftinguer très foigneufement.
Je puis appercevoir la vérité d'une propofition,
& pourtant n'être pas affuré qu'elle vient de
Dieu. Des efprits peuvent exciter en moi
cette idée, peuvent m'en faire appercevoir les
liaifons, fans en avoir reçu commiffion Divine:
Donc connoitre une propofition, & ignorer la
maniere dont on y eft parvenu, ce n'eft pas appercevoir qu'elle vient de Dieu. A la connoiffance d'une telle propofition, on donnera fi
l'on veut le nom de *lumiere*, de *vuë*, mais ce
ne fera tout au plus qu'*opinion & affurance ;* car
tout homme, qui ignore les motifs de fa créance,
ne voit pas, il croit fimplement. *Voir*, c'eft
connoitre une chofe par l'évidence des raifons;
croire, c'eft la fuppofer véritable fur le témoignage d'un autre ; mais il faut, pour que ma foi
foit appuiée fur de folides fondemens , que je
fache que ce témoignage a été rendu , que je
connoiffe que Dieu me l'a revelé. Sans cela,
toute ma créance , quelque grande qu'elle foit,
eft fans fondement. Et toute la lumiere, dont je
pretens être éclairé, n'eft qu'Enthoufiafme.

Tout ce qui eft de Révélation Divine eft
certainement véritable; car Dieu, qui en eft
l'Auteur, ne peut pas nous tromper. Mais le
moien de connoitre qu'une Propofition, eftimée
véritable, eft une vérité revelée de Dieu ? C'eft
ici que les Enthoufiaftes manquent cette évidence à laquelle ils prétendent ; ce n'eft que
fur l'un de ces deux fondemens qu'ils peuvent
être perfuadez que telle propofition eft véritable , I. *Parce qu'elle eft évidente , ou par elle-
même , ou par des preuves naturelles ;* mais fi c'eft

ici

ici tout le fondement de leur créance, c'eft en
vain qu'ils fuppofent cette propofition comme é-
tant de Révélation Divine ; car de cette maniere
les hommes *Non-infpirez* parviennent à la connoiffance du vrai : II. *Parce que DIEU l'a révélée ;* mais quelles raifons ont-ils de le croire ?
C'eft à caufe, car peut-être fe retrancheront-ils
à le dire, que cette propofition porte avec elle
une lumiere, qui prouve qu'elle vient de D I E U.
Cette reponfe fignifie-t-elle autre chofe, finon,
qu'ils croyent que telle propofition a été révélée, parce qu'ils en font fortement perfuadez ?
Une forte perfuafion eft donc toute la lumiere
dont ils nous parlent ! C'eft un fondement bien
dangereux tant pour nos opinions, que pour
nôtre conduite que celui de ces gens là.

L A *vraie lumiere*, c'eft découvrir, & d'une maniere bien nette, la vérité d'une propofition. Reconnoitre dans l'Entendement quelque autre lumiere, c'eft fe jetter dans l'obfcurité, c'eft s'abandonner au pouvoir du Prince des Tenebres. Si
nos actions & nos opinions doivent être reglées
fur la force de la perfuafion, comment diftinguer
les illufions de Satan, d'avec les infpirations de
l'Efprit Saint ?

T o u t homme, par conféquent, qui ne voudra pas donner tête baiffée dans l'illufion & l'erreur, doit examiner cette lumiere interieure,
avant que de la prendre pour la regle de fes
actions & de fes opinions. D i e u ne détruit pas
l'homme en le faifant Prophête, mais lui laiffe
toutes fes facultez dans leur état naturel, afin
de pouvoir juger, fi fes infpirations font, ou ne
font pas, d'origine célefte. Quand il exige nôtre
confentement pour une certaine propofition, il
nous en fait voir la vérité par des preuves tirées

rées de la raison, ou par des marques auxquelles on ne sauroit se méprendre. C'est donc la raison, qui en toutes choses doit être nôtre dernier juge. Je ne veux pas dire par là, qu'on doive examiner, si une proposition, révélée de D I E U, peut être démontrée par des principes naturels, & si elle ne peut pas l'être, qu'on soit en droit de la rejetter : Mais je dis, que par les principes de la raison, on doit examiner, si telle ou telle proposition est véritablement de Révélation Divine. Et si on la croit telle, alors on doit se déclarer pour cette proposition, aussi fortement que pour aucune autre vérité. Dèslors, elle devient regle de conduite & d'opinion.

L E S Hommes saints, à qui D I E U a autrefois révélé de certaines véritez, avoient d'autres preuves pour la divinité de leurs révélations, que la lumiere interieure qui éclatoit dans leur esprit. Des signes exterieurs les assuroient que D I E U étoit l'Auteur de ces Révélations ; & s'ils devoient en convaincre les autres, ils recevoient le pouvoir de vérifier leur mission par des signes visibles. *Moïse* vit un buisson qui bruloit sans se consumer, & il entendit une voix du milieu du buisson. Il vit sa verge changée en serpent, & eut le pouvoir de confirmer sa mission par ce même miracle, qu'il pouvoit toujours répéter : Et quoi-que l'Ecriture ne remarque pas toujours que les Hommes inspirez aient demandé, ou reçu, de pareilles preuves, cependant cet exemple, & quelques autres, dans les Prophêtes du Vieux Testament, prouvent assez qu'ils ne croioient pas qu'une vuë intérieure, une forte persuasion sans preuves, fussent des marques de Divinité.

J E ne nie pas que D I E U, sans qu'il le fasse
remar-

remarquer par des signes extraordinaires, n'excite souvent les hommes aux bonnes actions par l'assistance immédiate de l'Esprit saint, & n'illumine quelquefois leur Entendement, afin qu'ils puissent mieux comprendre certaines véritez. Mais nous avons la raison & l'Ecriture, deux regles infaillibles, pour connoitre si cette *excitation*, & cette *illumination*, viennent en effet de D I E U. Lors qu'une proposition se trouve conforme aux doctrines enseignées dans l'Ecriture sainte, lorsque l'accomplissement de quelqu'un de nos desirs s'accorde avec les preceptes, & de la Raison, & de la Révélation, alors, bien que D I E U ne nous ait pas revelé en agissant sur nôtre esprit d'une maniere extraordinaire, qu'une telle proposition & une telle action s'accorde avec la Révélation Divine, cependant, nous ne courons aucun risque en le croiant ainsi; car & cette action & cette proposition sont conformes aux regles infaillibles que D I E U nous a données pour découvrir le vrai; c'est l'Ecriture & la Raison. Mais jamais la force de la persuasion ne pourra donner de l'autorité à nos actions & à nôtre créance. Quelque panchant vers ce que nous dicte cette forte persuasion, nous inclinera peut-être à la regarder avec un œil trop plein de tendresse; mais il ne sauroit prouver qu'elle tient son origine du ciel.

CHAPITRE XX.
De l'Erreur.

L'ERREUR, c'est lorsque le jugement, par quelque méprise, consent à ce qui n'est pas vrai. Toutes les causes de l'erreur peuvent se

redui-

reduire à ces quatre. 1. *Manquer de preuves.*
2. *N'avoir pas assez d'habileté pour s'en servir.*
3. *Ne vouloir pas en faire usage.* 4. *Suivre de
fausses regles de probabilité.*

I. L a premiere cause d'erreur, est donc *le manque de preuves, non-seulement de celles qu'on peut
avoir, mais encore de celles qu'on pourroit découvrir.* La plûpart des hommes n'ont ni le tems,
ni les occasions propres, pour ramasser les témoignages des autres, ou pour faire des experiences
eux-mêmes. Asservis à quelque basse condition,
ils sont obligez de passer leur vie à chercher
de quoi la soutenir ; & se trouvent ainsi inévitablement engagez dans une ignorance invincible des preuves, sur lesquelles d'autres établissent leurs opinions, preuves néanmoins dont la
connoissance est nécessaire pour savoir la vérité
de ces opinions.

Cependant, il n'est point d'homme si
occupé du soin de pourvoir à sa subsistance, à
qui il ne reste assez de tems pour penser à son
ame, & pour s'instruire dans la Religion. Il
n'est aucun homme que la nécessité presse si
fort, qu'il ne puisse menager quelques heures de
loisir, où il se perfectionneroit dans ces matieres
qui regardent de si près nôtre félicité. Mais
on s'applique plûtôt à des bagatelles, à des
choses d'une assez petite conséquence.

II. Une seconde cause d'erreur, c'est *le
peu d'adresse à faire valoir les preuves qu'on a en
main.* Plusieurs personnes sont incapables de
retenir une longue suite de conséquences,
& outre cela inhabiles à sentir la supério-
rité de certaines preuves. Ces gens ne peuvent ni discerner le parti le plus probable,
ni par conséquent l'embrasser, préférablement à
tout

tout autre. Cette diverfité de Génies, qui eft
fi fort à l'avantage de certaines perfonnes, me
porte à croire que, fans faire tort au Genre
humain, on peut affurer qu'il y a plus de difference entre certaines perfonnes & d'autres,
qu'il n'y en a entre certains hommes & certains
animaux. Je n'examine pas la caufe de cette
diverfité, bien-que pourtant l'examen de cette
queftion fpéculative fût de très grande conféquence, cela ne fait rien à mon deffein prefent.

III. L a troifiéme caufe d'erreur, eft *qu'on ne
veut pas faire ufage des moiens d'avancer fes connoiffances.* Bien des gens négligent de s'inftruire,
quoi qu'ils aient affez de biens, de loifir, de
talens même pour arriver furement à la connoiffance de diverfes véritez. A l'égard de quelques-uns, c'eft là un effet d'un trop violent at-
tachement aux plaifirs ; à l'égard de quelques
autres, c'eft une fuite d'une certaine pareffe,
d'une certaine négligence, ou bien d'une averfion particuliere pour les livres & pour l'é-
tude. D'autres négligent les études par une
trop fervile application aux affaires de cette vie,
& d'autres enfin, par la crainte qu'une recherche trop impartiale ne fût défavorable à celles
de leurs opinions, qui s'accordent avec leurs
préjugez, leurs manieres de vivre, leurs deffeins,
&c. Ces gens là me font reffouvenir de ceux qui
ne veulent pas arrêter leurs comptes, afin de
ne pas voir que leurs affaires font dans un très
pitoiable état.

U n e chofe qui m'étonne, c'eft que parmi
ceux à qui de grandes richeffes donnent le loifir de cultiver leur Entendement, plufieurs,
ou même la plûpart, puiffent s'accommoder d'une

molle,

molle , d'une lâche ignorance. Il faut avoir une opinion bien baſſe de ſon Ame , pour dépenſer tous ſes revenus à ſoigner le corps, ſans en emploier aucune partie pour acquerir de la connoiſſance.

Je ne dirai pas ici combien cette conduite eſt déraiſonnable, pour des gens, que leur interêt oblige à penſer quelquefois à une vie à venir, ce qu'un homme raiſonnable ne peut pas s'empécher de faire quelquefois. Je ne m'arrêterai pas non plus à faire voir , combien il eſt honteux à ceux qui profeſſent dédaigner toute connoiſſance , de ſe trouver ignorans dans les choſes qu'il nous importe extrêmement de connoitre. Mais une choſe à laquelle je ſouhaiterois que vouluſſent faire attention, ceux qui ſe diſent *Gentils-hommes* , c'eſt qu'ils ſe voient enlever par des gens d'une condition plus obſcure, mais plus ſavans qu'eux, le crédit, les honneurs & la puiſſance ; appanages prétendus de leur naiſſance & de leur fortune. Un aveugle, à moins qu'il ne veuille tomber dans quelque précipice, doit ſe laiſſer conduire par celui qui voit ; or celui, dont l'Entendement eſt aveugle, eſt de tous les hommes & le plus eſclave , & le plus dépendant.

IV. La quatriéme cauſe d'erreur ce ſont les *fauſſes regles de probabilité.* On peut les rapporter toutes à ces quatre.

ı. On *poſe pour principes des propoſitions ou douteuſes ou fauſſes.* Un axiome, cenſé être un principe, a une telle influence ſur les opinions, que c'eſt par lui , qu'ordinairement on juge de la vérité. Tout ce qui ne s'y accorde pas eſt regardé comme impoſſible. Le reſpect qu'on y porte, va juſqu'à rejetter & le témoignage des

autres

autres hommes, & celui de ſes propres ſens, lors
qu'ils dépoſent quelque choſe qui y ſoit contraire. C'eſt donc une conſéquence néceſſaire,
que l'obſtination des hommes, dans differentes
ſectes, à croire des opinions directement oppoſées, quoi qu'également abſurdes, vient de ce
qu'on adhere à ces principes tranſmis par tradition avec un eſprit trop opiniatre. Plûtôt
que d'admettre quoi que ce ſoit qui y ſoit in-
compatible, on déſavoue ſes propres yeux &
le témoignage de ſes ſens. On donne ſans peine un démenti à ſa propre experience.

2. ON *ſe renferme dans certaines hypotheſes.*
Ceux qui donnent dans ce défaut different de
ceux dont je viens de parler tout-à-l'heure, en
ce qu'ils conviennent avec leurs adverſaires
des faits qu'on leur prouve; mais ils ne peuvent
s'accorder, ni ſur les raiſons de ces faits, ni ſur
la maniere d'en expliquer les opérations. Ils ne
ſe défient pas ouvertement du témoignage des
ſens comme les premiers : Ils écoutent avec
patience les preuves qui font pour la vérité d'un
fait, mais ils ne veulent pas ſe laiſſer convaincre par des preuves ſuperieures aux leurs, ni
entendre parler d'aucune autre maniere d'expliquer les choſes, que de celle qu'ils ont adop-
tée pour la véritable.

3. ON *ſe laiſſe aller à ſes paſſions & à ſes
panchans.* Il eſt aiſé de prévoir de quel coté ſe
déterminera un avare, ſi on lui preſente d'un
coté les motifs les plus preſſans contre l'avarice,
& de l'autre l'eſperance de gagner des richeſſes
par de ſordides moyens. Il ne peut pas s'empêcher de reconnoitre la force des motifs contre le vice qui le gouverne, il ne peut pas les
éluder, mais il n'en veut pas avouer la conſéquence.

quence. Ce n'eſt pas qu'il ne ſoit porté à ſuivre le parti le plus probable, mais c'eſt qu'il a
la puiſſance de ſuſpendre ſes recherches, de
les limiter, & d'arrêter ſon eſprit, afin qu'il ne
s'engage pas trop avant dans l'examen de la matiere en queſtion. Or tandis que l'on ne ſe permettra pas ce libre examen, on pourra toujours s'échaper aux preuves les plus évidentes
par l'une de ces deux voies que je vai indi-
quer. 1. Les raiſonnemens étant exprimez par
des paroles, il eſt bien peu de diſcours, où l'on
ne puiſſe trouver à redire, ou ſur quelque expreſſion qui peut-être conduit au faux, ou ſur
ce qu'il n'y a peut-être pas toute la liaiſon requiſe entre quelqu'une de ces nombreuſes conſéquences que renferme quelquefois un raiſonnement. Et en effet, il y a peu de diſcours aſſez
juſtes & aſſez clairs, pour ne pas fournir à un
Sophiſte des pretextes aſſez plauſibles, & qui
puiſſent le mettre à l'abri du reproche d'agir
contre la ſincerité & la raiſon. 2. On peut s'é-
chaper aux preuves les plus évidentes, ſous le
prétexte qu'on ne ſait pas tout ce qui peut être
dit en faveur du parti oppoſé. Et alors bien
qu'on ſe voie vaincu, on ne croit pas être obligé de ſe rendre; car on ne connoit pas toutes
les forces qu'il y a en reſerve. Ce refuge contre la conviction eſt d'une ſi grande étendue,
qu'il eſt difficile de déterminer un cas, où l'on
ne peut pas s'en ſervir.

4. O *regle ſon conſentement ſur les opinions
reçues par ſes amis & ſes voiſins, par ceux &
de ſa ſecte & de ſon pays.* Combien de perſonnes, qui n'ont d'autre fondement pour leurs
opinions que le grand nombre, l'érudition & la
pretendue bonne foi de ceux de leur parti!
Comme

Comme s'il étoit impoſſible qu'un ſavant, qu'un honnête homme ne pût pas être trompé, & que la vérité dût être établie par les ſuffrages de la multitude. Tous les hommes peuvent ſe tromper, & en effet il y en a pluſieurs, qui, emportez uniquement par des motifs de paſſion & d'interêt, ont donné dans des erreurs très groſ-ſieres. Une choſe du moins très certaine, c'eſt qu'il n'y a point d'opinion ſi abſurde, qu'on ne puiſſe embraſſer par ce principe, puis qu'il eſt impoſſible de nommer aucune erreur qui n'ait pas eu ſes partiſans.

CEPENDANT, malgré le grand bruit qu'on fait ſur les opinions erronées des hommes, je me crois obligé de dire, dans la vuë de rendre juſtice au Genre humain, qu'il n'y a pas un ſi grand nombre de perſonnes dans l'erreur qu'on ſe l'imagine communément. Ce n'eſt pas que la plûpart aient embraſſé la vérité, mais c'eſt qu'ils n'ont ni créance, ni penſée poſitive, ſur les doctrines qu'ils prétendent de croire. Qui voudroit interroger le plus grand nombre des partiſans d'une ſecte, trouveroit, que ces matie-res qu'ils ſoutiennent avec tant d'ardeur ne ſont que des opinions qu'ils ont reçues des autres ſans en avoir examiné les preuves. Mais ils ſont reſolus à ſe tenir attachez au parti, où l'éducation & l'interêt les a engagez ; & là, com-me de ſimples ſoldats & ſans connoiſſance de cauſe, ils veulent faire éclater leur chaleur & leur courage, ſelon la direction de leurs Capi-taines.

C H A-

CHAPITRE XXI.

Division des Sciences.

L'HOMME ne peut connoitre que ces trois chofes, 1. la nature des Etres avec leurs rélations & leurs manieres d'operer, 2. ce qu'il eft obligé de faire en qualité d'agent raifonnable & libre pour obtenir quelque but & particuliérement la félicité, 3. le moyen d'acquerir la connoiffance de ces chofes & de la communiquer aux autres. On peut donc rapporter très commodement les fciences aux trois efpeces fuivantes.

LA *Premiere* & que je nomme *Phyfique*, ou *Philofophie Naturelle*, (en prenant ces mots dans un fens plus étendu qu'on ne fait ordinairement) a pour objet, la conftitution, les proprietez & les operations de toutes chofes, foit *materielles* foit *immaterielles*. Le but de cette fcience n'eft que la fimple fpéculation, & elle a pour objet toutes les chofes qui peuvent fournir à l'efprit quelque fujet de méditation, DIEU, *les Anges, les Efprits finis, les Corps ou quelquesunes de leurs proprietez, comme le nombre & la figure, &c.*

LA *Seconde*, que je nomme *Pratique*, enfeigne comment il faut agir, pour obtenir ce qui nous eft le plus avantageux. Ce qu'il y a de plus confiderable dans ce fecond chef, c'eft la *Morale, c'eft-à-dire*, l'art de découvrir les regles des actions dont l'obfervation conduit au bonheur, & les moiens de mettre ces regles en pratique. Le but de cette fcience n'eft pas la

R

spécu-

spéculation feule, mais après nous avoir fait connoitre *le jufte*, elle nous porte auffi à y conformer nos actions.

La *Troifiéme*, que je nomme *Logique*, confifte, à confiderer la nature des fignes dont on fait ufage, foit pour entendre les chofes, foit pour en communiquer la connoiffance aux autres. Les chofes fe prefentent à l'efprit par leurs idées, & c'eft par des mots qu'on s'entrecommunique fes idées ; ainfi pour tout homme qui voudroit envifager la connoiffance humaine dans toute fon étenduë, ce feroit une chofe importante d'examiner & nos idées & leurs expreffions ; ce font là les deux grands moiens de toutes nos connoiffances.

Voila, ce me femble, la premiere, la plus generale & la plus naturelle divifion des objets de nôtre Entendement ; car l'efprit humain n'en peut avoir aucun autre. Or comme ces trois fciences, & qui confiftent comme j'ai dit, 1. à rechercher la nature des chofes, entant qu'elles peuvent être connues : 2. à diriger fes actions, afin de parvenir au bonheur, 3. à faire emploi des mots, enforte qu'on arrive à la connoiffance, & qu'on puiffe la communiquer aux autres ; comme, dis-je, ces trois fciences de l'efprit different entr'elles du tout au tout, il me femble qu'elles partagent le *Monde intellectuel* en trois grandes *Provinces* entierement feparées & diftinctes l'une de l'autre.

Fin du quatriéme & dernier Livre.

NOUVEAU SISTEME

SUR

LES IDÉES.

—— *E Cœlo deſcendit*, γνῶθι σεαυτόν. Juven.

CHAPITRE I.

Des Idées en général.

AVOIR l'idée d'une choſe, & en avoir la perception ou l'apperce-vance, ce ſont là deux expreſſions que je tiens ſinonimes.

CE qu'il importe le plus de ſavoir ſur les idées, c'eſt 1. *Quelles idées on peut définir?* 2. *D'où viennent nos idées?* 3. *Ce que c'eſt qu'une idée claire & obſcure, complette & incomplette?*

NOS connoiſſances n'ont d'autre fondement que nos idées: C'eſt donc une conſéquence indubitable, qu'à tout homme, qui ſouhaite de pénétrer avec ſuccès dans quelque matiere de raiſon-

raisonnement, il est d'une nécessité absoluë d'avoir un sisteme fixe, & bien juste, sur les proprietez les plus intimes des idées, comme sont *leur origine, & la possibilité ou impossibilité à les définir, leur clarté & obscurité, leur distinction & confusion.* Comment donc s'est-il presque universellement établi, que ces matieres étoient infructueuses, ou tout au moins dans une obscurité impénétrable? Je réponds, que c'est prévention dans les uns, & paresse dans les autres. Dans les uns c'est prévention, parce qu'indistinctement, mais néanmoins à faux, ils les supposent toutes dans une élévation si sublime, que l'esprit avec toutes ses forces, toute sa souplesse, n'en sauroit jamais atteindre la hauteur. Dans les autres c'est paresse, car ils n'y veulent point méditer. D'ordinaire ces gens-ci honorent du titre de derniers efforts de l'esprit humain les décisions des Philosophes, qui ont trouvé le secret de plaire, ou par le stile, ou de quelque autre façon. Ces décisions sont étourdies le plus souvent & d'une fausseté palpable : Y a-t-il donc à s'étonner, s'ils méséstiment ces matieres, s'ils les calomnient, comme étant ou obscures ou infructueuses. La vérité est, qu'il ne peut y avoir de méthode plus erronée que celle de la plûpart des Metaphysiciens, qui ont cru de pouvoir terminer toutes les questions sur les idées, par des réflexions sur ce qu'on nomme *les idées en général.* Parviendroit-on à la connoissance des idées par des réflexions vagues, plûtôt qu'on ne parvient à connoitre les substances particulieres, par des réflexions sur la substance, sur l'Etre en général ?

D o n c, pour démêler ces questions, il semble qu'il faudroit se rapprocher de la méthode

des

des *Nominaliftes.* Ces Philofophes, felon qu'ils découvroient dans l'ame de differentes manieres d'appercevoir, diftinguoient auffi les idées ou les appercevances en diverfes claffes, fixoient à ces claffes des noms particuliers, & pofoient pour régle ; *De ne pas affirmer de toutes nos idées, ce qui n'étoit que particulier à quelqu'une d'en- tr'elles.* Sage principe ! s'ils ne s'en fuffent ja- mais écartez, il les auroit garanti de ces trop té- méraires conclufions ; *Que l'ame produit toutes fes idées, Qu'on les peut définir toutes, même celles du mouvement, de la liberté, de l'efpace, &c.*

Et fi la Philofophie moderne a abandonné cette méthode, ce n'eft pas fans des raifons bien puiffantes. Au fon des termes *concept, in- tellect, fimilitude, intention premiere, & intention feconde, prifes toutes deux quelquefois en un fens étendu, quelquefois en un fens refferré, & plufieurs autres,* par lefquels on exprimoit dans l'Ecole les manieres d'appercevoir ; au fon, dis-je, de ce grand nombre de termes barbares, où eft l'homme, qui n'étant pas au fait de ces matieres, ne fe trouve effarouché, ne prononce bien vite que la fcience des idées eft non feulement ob- fcure, mais que fon langage eft oppofé même au beau ftile & aux belles manieres de parler ? C'étoient les préventions que faifoient naître les diftinctions & le ftile des Scholaftiques. Louez foient donc à jamais les Reformateurs de la vieille Metaphyfique, de ce qu'ils l'ont purgée de ce prodigieux nombre de diftinctions trop fubtiles, & de termes groffiers, fauvages, go- thiques mêmes, pour y fubftituer avec fa figni- fication générale l'expreffion charmante d'idée. Cette méthode, qui abrége fi fort, peut-elle occafionner de facheufes préventions contre l'é-

R 3

tude?

tude ? Et sans montrer une extrême injustice, peut-elle être accusée, comme si elle ne condescendoit pas assez à la véhémence qui porte l'homme à abreger ses études ? Non seulement le terme d'idée est d'un son agréable & aisé, jusques-là même qu'il entre dans les conversations, où il ne s'agit de rien moins que de Metaphysique, mais de plus il débarrasse l'esprit de je ne sai combien de distinctions & de termes ; & enfin quelques réflexions sur ce qu'on nomme les *idées en général*, font supposer qu'on a approfondi la matiere jusqu'au fond. Rien étoit-il plus propre à attirer les hommes à la science de soi-même ? Ainsi doivent s'exprimer les sectateurs de la Metaphysique moderne, s'ils veulent parler sincerement.

Mais bien que je me départe de la voie ordinaire de traiter la matiere des idées, néanmoins puisque l'autorité inflexible de l'usage a établi qu'on parleroit en termes connus, je me tiendrai, autant qu'il se pourra faire, au stile des Metaphysiciens modernes, mais toûjours, sans quitter de vuë, ni la régle des Philosophes Nominalistes, ni l'esprit de leurs principes. J'estime donc, qu'en vuë de terminer les questions proposées, il faut diviser nos idées ou nos appercevances en ces quatre genres, & qui répondent aux quatre differentes manieres dont je conçois que l'ame peut appercevoir. 1. Quelques-unes de nos idées nous présentent les objets exterieurs. 2. Les autres nous présentent les objets de nôtre formation. 3. D'autres ne font que des sentimens interieurs des actions de nôtre ame. 4. Il y en a enfin qu'on ne peut ranger sous aucune de ces trois

classes,

claffes, telles font les idées de l'infini, de l'efpace, & peut-être quelques autres.

CHAPITRE II.

Quelles Idées on peut définir.

D EFINIR une idée, c'eft en exprimer les
diverfes parties.

S A N S faire trop d'honneur à cette queftion,
j'ofe dire qu'il n'y en a pas de plus importante
dans tout l'art de raifonner, & d'arriver au vrai.
En effet, que le nombre des idées qu'on peut définir foit une fois bien fixe, & dès-lors on verra
tous ceux que l'amour du vrai a fincerement touché, on les verra, dis-je, au regard des matieres
de fpéculation, vivre dans une paix, dans une
concorde toute divine. La preuve en eft claire.
Les idées fimples, comme elles n'ont point de
parties, il eft impoffible de les définir & par
conféquent d'en difputer. L'Envie dévorante
de la difpute ne trouve à s'acharner que fur les
idées compofées ou complexes; mais ces idées
on peut les décompofer jufqu'à leurs fimples,
avouées non-fufceptibles & de definition & de
difpute. Que fi enfuite d'une pareille décom-
pofition, on ne s'accorde pas, c'eft affurément
ou malice, ou ignorance bien groffiere. Ainfi
donc, j'efpere qu'au même tems que je fatisferai
au texte de ce chapitre, je mettrai dans tout
fon jour ce grand & infaillible moien d'union
& de concorde.

I. L E s idées des objets compofez, de quelque
maniere qu'ils foient connus, peuvent être dé-

finies,

finies, mais non pas celles des objets fimples.

II. On peut définir toutes les idées qu'on nomme abftraites, & qui repréfentent des objets de
nôtre formation, comme les vertus, les vices,
&c. Perfonne ne difconvient fur ces deux régles, & pour cette raifon je ne m'y arrête pas
davantage.

III. Les idées ou plutôt les fentimens interieurs des actes de l'ame ne peuvent point être
définis. Je le prouve 1. l'Effence de l'ame n'eft pas
affez connue, pour faire une repréfentation jufte
de fes manieres d'agir. Que connoiffons-nous
touchant nôtre Ame? Je penfe, je veux, j'ap-
perçois, je fuis libre, & autres pareilles propofitions, mais en petit nombre, mais incapables
detoute extenfion: C'eft là toute la fcience de
l'Entendement humain: C'eft là le fiftême le
plus étendu de la Metaphyfique. Les decifions
des Philofophes, quelque autorité qu'elles femblent avoir, paffent-elles ce point de certitude?
ce n'eft qu'imagination, que conjecture, que fauf-
fetez.

Dans l'Ecole, une doctrine étoit eftimée
bien folide, quand elle fe trouvoit fondée fur
l'axiome parmi eux fi celebre, *Hæc fententia ve-
ra eft, quia alioquin non poffent falvari multorum
opiniones.* Autant que cette maxime favorife
peu les fentimens des Scolaftiques, autant fait-
elle pour mon opinion touchant l'ignorance de
nôtre ame. Hors un petit nombre de Métaphyficiens, interrogez tous les hommes fur ce
qu'ils favent d'eux-mêmes, ils répondront tous
de la même maniere. Tous diront, qu'ils penfent, qu'ils apperçoivent, qu'ils agiffent librement, &c. Demandez-leur enfuite ce que c'eft

que

que penfer, agir librement , &c. ils n'en fauront
rien, ils déclareront ingenument leur ignorance.
Or fi l'on pouvoit connoitre le *jeu* des actions de
l'ame, le vulgaire, les femmes, les enfans, eux
à qui les prejugez n'ont point alteré l'efprit fur
ces matieres, ne connoitroient-ils pas ce méchanifme d'une maniere plus vive & avec plus d'affurance que prefque tous les favans , qui ne fe
connoiffent plus que par les fiftêmes du College.
Qui en croirons-nous plûtot, ou *Sancho Pança*,
quand il fait le recit de l'intrépidité avec laquelle
fon Maître enfonça deux troupeaux de chevres
& de brebis, ou *Don Quixotte*, quand il dit
que c'étoient deux armées innombrables qui al-
loient en venir aux mains, & décider du fort de
deux très vaftes Empires?

Seconde *Raifon.* Définir un fujet, c'eft
en marquer les diverfes parties, les diverfes proprietez; mais les actes de l'ame, vouloir, appercevoir, agir librement, nous les fentons d'une
maniere indivifible. Donc on ne peut point les
définir.

De toutes les erreurs des hommes, fi tant eft
que définir les actes de l'ame foit une erreur, il
n'y en a aucune bien affurément, qui ofe fe pro-
mettre des fuccès plus heureux, & qui foit plus
affurée de mettre fes défenfeurs en reputation de
bel efprit. Peuvent-ils la maintenir dans fon an-
tique poffeffion? les voila dans le plus haut comble de la gloire. Mais vient-elle à tomber? jamais on ne les accufera d'avoir tenté l'explication de la nature. Leurs fiftêmes feront des
jeux d'efprit, des exercices de Poéfie. Et comme d'attribuer, à Jupiter , à Mars, à Venus, ce
qui ne convenoit qu'aux hommes, il n'y avoit
rien dans cette doctrine d'auffi poétique qu'à attribuer

tribuer des parties à ce qui n'en sauroit avoir, comme la volonté, la liberté, &c. il est de la derniere évidence, que pour l'invention des sujets de Poesie, on élevera les Theologiens & les Philosophes definisseurs de la liberté au dessus d'un *Homere*, *d'un Hesiode*, *d'un Virgile*, & de tout ce que le monde entier a jamais produit de Poëtes les plus illustres. Je n'oserois pas même jurer, qu'un jour on n'allegorise leurs Poésies, & qu'on n'y trouve renfermées toutes les connoissances humaines.

Troisieme raison. C E s deux preuves sont générales: Il y en a de plus contre la définition de chaque acte en particulier, mais elles sont trop aisées pour s'y arrêter. Néanmoins, la question de la liberté étant de la plus haute consequence, & comme elle influe sur les matieres de Theologie & de Morale qu'il importe le plus de bien savoir, il est à propos de s'y arrêter un peu plus particuliérement. Je dis donc, que si elle pouvoit être definie, ou ce qui revient au même, si elle étoit composée de parties connues, ces parties devroient être *la perception, le jugement, la volonté, agir en conséquence de la derniere resolution du jugement.* Nous ne connoissons rien d'autre en ce monde, qui puisse être conjecturé faire cette pretendue definition : Du moins toutes celles des Philosophes en differentes sectes ne font-elles qu'un alliage different de ces quatre facultez, ainsi qu'on les nomme mal à propos; or toutes quatre elles sont necessaires. Donc il est impossible, alliez-les de la maniere qu'il vous plaira, qu'elles forment la liberté; la liberté, dis-je, qu'un sentiment interieur & invincible, nous force d'avouer exemte de toute necessité, de

toute

toute contrainte. J'ai dit que *la perception, le jugement, la volonté, & ce que très improprement on appelle agir en conféquence du jugement,* étoient *neceffaires,* ou, ce qui eft la même chofe, ne renfermoient aucune *force mouvante* : je vai le démontrer en trois mots. La perception eft neceffaire, perfonne n'en doute. Le jugement, c'eft découvrir qu'une opinion eft fupérieure en preuves à une autre opinion ; ainfi, à le bien prendre, cette faculté ne differe point de la perception; elle eft donc néceffaire auffi. La volonté fe tourne néceffairément vers le plus grand bien reconnu pour tel ; car il n'eft pas à fon pouvoir de préferer un moindre bien à un plus grand, elle eft donc neceffitée. Pour la quatrieme faculté, il fe voit par fon expreffion feule, qu'elle doit être rangée dans la même catégorie.

Il fe trouve des Auteurs, qui croyent avoir folidement établi une doctrine, s'ils l'ont appuyée de ce qu'en termes de l'art on appelle *argument ad Hominem.* Cette voie de prouver eft, je l'avoue, erronée & frauduleufe : Et fi je vai propofer des raifonnemens de cette efpece, ce n'eft qu'à deffein de porter plus efficacement le Lecteur à être attentif aux preuves ci-deffus mentionnées, & que je fortifierai encore dans la fuite. Donc, pour me fixer à la liberté, je prierois fes definiffeurs de dire pourquoi cette faculté pourroit être définie plûtôt que la perception & la penfée, qu'on avoue incapables de toute explication ? D'où vient que les faintes Ecritures ne définiffent cette faculté nulle part, bien pourtant que felon des Théologies, foi-difant chrétiennes, fon explication foit article de foi ? D'où vient au contraire, que la définir, c'eft
s'éloigner

s'éloigner de l'esprit du chriſtianiſme ; car cette philoſophie contre laquelle s'écrient avec tant de véhemence les Ecrivains ſacrez, que pouvoit-ce être que les diſputes, principalement ſur *le libre arbitre*? Enfin je les prierois d'en pro-duire une définition, qui ne mene pas directe-ment au Fataliſme, cette erreur monſtrueuſe, ſi ſouvent oppoſée, & toujours invinciblement contredite par un ſentiment interieur & irre-ſiſtible.   Qu'ils fouillent dans les livres de tou-tes les ſectes : *Stoïciens* ou *Epicuriens*, *Janſe-niſtes* ou *Moliniſtes*, & autres, ils n'en deterreront aucune, où le Fataliſte ne trouve renfermées, dans leur entiere plenitude, toutes ſes perni-cieuſes erreurs.

J'Excepte néanmoins la définition qui dit qu'être libre, c'eſt *avoir la puiſſance d'agir ou de n'agir pas*. Il eſt tout viſible que ce n'eſt ici qu'un galimatias tout pur.   Action, puiſſance, liberté, ſont entierement ſinonimes : En effet *l'action* ſans liberté, ſans puiſſance, n'eſt pas ac-tion, c'eſt paſſion : De même *la puiſſance* ſans liberté, ſans action, ce n'eſt plus puiſſance, c'eſt être forcé; & *la liberté* ſans puiſſance & action, c'eſt être néceſſité, c'eſt être contraint.   Et ainſi cette definition pretendue revient en effet à celle-ci; *La liberté eſt la liberté de la liberté*; *La puiſſance eſt la puiſſance de la puiſſance, &c.* Je ne dis pas toutefois qu'une expreſſion ne puiſſe, ne doive même, s'éclaircir par ſes ſinonimes, mais les arranger d'une maniere auſſi illicite, auſſi peu grammaticale que dans la définition dont il s'agit; c'eſt contre ce deſordre, qu'il ſera toujours permis de s'écrier.

Selon donc toutes les apparences, les actes de l'ame, & particulierement la liberté, ne peut
point

point être définié. Nous n'avons aucun modele, aucun archétipe pour regler, pour corriger sa définition. C'est donc dire vrai d'assurer que l'obstination à la définir nourrit un fond intarissable de disputes & d'aigreurs, que la victoire ne sera jamais à ceux qui professent la verité ou qui y touchent de plus près, mais qu'elle leur sera toujours enlevée par des disputeurs de profession, ces Sophistes qui font un emploi si criminel de l'art dangereux de subtiliser. Si je prophetise juste, l'experience des disputes passées peut nous en instruire.

Je préjuge bien, que l'on donnera plusieurs attaques à ces principes. Je vois d'abord & les Fatalistes, & les Partisans des divers sistêmes sur la liberté, entrer contre moi en ligue offensive, & tous ensemble s'écrier que ma doctrine est du dernier absurde, qu'ils ont des preuves que la liberté consiste dans telle & telle chose, & doit par consequent être définie.

Le Fataliste, *p. e.* ne manquera pas de dire d'un ton de victoire assurée; *Dieu a prévu toutes nos actions : Ce que cet Etre tout parfait a prévu doit nécessairement arriver : Ce qui arrive nécessairement ne sauroit être un effet de la liberté: Donc, l'homme est nécessité aux actions que Dieu a prévues. Donc, ce qu'on appelle être libre, ce n'est tout au plus, qu'en conséquence de certaines raisons, de certains motifs, être invinciblement porté à telle ou telle action particuliere ; Et la liberté ne peut être qu'une nécessité exemte de contrainte exterieure : Elle peut donc se définir : Il n'y a que l'ignorance qui puisse assurer le contraire.*

Pour repousser cette premiere attaque, je n'ai qu'à montrer, que bien qu'il y ait dans ce

raison.

raifonnement quelque ombre de vrai-femblance,
il doit néanmoins ceder à la force invincible du
fentiment interieur que nous avons tous de nôtre
liberté. Je dis donc, en remontant à des principes un peu éloignez, Qu'il y a trois divers degrez de connoiffance.

Le *premier*, Q U A N D on apperçoit les chofes
immédiatement & fans déduction : de cette maniere l'on fait, qu'on exifte, qu'on penfe, qu'on
eft libre, &c. Le *fecond*, Lors-que par l'entremife de certaines idées, de certaines propofitions, on apperçoit d'une maniere immédiate,
que telle chofe doit être ou affirmée ou niée de
telle ou Propofition, ou idée ; c'eft ce qu'on appelle connoitre par démonftration. De cette maniere, on eft certain que les trois angles d'un triangle font égaux à deux droits. Le *troifieme*, &
qui ne porte le nom de connoiffance que très
abufivement, c'eft n'avoir la démonftration que
de quelques parties d'un fujet, & toutefois fuppofer, mais fans avoir de connoiffance démonftrative, que telle ou telle chofe doit être affirmée touchant les autres parties du même fujet;
c'eft ce qu'on nomme *conjecture*. Cela pofé :
Bien certainement il eft d'un homme fage &
philofophe, quand il s'agit d'opter entre deux
opinions, de ne pas permettre que la conjecture
& la démonftration prévalent jamais à la connoiffance immédiate, qui eft le plus haut degré de certitude, où l'homme puiffe atteindre
en cette vie. Conjectures donc ingenieufes,
vrai-femblances bien foutenues, argumens ap-
parens, & fi vous voulez, démonftrations claires
& évidentes. Aucune de ces chofes ne peut
renverfer la doctrine de la liberté au fens que je
l'ai prife : Elle eft établie, cette doctrine, fur

la connoiffance immédiate , *c. à. d.* fur des fondemens qu'il eft auffi impoffible de renverfer ,
que de renoncer à la nature de fon Etre même.

Une autre confideration à faire contre
cet argument eft , qu'il ne fauroit être élevé
jufqu'au genre de la connoiffance démonftrative ; connoiffance démonftrative , je le repete,
c'eft appercevoir par une troifieme idée , mais
appercevoir IMMEDIATEMENT , que tel-
le chofe doit être affirmée de telle idée.   Or
je vous prie , dans l'objection propofée , avons-
nous une idée complette de la prévoiance infaillible de Dieu , de l'Etre fans bornes & fans
reftriction , qui eft infiniment infini , & dont les
manieres de penfer furpaffent autant nôtre foible portée que le Ciel furpaffe la Terre , ainfi
que parle le St. Efprit ? Connoiffons-nous de
fcience immédiate , & la nature de nôtre Ame
& fes manieres d'agir ? Nous ne faifons que
conjecturer fur ces grands objets.   On n'y connoit rien de fcience affurée ; & par confequent,
c'eft peut-être honorer trop cette objection , de
la laiffer paffer comme une affez miferable conjecture. Que ceux- là font peu propres à l'étude
de la Philofophie , qu'une cruelle fatalité oblige
de préferer à la connoiffance immédiate , ou la
démonftration , ou la conjecture ! Il demeure
donc ftable que l'homme eft libre ; & que cette
objection , qu'on prédifoit devoir être la machine fatale du renverfement de mon fiftême ,
ne fait pas feulement autant qu'y toucher.

Les Philofophes des autres fectes , par des
raifonnemens auffi éloignez , prétendent de
même , que la liberté confifte dans la définition
précife qu'ils en donnent , & conféquemment
qu'on doit la définir. Je n'aurois jamais fait, fi

je

je voulois les fuivre ; & après tout , leurs raifonnemens ne font pas de nature à pouvoir dero-
ber leur fallace à une médiocre attention.
*SECONDE Objeҍion. N'eſt-il pas vrai ,
que les Hommes difcourent fouvent de la liberté ,
avec une telle évidence , qu'il n'y a perfonne qui
fe méprenne fur leur penfée , qui n'en attrape au
juſte & le but & la force ? Cela ne peut fe faire néanmoins , ſi la liberté eſt incapable d'être
expliquée ; car un difcours , où le fens des paroles eſt entierement perdu , ne fauroit être qu'un
alliage confus ou inintelligible de mots & d'expreſſions. Et il ne fert de rien de vouloir échaper
à la force de l'objeҍion , fur ce qu'on ne définit
point les couleurs , & que pourtant on en parle
d'une maniere très intelligible ; car il faut favoir,
qu'en montrant les couleurs , ou en indiquant les
ſujets où elles fe trouvent , on les fait connoître
d'une maniere bien claire & bien certaine ; mais
au regard de la liberté , ſi on ne doit pas la définir,
comment en avoir la connoiſſance ? comment la communiquer aux autres ?*

Voici comment. Sans y être forcé, je me
promene , enfuite je me repofe , & fais d'autres
aҍions de cette nature : Je les appelle libres , &
donne le nom de liberté au principe qui en eſt
la caufe. Un autre homme fait les mêmes actions, ou d'autres de même efpece, & à mon imi-
tation il les nomme libres , & leur principe liberté. Par la voie des définitions & des expli-
cations , oferoit-on dire qu'on parvient à l'intelligence des mots , ou plus promtement, ou
plus certainement ?

*TROISIEME Objeҍion. Que d'abſurditez
dans ce nouveau fiſtême ! J'y inventerai les opinions les plus ridicules , je les foutiendrai avec le*
plus

plus de hauteur : Et que personne ne soit si osé que
d'en exiger une explication nette. Il recevroit
pour toute reponse, que ces doctrines ne peu-
vent pas se définir. On les connoit, dirois-je, par
sentiment interieur, & du reste il est temeraire &
d'une crasse ignorance de ne pas les embrasser com-
me veritables. L'Entousiasme a-t-il jamais inventé
rien de plus pitoyable ?

TOUTE la force, qui paroit dans cette objection, vient peut-être des fausses idées sur la
nature de la connoissance. Sans m'arrêter à ce
qu'en peuvent avoir dit les autres, il me paroit
évident, que nos idées, comme les unes viennent de dehors, & qu'on trouve les autres en
soi-même, que les unes sont simples & les autres composées, ainsi la connoissance doit être
susceptible de nouvelles proprietez, de nouveaux
attributs, à proportion de ses objets. Sur ces
principes, je serois incliné à croire, que la connoissance des objets composez est la perception
ou du rapport ou de l'opposition de leurs idées,
que celle des actes de l'ame est le sentiment interieur de soi-même, & que celle des objets exterieurs & simples doit consister en quelque autre
chose. On pourroit même, ainsi que je le conçois, combiner nos idées en tant de diverses manieres, qu'il y auroit nécessité absolue de donner, à la connoissance de chaque combinaison,
une définition individuelle. Si l'on n'admet
pas ces distinctions, on bouleverse l'essence des
choses. Ce que la nature a distingué on le confond, & par des conséquences nécessaires on
peut se voir pressé, jusqu'à faire aveu qu'en effet
il n'y a point de connoissance. Or, pour reve-
nir plus particuliérement à mon sujet, quand
par plusieurs raisons j'ai établi, que la liberté

S

ne

ne peut pas être définie, je n'ai point autorifé les imaginations déreglées des Entoufiaftes, & qui confiftent en ce qu'ils ne veulent point définir les connoiffances compofées, ni en rendre de raifon. La liberté eft d'un tout autre genre de chofes. Elle n'eft point un objet compofé. Et fi mon fiftême ne convient pas avec la doctrine de quelques Philofophes d'un grand nom, *que l'on ne connoit rien que par la vue ou du rapport ou de l'oppofition de nos idées*, d'où à la verité il fuivroit, que fi on ne peut pas la définir, on n'en fauroit avoir de connoiffance; Qu'on fache néanmoins, qu'il n'eft donné aux hommes aucun autre moien pour s'inftruire de la liberté, que l'inexplicable fentiment interieur de foi-même.

QUATRIEME Objection. Qui a jamais ouï parler, que l'on pût agir avec liberté, indépendamment de toute perception, avant même que le jugement ait balancé la force des preuves, & que la volonté fe foit portée vers tel ou tel parti? Ce font là néanmoins les abfurdes confequences du fiftême qu'on nous débite; ce beau fiftême, qui nie que la liberté foit compofée des facultez de vouloir, de juger, &c. C'eft ici où toute fa foibleffe fe decouvre, & où certainement l'on ne pourra jamais donner de reponfe fatisfaifante.

L'on me permettra néanmoins de dire, mais en tranchant cette invincible objection en trois mots, que parmi les Philofophes, il eft univerfellement avoué, que la perception, le jugement, la volonté, la liberté, font quatre facultez differentes. Je fuis de cet avis. Or l'ufage qui me vient de cet aveu, je prie le Lecteur de le prendre de la bouche venerable de Mr. Locke, L. II. C. XXI. quand il agite la queftion, *Si une*

faculté

faculté peut agir fur une autre faculté ? ou, ce qu'après une legere attention on verra bien être la même chose, *fi trois, quatre, ou tant de facultez, peuvent n'en faire qu'une feule ?*

IV. Je viens aux idées de la quatriéme efpece, *l'efpace* & *l'infini.* Comment, diront quelques uns ? Des idées d'une quatriéme efpece! Nous n'y pouvons plus tenir. C'eft là réintroduire tout le fatras des diftinctions de l'Ecole ; ce joug infupportable, dont prefque cent ans de Philofophes du premier ordre, ont eu peine à nous tirer. A la bonne heure ces plaintes, mais auffi qu'on fe réfolve à n'avoir jamais d'idée jufte, ni fur l'efpace, ni fur l'infini. Car je pofe que les rapporter à quelqu'un des trois genres d'idées, ci - deffus mentionnez, c'eft tout comme fi l'on jugeoit des Hommes par les Animaux brutes. Le folide raifonnement que feroit celui d'un Orateur, qui de ce que la plûpart des Animaux négligent leurs petits peu de temps après leur naiffance, déclameroit de toutes fes forces, que ne pas abandonner de même fes enfans, c'eft le déreglement le plus effrené, c'eft le dernier comble du Vice !

Voudroit-on, *p. e.* & c'eft l'unique parti different du mien, qui puiffe fe revetir de quelque air de vrai-femblance; Voudroit-on, dis-je, rapporter l'idée de l'infini aux idées de notre formation, & dire que l'efprit la forme par des additions continuelles dont on ne voit jamais la fin. Mais eft-il bien vrai quon ne puiffe jamais arriver aux derniers termes de ces additions? Quelqu'un a-t-il entrepris ce travail ? Non , repartira-t-on bien vîte. Un moment de reflexion nous en fait voir toute la témerité. Donc, repondrai-je. c'eft cette affurance, qu'on ne peut

jama is

jamais voir la fin de ces additions qui fait l'idée
de l'infini. Donc, cette idée n'eſt point une
ſuite d'additions ſans nombre ; car elle previent
toutes ces additions, elle en montre toute l'impoſſibilité, & ſe fait ſentir à ceux qui ne ſavent
pas compter juſqu'à mille, non pas même juſqu'à
vingt. Donc il faut admettre un quatriéme
genre d'idées ; car celle de l'infini n'eſt point
de nôtre formation, & ne vient ni des objets
exterieurs, ni des ſentimens de nôtre ame.

J'ᴇɴ dis autant de celle ſur l'eſpace : Et
pour preuve, je ne ferai que rapporter, mais
ſans tirer aucune induction, ce que nous dit ſur
cette matiere Mr. le Docteur Cʟᴀʀᴄᴋ.

*Jᴇ crois, dit cet Illuſtre Philoſophe, * que
toutes les notions qu'on a eues touchant la nature de
l'eſpace, ou que l'on s'en peut former, ſe reduiſent à
celles-ci. L'eſpace eſt un pur néant, ou il n'eſt
qu'une ſimple idée, ou une ſimple relation d'une
choſe à une autre, ou bien il eſt la matiere, ou
quelque autre ſubſtance, ou la proprieté d'une ſubſtance. Il eſt évident que l'eſpace n'eſt pas un
pur néant ; car le néant n'a ni quantité, ni dimen-
ſion, ni aucune proprieté: Ce principe eſt le pré-
mier fondement de toutes ſortes de ſciences ; & il
fait voir la ſeule difference qu'il y a entre ce qui
exiſte & ce qui n'exiſte pas.*

*IL eſt auſſi évident que l'eſpace n'eſt pas une
pure idée ; car il n'eſt pas poſſible de former
une idée de l'eſpace qui aille au delà du fini ;
& cependant la raiſon nous enſeigne que c'eſt une
contradiction que l'eſpace lui-même ne ſoit pas actuellement infini.*

IL

---

* *Jᴇ me ſers de la traduction du ſapant Mr. Dᴇ Lᴀ Rᴏᴄʜᴇ.*

IL n'eſt pas moins certain que l'eſpace n'eſt pas une ſimple relation d'une choſe à une autre, qui reſulte de leur ſituation, ou de l'ordre qu'elles ont entr'elles ; puiſque l'eſpace eſt une quantité, ce qu'on ne peut pas dire des relations telles que la ſituation & l'ordre. J'ajoute, que ſi le monde materiel eſt, ou peut être borné, il faut neceſſairement, qu'il y ait un eſpace actuel ou poſſible au delà de l'Univers.

IL eſt auſſi très évident que l'eſpace n'eſt pas la matiere ; car en ce cas la matiere ſeroit neceſſairement infinie, & il n'y auroit aucun eſpace qui ne reſiſtat au mouvement. Ce qui eſt contraire à l'experience. Il n'eſt pas moins certain que l'eſpace n'eſt aucune ſorte de ſubſtance, puiſque l'eſpace infini eſt l'immenſité & non pas l'immenſe, au lieu qu'une ſubſtance infinie eſt l'immenſe & non pas l'immenſité. Comme la durée n'eſt pas une ſubſtance, parce qu'une durée infinie eſt l'Eternité & non un Etre Eternel ; mais une ſubſtance infinie eſt un Etre Eternel & non pas l'Eternité.

IL s'enſuit donc nèceſſairement de ce qu'on vient de dire, que l'eſpace eſt une proprieté de la même maniere que la durée. L'Immenſité eſt une proprieté de l'Etre Immenſe, comme l'Eternité eſt une proprieté de l'Etre Eternel.

Du reſte il n'y a pas de l'apparence qu'on puiſſe jamais définir ces idées.

CHAPITRE III.

De l'Origine de nos Idées.

COMME il en est de plusieurs autres que‑
stions, de même en est-il de celle-ci. Quel‑
ques-unes de leurs branches sont connues de
science certaine, mais on ne fait que conjecturer
les autres.   Développons ce qu'il y a dans cette
matiere de certain & de douteux.   Cette con‑
noissance ne sauroit manquer d'avoir ses usages.

I. *SUR l'origine des idées des objets exterieurs.*
La mécanique interne des corps, & les loix en
vertu desquelles elle produit en nous de certaines
idées; ces deux choses sont au dessus de toutes
nos connoissances.   Il seroit donc ici d'une te‑
merité impardonnable de vouloir être positif
sur l'origine de ces idées.   Tout ce qu'on a
d'assuré dans cette matiere, le voici.   *Que c'est
en conséquence des loix très sages, & à nous incon‑
nues, de la Divine Bonté, que les corps excitent cette
infiniment merveilleuse diversité d'idées & d'aspects.*

II. LES idées de nôtre formation, plus par‑
ticulierement connues sous le nom d'*idées ab‑
straites*, comme sont *les vertus & les vices, les
genres & les especes des choses*, &c. il est tout
visible que nous en sommes les créateurs & les
conservateurs.   Nous en avons tout l'honneur
& toute la gloire.   Il ne peut donc y avoir de
doute sur leur origine.

III. LES idées des sentimens interieurs des
actes de l'ame sont inséparables de nous-mêmes.
Nous en sommes nécessairement touchez. Elles

font

font même une bonne partie de nôtre effence. Quel inconvenient donc à dire qu'elles font *innées*?

IV. Que de conjectures fe préfentent à l'efprit fur l'origine des idées de la quatriéme efpece, comme l'*efpace* & l'*infini*. La plus vrai-femblable de toutes, ne feroit-ce pas qu'on n'en peut rien favoir ? & la moins abfurde, qu'on les *voit en Dieu*, en prenant cette expreffion dans le fens le plus raifonnable, qu'on peut y donner ?

L'Idée des Chrétiens fur la nature de Dieu, comme ils l'acquierent, ou par le raifonnement, ou par ce que leur en ont appris les autres hommes & l'Ecriture fainte, ne prouve point l'exiftence de cet Objet Immenfe. Mais l'idée de l'infini démontre, à mon fens, au moins, l'exiftence d'un Etre plus parfait que nous, d'un Etre dont les perfections font incomprehenfibles, qui nous a formé & qui a imprimé dans nos efprits ces impénétrables fentimens d'infinité. Si la doctrine de plufieurs Philofophes ne femble pas conduire à cet aveu, c'eft par une confequence néceffaire de leur fiftême, que l'idée de l'infini eft une idée de nôtre formation.

CHAPITRE IV.

Des Idées complettes & incomplettes, claires & obfcures.

QUE veulent dire les Philofophes par les idées qui font *en elles-mêmes complettes ou incomplettes, claires ou obfcures, &c.* Car y a-t-il de telles idées ? Y en a-t-il aucune qui ne puiffe être fufceptible à même tems, & dans le

même

même homme, quoi qu'à divers égards, de clarté
& d'obfcurité, de perfection & d'imperfection,
&c. Je diftingue donc nos idées, ou entant
qu'on refléchit en foi-même fur leur rapport
avec leurs Archetipes, ou entant qu'on en parle
avec les autres hommes. En ce qu'on les confidere par rapport à leurs Archetipes, elles font
complettes ou incomplettes ; Et en ce qu'on en
parle avec les autres hommes, elles font ou claires ou obfcures ; Leur clarté & obfcurité ne
regarde que le difcours ; Et leur perfection &
imperfection n'a de rapport qu'à leur convenance avec leur Archétipe. Voilà tout le mi-
ftere de cette queftion. Et ce qu'on a dit des
idées diftinctes & confufes, vraies & fauffes, exactes & inexactes, &c. ne peut gueres fervir
qu'à brouiller.

F I N.

TABLE
DES MATIERES.

TABLE DES MATIERES.

Chap.

TABLE DES MATIERES.

Chap.

TABLE DES MATIERES.

NOUVEAU SISTEME
Sur les Idées.

FIN.